本书为江门市哲学社会科学规划项目

“新宁铁路文物图集”（项目号：JM2018A02）

结题成果

课题组

课题负责人：吕　明

课题组成员：林　军　张一知　吴兆骏

新宁铁路文物图集

张一知　吴兆骏　编著

暨南大学出版社
JINAN UNIVERSITY PRESS

中国·广州

图书在版编目（CIP）数据

新宁铁路文物图集/张一知，吴兆骏编著．—广州：暨南大学出版社，2021.7
ISBN 978-7-5668-3206-1

Ⅰ．①新…　Ⅱ．①张…　②吴…　Ⅲ．①铁路运输—历史文物—广东—图集
Ⅳ．①K872.650.2

中国版本图书馆CIP数据核字（2021）第139680号

新宁铁路文物图集
XINNING TIELU WENWU TUJI
编著者：张一知　吴兆骏

出 版 人：张晋升
策　　划：黄圣英
责任编辑：冯　琳　刘　蓓
责任校对：黄　球　孙劭贤
责任印制：周一丹　郑玉婷

出版发行：暨南大学出版社（510630）
电　　话：总编室（8620）85221601
　　　　　营销部（8620）85225284　85228291　85228292　85226712
传　　真：（8620）85221583（办公室）　85223774（营销部）
网　　址：http://www.jnupress.com
排　　版：广州市天河星辰文化发展部照排中心
印　　刷：深圳市新联美术印刷有限公司
开　　本：787mm×1092mm　1/16
印　　张：10
字　　数：248千
版　　次：2021年7月第1版
印　　次：2021年7月第1次
定　　价：62.80元

（暨大版图书如有印装质量问题，请与出版社总编室联系调换）

前　言

近代以前，台山的交通以水路为主，陆路为辅。台山的地势中间高南北低，虽然拥有密布的河网，但是没有形成一条贯通全县的河流，因此县内的发展受交通的制约，较其他地区迟缓。19世纪中叶，逐步发展为侨乡的台山对外交往联系日益密切，原本落后闭塞的台山交通已不能满足侨乡的发展需求，在此期间，投资侨乡的交通业成为近代华侨投资总量中占比最大的一个领域，台山的交通迎来了飞跃式的发展。

1906年兴建的新宁铁路对台山近代交通发展起着举足轻重的作用。新宁铁路是中国第一条自主投资、自主修建、自主管理的民办铁路，修筑新宁铁路的大部分资金都筹自分布在美国、加拿大、新加坡等国家的五邑籍华侨。铁路分为3期工程修建，历时14年，至1920年全线竣工。线路以台城为汇集点，向南直抵斗山，向北直达北街，向西直至白沙；总路线长133千米，总投入资金800多万元，全线建有站点45处，干线桥涵174座。抗日战争全面爆发后，日寇飞机对新宁铁路进行了狂轰滥炸。1938年10月，广州沦陷，当时的军政当局以“阻止日军南进”为由，先后四次下令拆毁新宁铁路。

新宁铁路在近代中国铁路发展史上占据十分重要的地位。它产生于中国铁路利权被争夺的严峻时刻，采取先进的招股方式，运用当时顶尖的铁路建造技术兴建完成。新宁铁路在中国铁路史上有两个首创：一是斗山站的“转车盘”，即机车停靠在它上面，能原地旋转180度，省去机车掉头的占地；二是发明了火车轮渡过江技术，以铁船轮渡载火车渡过潭江，其设计工艺和建造流程都是当时顶尖铁路建造水平的代表。

新宁铁路的通车带动了侨乡社会的发展。铁路倡建人陈宜禧兴建铁路的目的不仅是为了改变家乡贫困的面貌，更是希望通过大力发展实业振兴祖国，因此，他设计建造的新宁铁路不仅仅是一种方便乡民的交通工具，更重要的是发展家乡经济，以此振兴地方商务，挽回国家利权。新宁铁路自1909年第一期工程通车以来，带动了台山水陆交通网的形成，将原来分散单一的沿自然河网发展的水路运输连接起来，从而大大促进了台山地区人流、物流的发展，形成了台山、江门、广州、澳门、香港、阳江、肇庆和梧州等地的水陆交通网，为侨乡社会的地理发展区位带来了巨大的改变。江门的日渐繁荣更得益于新宁铁路的开通，江门海关的进出口业务也因为铁路的开通而大幅增长，并带来了贸易的空前繁荣，从而进一步奠定了江门作为五邑地区中心城市的地位。新宁铁路的通车在一定程度上促进了当时江门五邑地区之间人口、物资、技术和文化的交流，对江门五邑地区经济的繁荣发展和社会进步产生了不可替代的重要影响。

新宁铁路见证了侨乡数十年的风云际会，在抗战后陷于沉寂。它是江门五邑地区华侨华人积极响应“实业救国”风潮的最具代表性的文化遗产，其珍贵遗存是推动地方走向现代化的实物依据。编辑出版《新宁铁路文物图集》，不仅仅是为了拭去藏品灰尘，揭露背后的故事，更是为了唤醒历史文物的记忆，让后人在了解文物背后故事的同时感受前人的造物精神，传承中华传统优秀历史文化。

编著者

2020年12月

目 录

contents

三、年报、月报、布告　068

四、时刻表、票价表、乘车票、行李票、货运票　108

一

章程、路线图、地图

20 世纪初正是中国完全沦为半殖民地半封建社会的艰难时刻，多少仁人志士为了挽救民族危亡挺身而出奋力抗争，更感召了旅居海外的华侨华人怀抱着实业救国的梦想回报桑梓。

1904 年，祖籍台山的旅美华侨陈宜禧曾设想回国发展纺织业。恰国内正值“收回路权”运动风起云涌之际，加之有感于家乡的落后，他怀着振兴中华民族的强烈决心，提出“以中国人之资本，筑中国人之铁路；以中国人之学力，建中国人之工程；以中国人之力量，创中国史之奇功!”的口号，修建新宁铁路。

台山在 1914 年之前称作新宁，新宁铁路主要以台山为中心修筑，连通台山腹地，向北延伸，经新会至江门。1904 年 6 月修筑新宁铁路筹备处成立，陈宜禧出任总办，余灼为协理。吸收美国修建及经营铁路相关工作的先进理念，陈宜禧与几个开明绅商共同议定《筹办新宁铁路有限公司草定章程》，章程明确规定铁路的筹建宗旨“……不收洋股，不借洋款，不雇洋工，以免利权外溢……”，并对新宁铁路的集股办法、线路走向、管理方法等做了详细规定，标志着修建新宁铁路从倡议逐渐走向成熟。章程拟定后须上呈清政府，获批后方可修建，为加快修建进程，陈宜禧等人一方面向清政府申请立案修建铁路，一方面募集建路资金。这一过程阻力重重，终于在 1906 年 2 月获清政府奏准立案，新宁铁路得以动工修建。

新宁铁路的章程经过不断细化，1915 年，新宁铁路公司组织成立董事局，由股东正式选举董事监察负责路务，制定了股东会章程、选举董事监察人章程以及股东公议选举董事章程等一系列章程。除此之外，还规定了铁路公司的管理制度，设立了负责各项工作的职位，明确了分工，完善了公司的经营管理，建立了较为完备的组织及管理机构。新宁铁路章程的多番修改与增订，是华侨自主吸收海外先进文化并结合地方实际开创适合侨乡发展路径的大胆探索，侧面反映了新宁铁路筹建与修筑过程之曲折，也体现了倡建者矢志报国的赤子情怀与百折不挠、爱国爱乡的华侨精神。

新宁铁路分三期工程修筑，全长 133 千米，共 45 个车站。第一期工程是从台山的斗山修筑至公益，包括斗山、六村、冲蒌、红岭、大塘、四九、下坪、五十、松朗、大亨、东门、宁城、板岗、东坑、水步、陈边、大江、万福寺、公益 19 个车站；第二期工程是从台山的公益修筑至江门的北街，包括浔阳、麦巷、牛湾、大王市、司前、白庙、沙冲、南洋、大泽、莲塘、汾水江、惠民门、会城、江门、白石、北街 16 个车站；第三期工程是从台山的宁城修筑至白沙，包括筋坑、水南、官步、三合、黎洞、上马石、东心坑、长江、田坑、白沙 10 个车站。新宁铁路建成后，不仅带动了铁路沿线地区的交通发展，在推动物流发展的基础上，更促进了商业贸易的兴旺，公益埠、水南墟、板岗墟、东坑墟、大塘墟、松朗墟、陈边墟、麦巷墟、中东墟等墟镇由此兴起。新宁铁路通过它的辐射作用，带动了整个台山社会的发展。

宁邑铁路章程

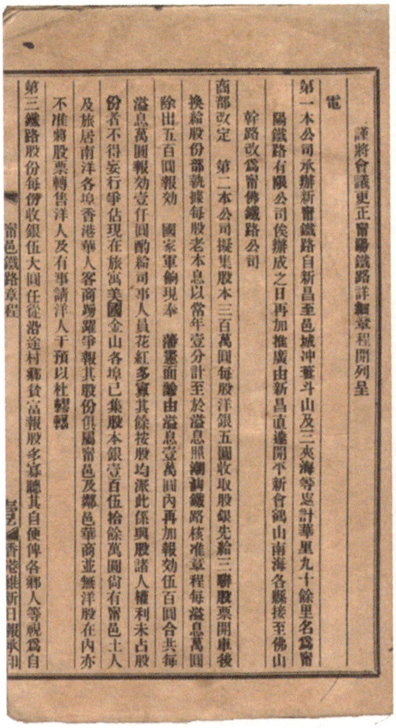

謹將會議更正甯陽鐵路詳細章程開列呈
電
第一本公司承辦新甯鐵路自新昌至邑城冲蔞斗山及三夾海等處計華里九十餘里名爲甯陽鐵路有限公司俟辦成之日再加推廣由新昌直達開平新會鶴山南海各縣接至佛山幹路改爲甯佛鐵路公司
商部改定　第二本公司擬集股本三百萬圓每股洋銀五圓收取股銀先給三聯股票開車後換給股份部執據每股老本息以常年壹分計至於溢息照潮汕鐵路核准章程每溢息萬圓除出五百圓報効　國家軍餉現奉　藩憲面諭由溢息壹萬圓內再加報効伍百圓合共每溢息萬圓報効壹仟圓酌給司事人員花紅多寡其餘按股均派此係與股諸人權利未占股份者不得妄行爭佔現在旅寓美國金山各埠已集股本銀壹百伍拾餘萬圓尚有甯邑士人及旅居南洋各埠香港華人客商踴躍爭報其股份但屬甯邑及鄰邑華商並無洋股在內亦不准將股票轉售洋人及有事請洋人干預以杜轇轕
第三鐵路股份每份收銀伍大圓任從沿途村鄉貧富報股多寡聽其自便俾各鄉人等視爲自

甯邑鐵路章程　香港維新日報承印

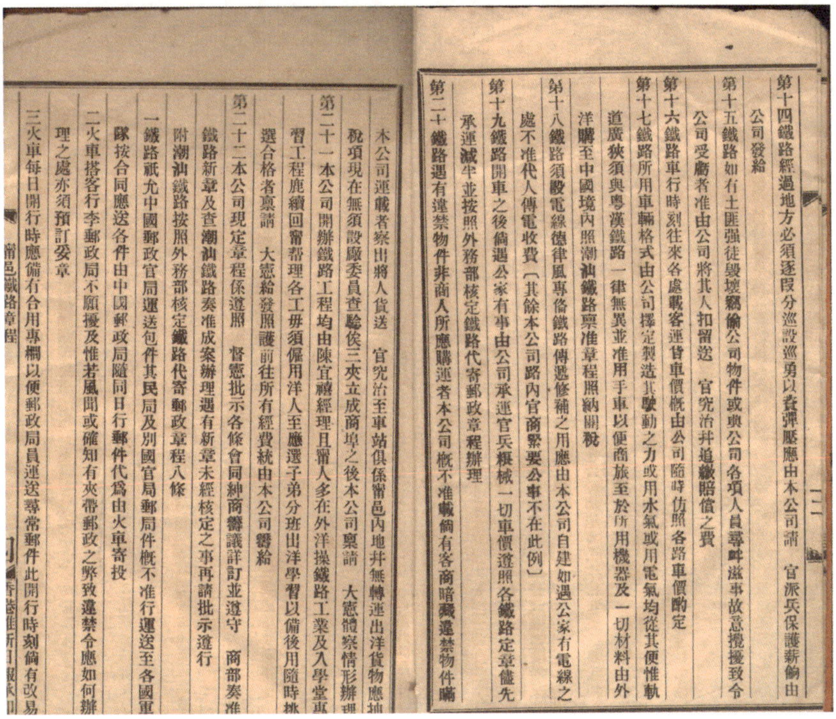

第十四鐵路經過地方必須逐段分巡設巡勇以資彈壓應由本公司請　官派兵保護薪餉由公司發給
第十五鐵路如有土匪強徒毀壞竊偷公司物件或與公司各項人員尋衅滋事故意攪擾致令公司受虧者准由公司將其人扣留送　官究治并追繳賠償之費
第十六鐵路車行時刻往來各處載客運貨車價概由公司隨時仿照各路車價酌定
第十七鐵路所用車輛格式由公司擇定製造其駛動之力或用水氣或用電氣均從其便惟軌道廣狹須與粵漢鐵路一律無異並准用手車以便商旅至於所用機器及一切材料由外洋購至中國境內照潮汕鐵路票准章程照納關稅
第十八鐵路須設電線德律風專備鐵路傳遞修補之用應由本公司自建如遇公家有電線之處不准代人傳電收費〔其餘本公司路內官商緊要公事不在此例〕
第十九鐵路開車之後倘遇公家有事由公司承運官兵糧械一切車價遵照各鐵路定章儘先承運減半並按照外務部核定鐵路代寄郵政章程辦理
第二十鐵路遇有違禁物件非商人所應購運者本公司概不准載倘有客商暗藏違禁物件瞞

二

本公司運載者察出將人貨送　官究治至車站俱係甯邑內地并無轉運出洋貨物應抽稅項現在無須設廠委員查驗俟三夾立成商埠之後本公司稟請　大憲體察情形辦理
第二十一本公司開辦鐵路工程均由陳宜禧經理且甯人多在外洋操鐵路工業及入學堂肄習工程應續回甯帮理各工毋須僱用洋人至應選子弟分班出洋學習以備後用隨時挑選合格者稟請　大憲給發照護前往所有經費統由本公司籌給
第二十二本公司現定章程係遵照　督憲批示各條會同紳商籌議詳訂並遵守　商部奏准鐵路新章及查潮汕鐵路奏准成案辦理遇有新章未經核定之事再請批示遵行
附潮汕鐵路按照外務部核定鐵路代寄郵政章程八條
一鐵路祇允中國郵政官局運送包件其民局及別國官局郵局件概不准行運送至各國軍隊按合同應送各件由中國郵政局隨同日行郵件代爲由火車寄投
二火車搭客行李郵政局不願擾及惟若風聞或確知有夾帶郵政之弊致違禁令應如何辦理之處亦須預訂妥章
三火車每日開行時應備有合用專櫃以便郵政局員運送尋常郵件此開行時刻倘有改易

甯邑鐵路章程　香港維新日報承印

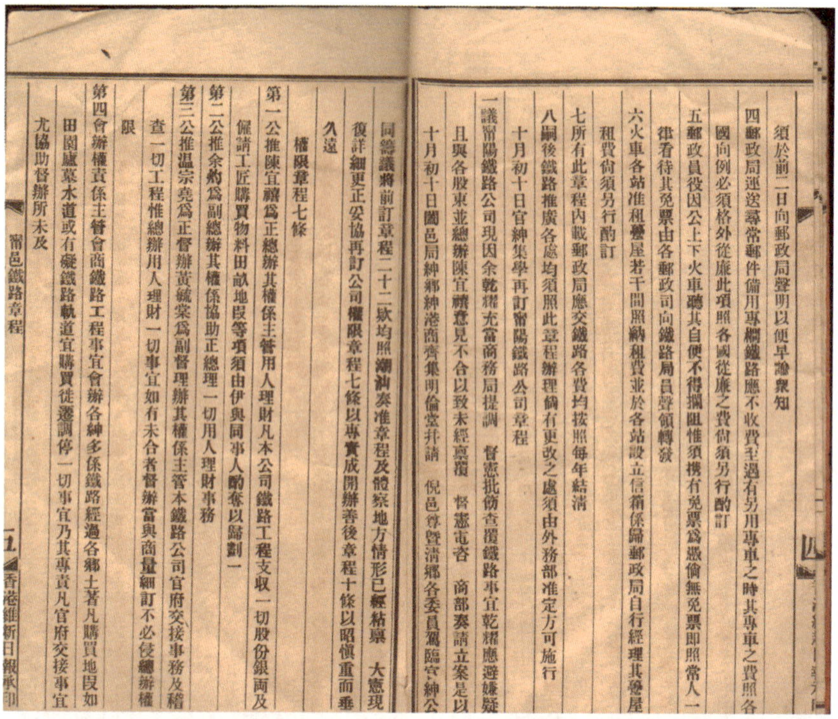

須於前二日向郵政局聲明以便早諭衆知

四郵政局運送尋常郵件備用專欄鐵路應不收費至遇有另用專車之時其專車之費照各國向例必須格外從廉此項照各國從廉之費尚須另行酌訂

五郵政員役因公上下火車聽其自便不得攔阻惟須携有免票爲憑倘無免票即照常人一律看待其免票由各郵政司向鐵路局員聲領轉發

六火車各站准租棧屋若干間照納租費並於各站設立信箱係歸郵政局自行經理其棧屋租費尚須另行酌訂

七所有此章程內載郵政局應交鐵路各費均按照每年結清

八嗣後鐵路推廣各處均須照此章程辦理倘有更改之處須由外務部准定方可施行

十月初十日官紳集學再訂甯陽鐵路公司章程

一議甯陽鐵路公司現因余乾耀充當商務局提調　督憲批飭查覆鐵路事宜乾耀應避嫌疑且與各股東並總辦陳宜禧意見不合以致未經稟覆　督憲電咨　商部奏請立案是以十月初十日闔邑局紳鄉紳港商齊集明倫堂幷請　倪邑尊暨清鄉各委員駕臨官紳公同籌議將前訂章程二十二款均照潮汕奏准章程及體察地方情形已經粘稟　大憲現復詳細更正妥協再訂公司權限章程七條以專責成開辦善後章程十條以昭愼重而垂久遠

權限章程七條

第一公推陳宜禧爲正總辦其權係主管用人理財凡本公司鐵路工程支收一切股份銀兩及僱請工匠購買物料田畝地段等項須由伊與同事人酌奪以歸劃一

第二公推余灼爲副總辦其權係協助正總理一切用人理財事務

第三公推溫宗堯爲正督辦黃毓棠爲副督理辦其權係主管本鐵路公司官府交接事務及稽查一切工程惟總辦用人理財一切事宜如有未合者督辦當與商量細訂不必侵總辦權限

第四會辦權責係主督會商鐵路工程事宜會辦各紳多係鐵路經過各鄉土著凡購買地段如田園廬墓木道或有礙鐵路軌道宜購買徙遷調停一切事宜乃其專責凡官府交接事宜尤協助督辦所未及

甯邑鐵路章程　五　香港維新日報承印

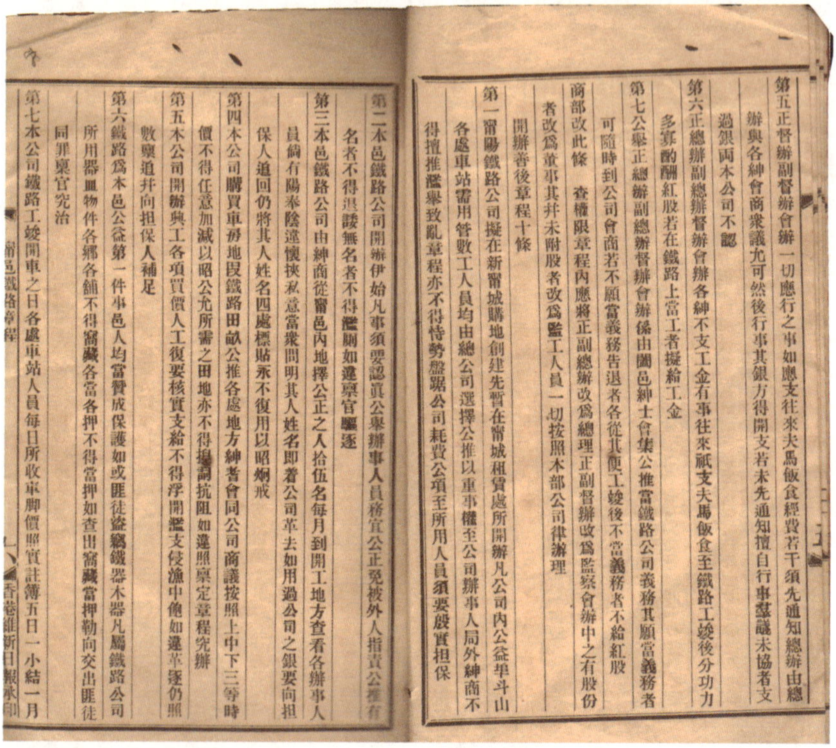

第五正督辦副督辦會辦一切應行之事如應支往來夫馬飯食經費若干須先通知總辦由總辦與各紳會商衆議允可然後行事其銀方得開支若未先通知擅自行事羣議未協者支過銀兩本公司不認

第六正總辦副總辦督辦會辦各紳不支工金有事往來祇支夫馬飯食至鐵路工竣後分功力多寡酌酬紅股若在鐵路上當工者擬給工金

第七公舉正總辦副總辦督辦會辦係由闔邑紳士會集公推當鐵路公司義務其願當義務者可隨時到公司會商若不願當義務告退者各從其便工竣後不當義務者不給紅股

商部改此條　查權限章程內應將正副總辦改爲總理正副督辦改爲監察會辦中之有股份者改爲董事其幷未附股者改爲監工人員一切按照本部公司律辦理

開辦善後章程十條

第一甯陽鐵路公司擬在新甯城購地創建先暫在甯城租賃處所開辦凡公司內公益埠斗山各處車站需用管數工人員均由總公司選擇公推以重事權至公司辦事人局外紳商不得擅推濫舉致亂章程亦不得恃勢盤踞公司耗費公項至所用人員須要殷實担保

第二本邑鐵路公司開辦伊始凡事須要認眞公舉辦事人員務宜公正免被外人指責公舉有名者不得推諉無名者不得濫厠如違稟官驅逐

第三本邑鐵路公司由紳商從甯邑內地擇公正之人拾伍名每月到開工地方查看各辦事人員倘有陽奉陰違懷挾私意當衆問明其人姓名即着公司革去如用過公司之銀要向担保人追回仍將其人姓名四處標貼永不復用以昭炯戒

第四本公司購買車塲地段鐵路田畝公推各處地方紳耆會同公司商議按照上中下三等時價不得任意加減以昭公允所需之田地亦不得掯詞抗阻如違照稟定章程究辦

第五本公司開辦興工各項買價人工復要核實支給不得浮開濫支侵漁中飽如違革逐仍照數賠追幷向担保人補足

第六鐵路爲本邑公益第一件事邑人均當贊成保護如或匪徒盜竊鐵器木器凡屬鐵路公司所用器皿物件各鄉各舖不得窩藏各當押不得當押如查出窩藏當押勒向交出匪徒同罪稟官究治

第七本公司鐵路工竣開車之日各處車站人員每日所收車脚價照實註簿五日一小結一月

甯邑鐵路章程　六　香港維新日報承印

1922 年商办广东新宁铁路股份有限公司章程　罗达全藏

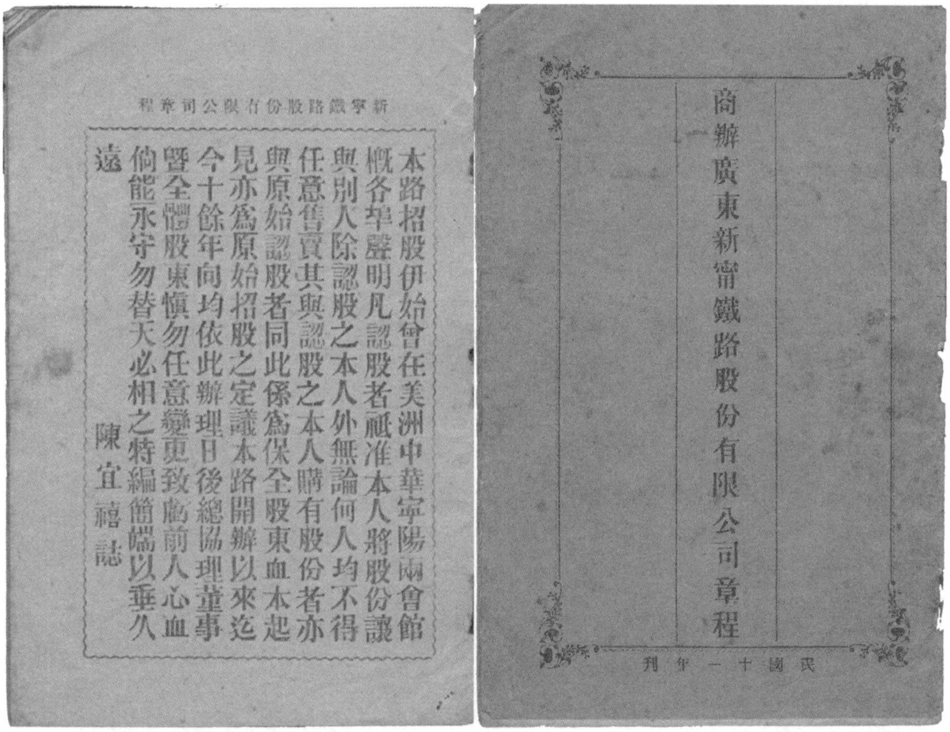

新寧鐵路股份有限公司章程

本路招股伊始曾在美洲中華寧陽兩會館
概各埠聲明凡認股者祇准本人將股份讓
與別人除認股之本人外無論何人均不得
任意售賣其與認股之本人購有股份者亦
與原始認股者同此係為保全股東血本起
見亦為原始招股之定議本路開辦以來迄
今十餘年向均依此辦理日後總協理董事
暨全體股東慎勿任意變更致虧前人心血
倘能永守勿替天必相之特編簡端以垂久
遠　陳宜禧誌

商辦廣東新寧鐵路股份有限公司章程

民國十一年刊

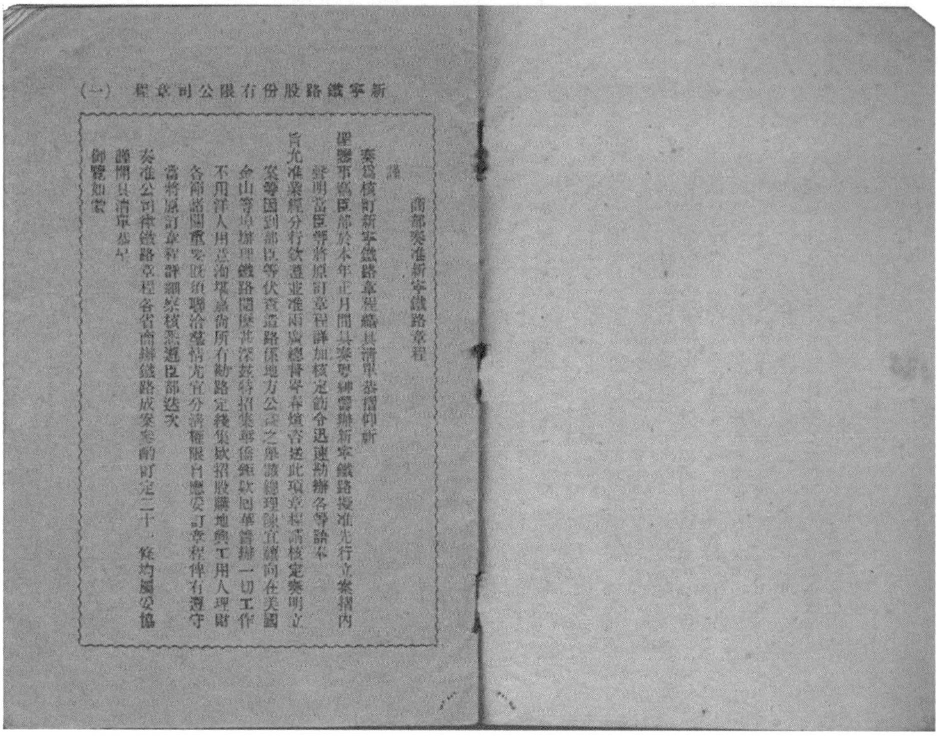

新寧鐵路股份有限公司章程（一）

商部奏准新寧鐵路章程

謹
奏為核訂新寧鐵路章程繕具清單恭摺仰祈
聖鑒事竊臣部於本年正月間具奏粵紳籌辦新寧鐵路擬准先行立案摺內
聲明當臣等將原訂章程詳加核定飭令迅速籌辦各等語奉
旨允准業經分行欽遵並准兩廣總督岑春煊咨送此項章程請核定奏明立
案等因到部臣等伏查該路係地方公益之舉該總理陳宜禧向在美國
金山等埠辦理鐵路閱歷甚深茲特招集華僑鉅款回華籌辦一切工作
不用洋人用意洵屬嘉尚所有勘路定綫集款招股購地興工用人理財
各節均關重要既須聯洽輿情尤宜分清權限自應妥訂章程俾有遵守
當將原訂章程詳細察核悉遵臣部迭次
奏准公司律鐵路章程各省商辦鐵路成案妥酌訂定二十一條均屬妥協
謹開具清單恭呈
御覽如蒙

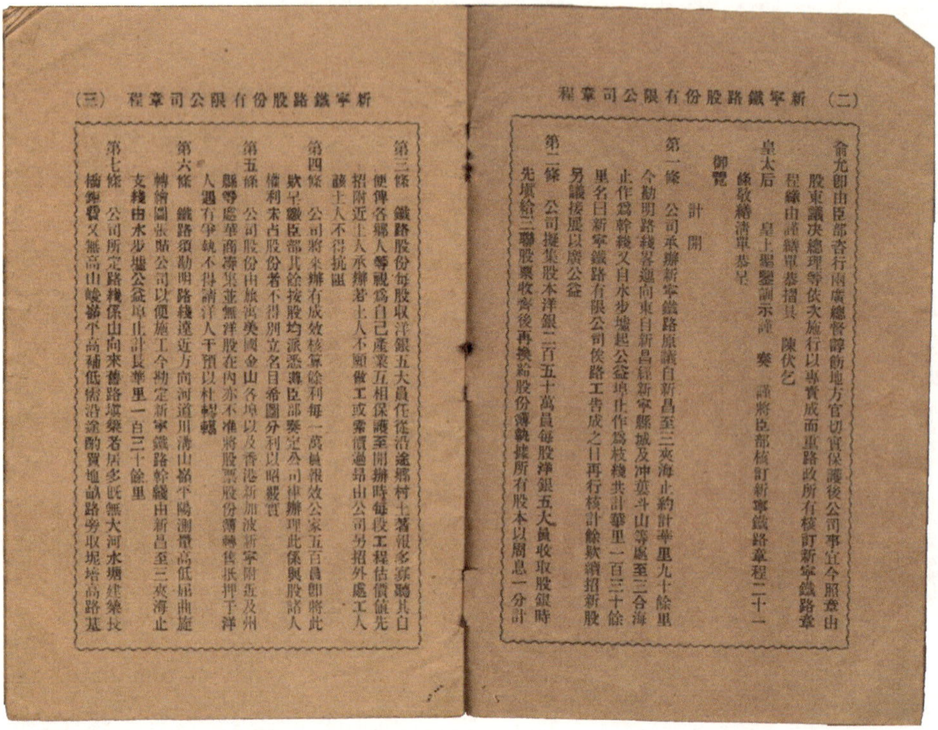

（二） 新寧鐵路股份有限公司章程

俞允即由臣部咨行兩廣總督諭飭地方官切實保護俟公司事宜今照章由股東議決總理等依次施行以專責成而重路政所有核訂新寧鐵路章程緣由謹繕單恭摺具 陳伏乞

皇太后 皇上聖鑒訓示謹 奏 謹將臣部核訂新寧鐵路章程二十一條敬繕清單恭呈

御覽

計開

第一條 公司承辦新寧鐵路原議自新昌至三夾海止約計華里九十餘里今勘明路綫畧邈向東自新昌經新寧縣城及沖蔞斗山等處至三合海止作爲幹綫又自水步墟起公益埠止作爲枝綫共計華里一百三十餘里名曰新寧鐵路有限公司俟路工告成之日再行核計餘款續招新股另議接展以廣公益

第二條 公司擬集股本洋銀二百五十萬員每股淨銀五大員收取股銀時先塡給三聯股票收齊後再換給股份簿執據所有股本以周息一分計

新寧鐵路股份有限公司章程 （三）

第三條 鐵路股份每股收洋銀五大員任從沿途鄉村土著股多寡聽其自便俾各鄉人等視爲自己產業互相保護至開辦時每段工程估價値先招附近土人承辦若土人不願做工或索價過昂由公司另招外處工人該土人不得抗阻

第四條 公司將來辦有成效核算餘利每一萬員報效公家五百員即將此款呈繳臣部其餘按股均派悉遵臣部奏定公司律辦理此係與股諸人權利未占股份者不得別立名目希圖分利以昭覈實

第五條 公司股份由旅寓美國金山各埠以及香港新加波新寧附近及州縣等處華商籌集並無洋股在內亦不准將股票股份簿轉售抵押于洋人遇有爭執不得請洋人干預以杜轇轕

第六條 鐵路須勘明路綫遠近方向河道川溝山嶺平陽測量高低屈曲旋轉繪圖張貼公司以便施工今勘定新寧鐵路幹綫由新昌至三夾海止支綫由水步墟公益埠止計長華里一百三十餘里

第七條 公司所定路綫係由向來舊路墳墓者居多既無大河水塘建築長橋糜費又無高山峻嶺平高補低惟沿途酌買地畝路旁取泥培高路基

修订新宁铁路股份有限公司章程草案（附选举章程草案）

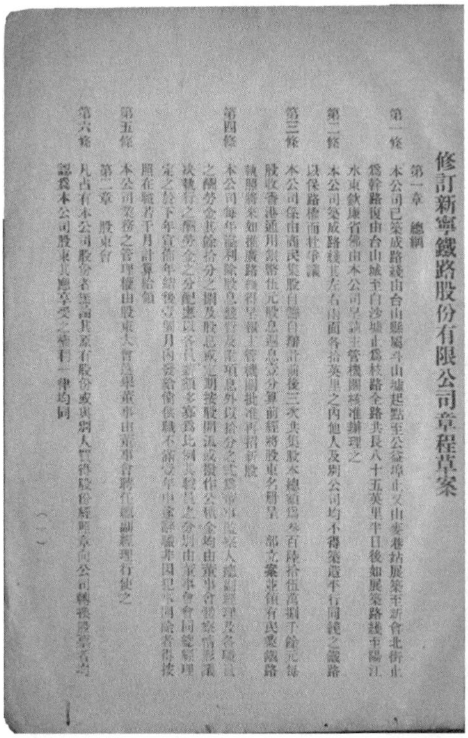

修訂新寧鐵路股份有限公司章程草案

第一章 總綱

第一條 本公司已築成路綫由台山縣屬斗山墟起點至公益埠止又由麥巷站展築至新會北街止為幹路復由台山城至白沙墟止為枝路全路共長八十五英里半日後如展築路綫至陽江水東欽廉省佛由本公司呈請主管機關核准辦理之

第二條 本公司築成路綫其左右兩面各拾英里之內他人及別公司均不得築造平行同綫之鐵路以保路權而杜爭議

第三條 本公司係由商民集股自籌自辦計前後三次共集股本總額為叁百陸拾伍萬捌千餘元每股收香港通用銀幣伍元股息[illegible]分算前經將股東名冊呈 部立案並領有民業鐵路執照將來如推廣路綫得呈報主管機關批准再招新股

第四條 本公司每年盈利除股息[illegible]外以拾分之貳為董事監察人總副經理及各職員之酬勞金其餘拾分之捌及股息或定期按股開派或撥作公積金均由董事會體察情形議決執行之酬勞金之分配應以各員薪額多寡為比例其職員之分別由董事會會同總經理定之於下年宣佈年結後壹個月內發給但供職不滿壹年中途辭職[illegible]者得按照在職若干月計算給領

第五條 本公司業務之管理權由股東大會選舉董事由董事會聘任總副經理行使之

第二章 股東會

第六條 凡占有本公司股份者無論其[illegible]股份或[illegible]人買得股份將照章向公司轉換股票者均認為本公司股東其應享受之權利一律均同

（一）

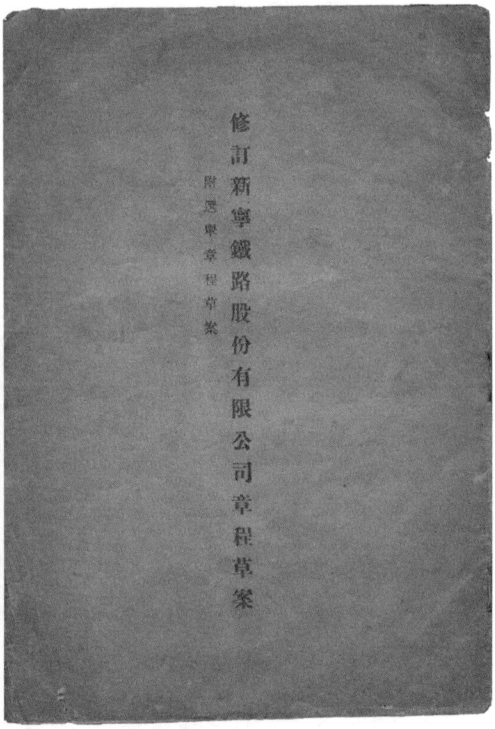

修訂新寧鐵路股份有限公司章程草案

附選舉章程草案

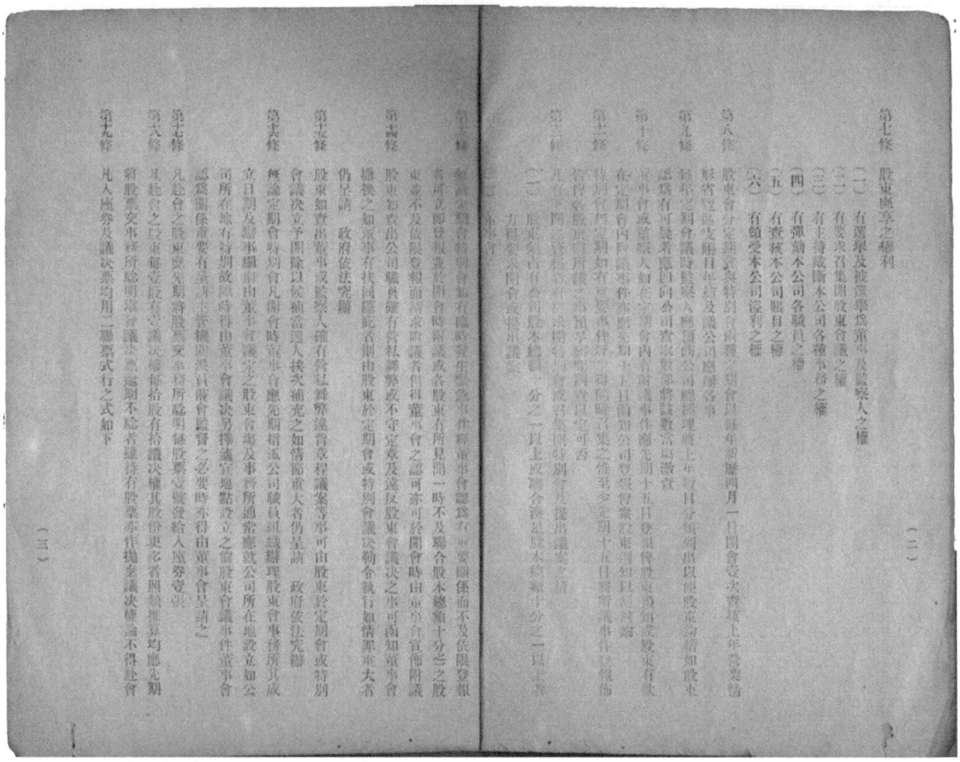

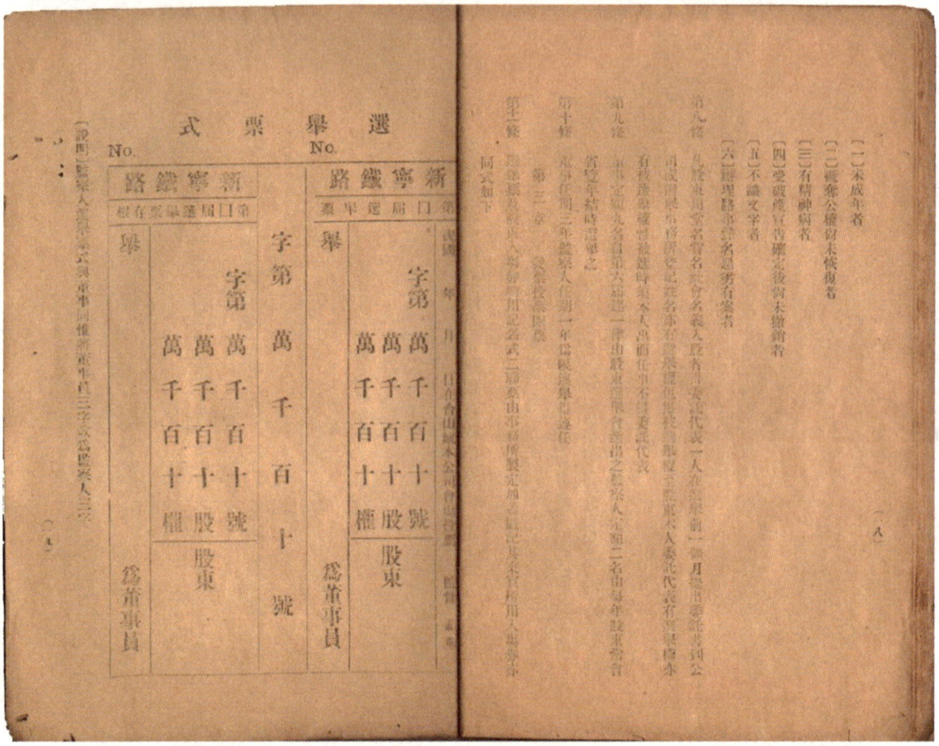
(一)未成年者
(二)褫奪公權尚未恢復者
(三)有精神病者
(四)受破產宣告確定後尚未撤銷者
(五)不識文字者
(六)辦理路事營私舞弊者

選舉票式

No.
新寧鐵路
第口屆選舉票
字第 萬千百十號
萬千百十股
萬千百十權
股東
舉
為董事員

字第 萬千百十號

No.
新寧鐵路
第口屆選舉票存根
字第 萬千百十號
萬千百十股
萬千百十權
股東
舉
為董事員

1911 年商办广东新宁铁路展筑至新会江门白石路线图

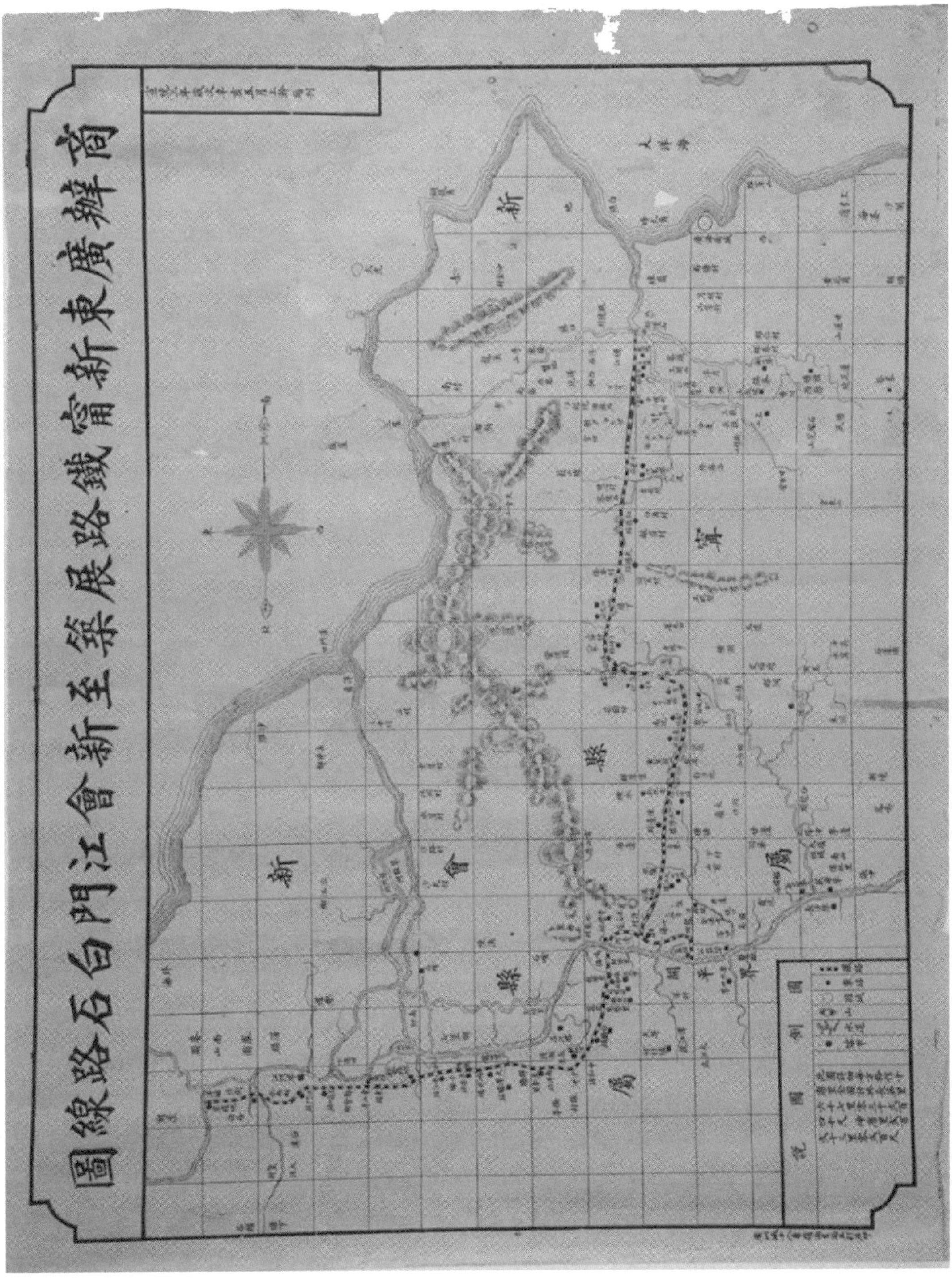

1928 年新台开恩四邑新地图

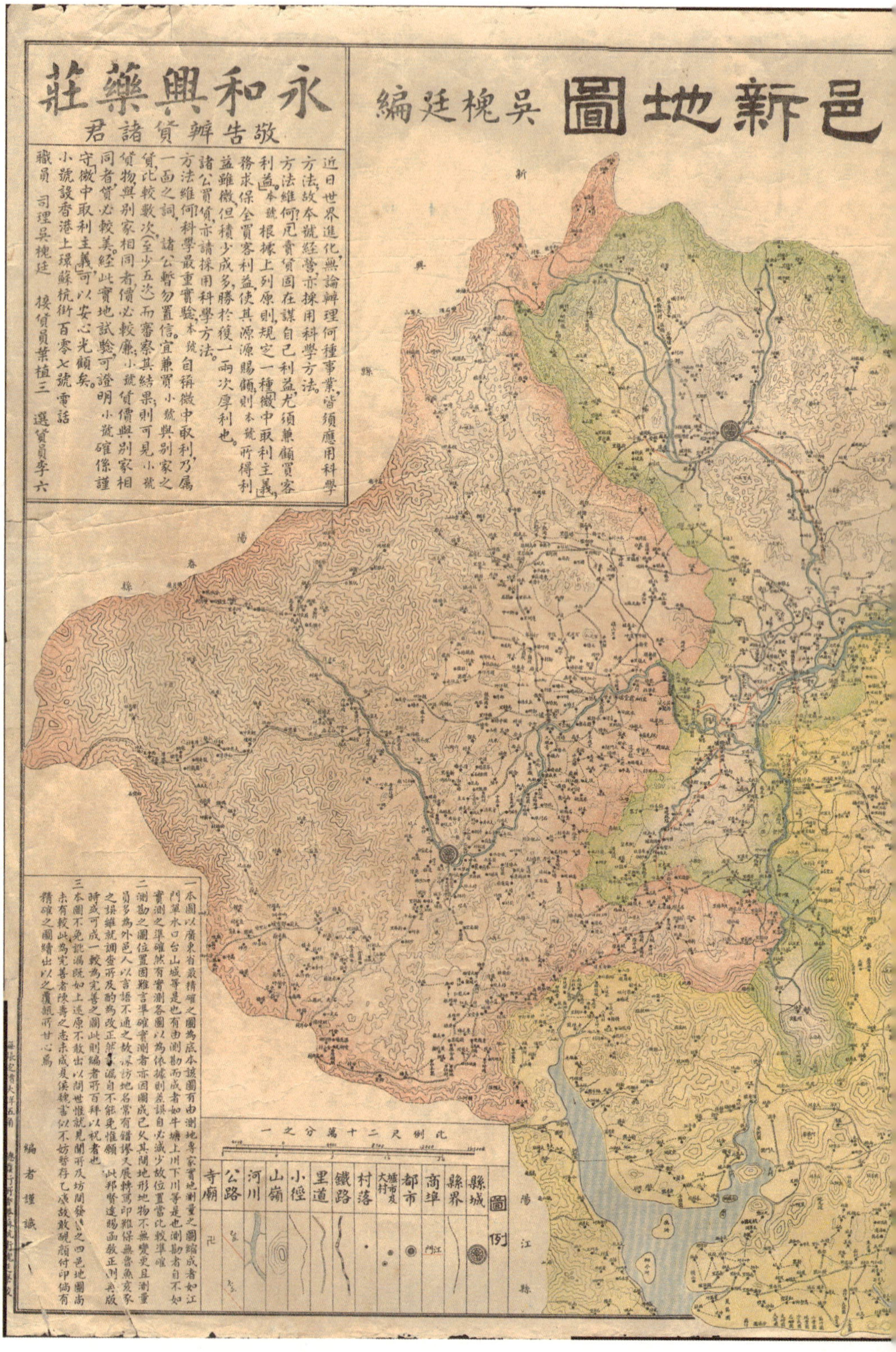

新台開恩
中華民國十七年七月初版
版權所有翻印必究
永和興藥莊
營業種類表
藥片
本號自設工廠督工精製
淮山 茯苓 當歸 白朮 首烏 川芎 沙參 玉竹 北芪
黨參 元胡 川金 法夏 生地 熟地 川朴 川太 天雄
白芷 桔梗 以及一切藥片發客
零沽生意概不二價
補藥
本號選辦
人參 鹿茸 玉桂 杞子 歸頭 北芪 黨參 蟲草 蘄蛇
蛤蚧 砂仁 豆蔻 以及一切補藥專揀地道正貨發售 諸君
需用補品者在本號購買最為適宜
京果
本號專辦
百合 蓮子 杏仁 以及一切京果除去破碎挑取純淨靚貨發客
代售何世昌著名膏丹丸散
蘇杭街一零七號
永和興藥莊舖址
永和興敬贈
香港永和興藥莊附近街道圖

二

股份簿、息折、股东常会入座券及存根

1904 年至 1905 年，陈宜禧以“勉图公益，振兴利权”为口号先后自费到香港、美国和加拿大等地集股，得到了广大华侨的踊跃支持。新宁铁路三期工程共招股本 360 余万元，大部分来自祖籍五邑的美国华侨华人。“商办广东新宁铁路股份簿”是新宁铁路公司发给每位股东的参股凭证，封面除了写有持有人姓名外，更印有股份号，内页印有慈禧太后、光绪皇帝对商务部关于准许新宁铁路筹建奏折的批示，股份簿后部附有股东名称、参股份数和金额，并有陈宜禧的印章以确认。大多数的股份簿上还盖有新宁铁路各车站的印鉴，形状与字体各异，大小不一。

新宁铁路不断完善铁路工程，收入大多已抵销铁路支出，虽有盈余但需还清筑路所欠债务，收入一直不算乐观。如 1920 年铁路营业收入车利 77 万余元，支销经费后余利只有 6.7 万余元，因而股息不得不缓派。从目前所收集的息折上可见，新宁铁路于 1923 年 1 月对持有 1908 年之前铁路股份的股东进行首次派息。

新宁铁路利用率低，管理费用高，铁路耗材因多依赖外国进口而费用高昂。台山地区土匪猖獗，经常打劫火车及旅客，加之地方军阀巧取豪夺，铁路财政不断恶化，更有来自公路交通运输业的激烈竞争让公司的收入锐减。面对公司积欠的债款以及入不敷出的铁路财政，后期股息更难以派发，股东甚为不满，导致铁路后期展筑阳江以及兴建铜鼓商埠等建设计划筹集资金困难。

1910 年蔡灿淦的新宁铁路公司认股凭单

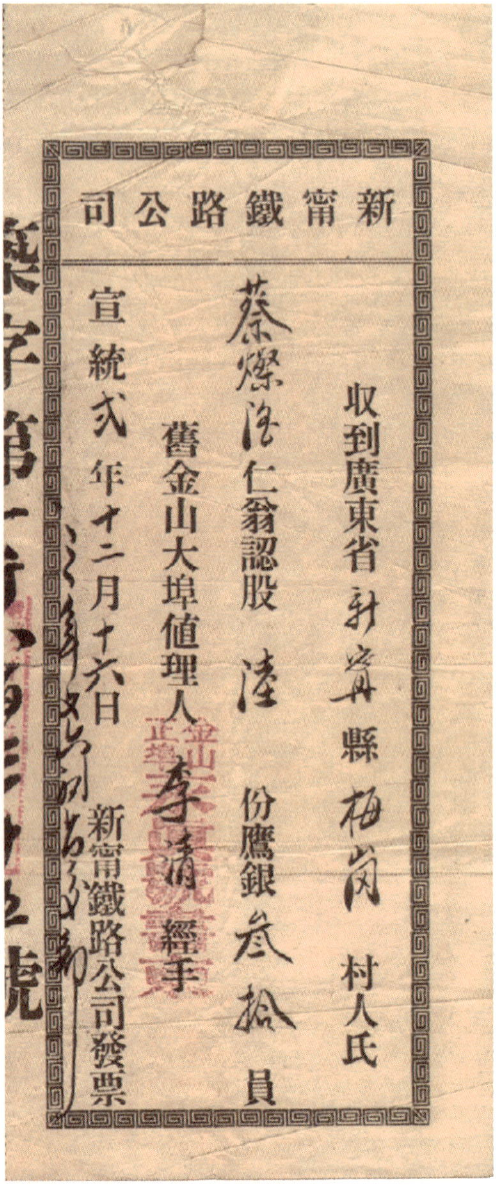
新寧鐵路公司

收到廣東省新寧縣梅岡村人氏

蔡燦淦仁翁認股陸份鷹銀叁拾員

舊金山大埠值理人李清經手

宣統弍年十二月十六日

新寧鐵路公司發票

1909 年谭轃开的商办广东新宁铁路股份簿

商部奏紳商籌辦新甯鐵路擬准先行立案摺

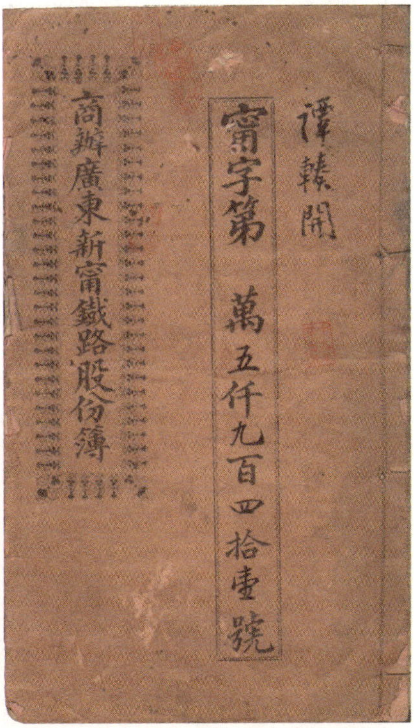
譚轃開
甯字第　萬五仟九百四拾壹號
商辦廣東新甯鐵路股份簿

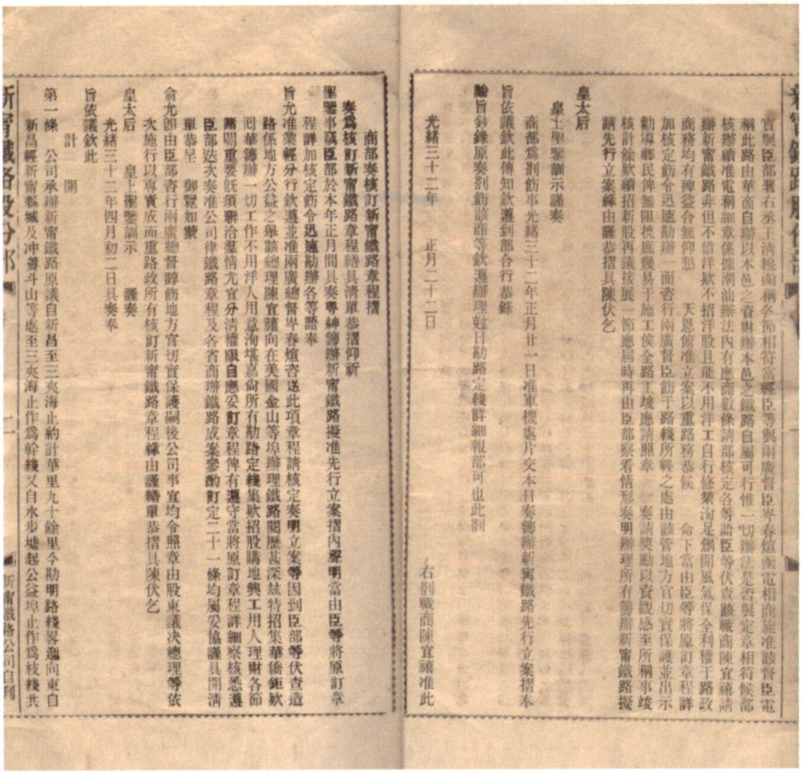
商部奏核訂新甯鐵路章程摺

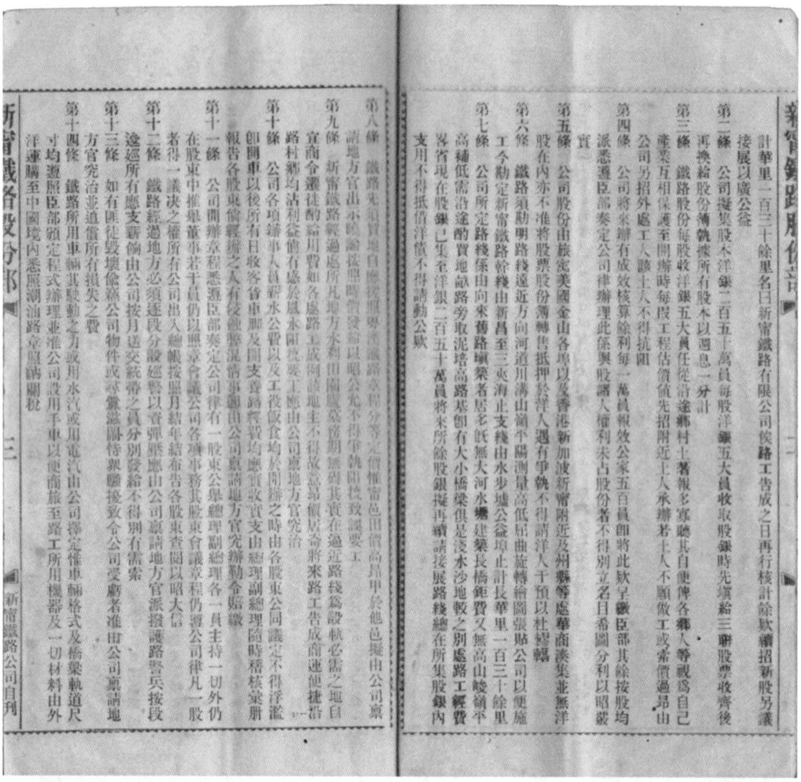

新甯鐵路股份章程 二

計華里一百三十餘里名曰新甯鐵路有限公司俟路工告成之日再行核計餘款續招新股另議接展以廣公益

第二條 公司擬集股本洋銀二百五十萬員每股洋銀五大員收取股銀時先填給三聯股票收齊後再換給股份簿執據所有股本以週息一分計

第三條 鐵路股份每股收洋銀五大員任從沿途鄉村士著報多寡聽其自便俾各鄉人等視為自己產業互相保護至開辦時每段工程估價值先招附近土人承辦若土人不願做工或索價過昂由公司另招外處工人該土人不得抗阻

第四條 公司將來辦有成效核算餘利每一萬員報效公家五百員即將此款呈繳臣部其餘按股均派悉遵臣部奏定公司律辦理此係與股諸人權利未占股份者不得別立名目希圖分利以昭覈實

第五條 公司股份由旅寓美國金山各埠以及香港新加坡新甯附近及州縣等處華商湊集並無洋股在內亦不准將股票股份簿轉售抵押於洋人遇有爭執不得請洋人干預以杜轇轕

第六條 鐵路須勘明路綫遠近方向河道川溝山嶺平陽測量高低屈曲旋轉繪圖張貼公司以便施工今勘定新甯鐵路幹綫由新昌至三夾海止支綫由水步墟公益埠止計長華里一百三十餘里

第七條 公司所定路綫係由向來舊路壙築者居多既無大河水壩建築長橋鉅費又無高山峻嶺平高補低需沿途酌買地畝路旁取泥培高路基即有大小橋梁俱是淺水沙地較之別處路工經費為省現在股銀已集至洋銀二百五十萬員將來所餘股銀擬再續請接展路綫總在所集股銀內支用不得抵借洋債不得請動公款

第八條 鐵路先須買地自應按照尋常鐵路章程分等定價惟甯邑田價高昂甲於他邑擬由公司稟請地方官出示曉諭按照時價發給以昭公允不得爭執阻撓致誤要工

第九條 新甯鐵路經過處所凡地方水利田園墳墓房屋無礙其實在逼近路綫為設軌必需之地自宜商令遷徙酌給川費如各處路工成例該地主不得故意昂價居奇將來路工告成商運便捷沿路村鄉均沾利益倘有惑於風水阻撓要工應由公司稟地方官究治

第十條 公司各項辦事人員薪水公費以及工役飯食均於開辦之時由各股東公同議定不得浮濫即開車以後所有日收客貨車腳及開支費路經費均應實收實支由總理副總理隨時稽核彙冊報告各股東倘經辦之人有侵蝕舞弊混情事即由公司稟請地方官究辦勒令賠繳

第十一條 公司開辦章程悉遵臣部奏定公司律有一股東公舉總理副總理各一員主持一切外仍在股東中推舉董事若干員仍以照章合議公司各項事務其股東會議章程仍遵公司律凡一股者得一議決之權所有公司出入總帳按照月結年結布告各股東查閱以昭大信

第十二條 鐵路經過地方必須逐段分設巡警以資彈壓應由公司稟請地方官派撥護路警兵按段巡邏所有應支薪餉由公司按月送交統帶之員分別發給不得別有需索

第十三條 如有匪徒毀壞偷竊公司物件或尋釁滋鬧情事睢擾致令公司受虧者准由公司稟請地方官究治並追償所有損失之費

第十四條 鐵路所用車輛其駛動之方或用水汽或用電汽由公司擇定惟車輛格式及橋梁軌道尺寸均遵照臣部頒定程式辦理並准公司設用手車以便商旅至路工所用機器及一切材料由外洋運購至中國境內悉照潮汕路章照納關稅

新甯鐵路股份章程 三 新甯鐵路公司自刊

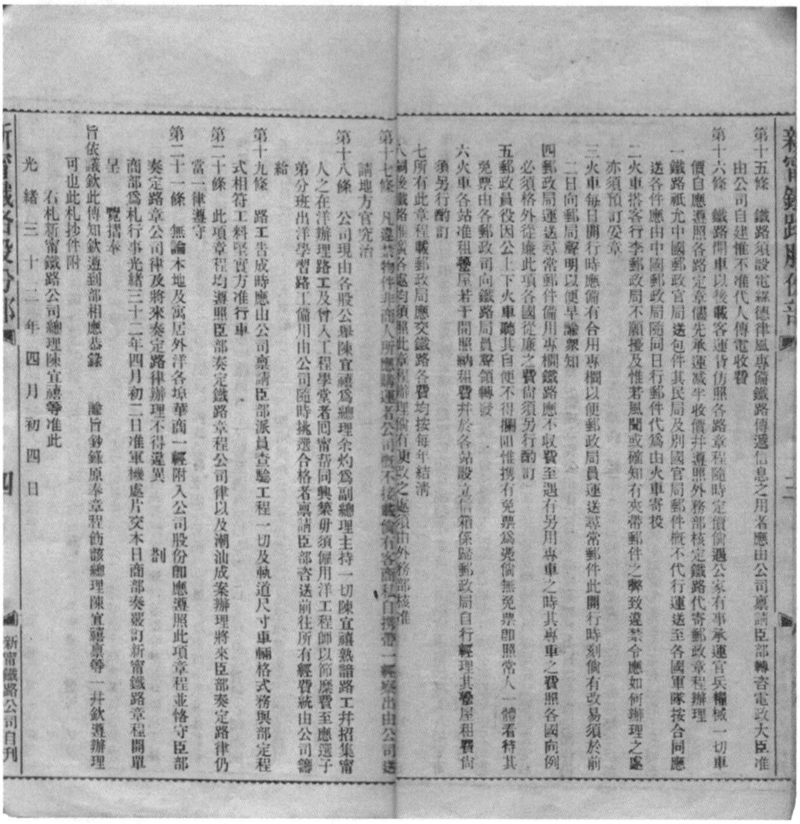

新甯鐵路股份章程 三

第十五條 鐵路須設電綫德律風專備鐵路傳遞信息之用者應由公司稟請臣部轉咨電政大臣准由公司自建惟不准代人傳電收費

第十六條 鐵路開車以後載客運貨仿照各路章程隨時定價倘遇公家有事承運官兵軍械一切車價自應遵照各路定章儘先承運減半收價并遵照外務部核定鐵路代寄郵政章程辦理

一鐵路祇允中國郵政官局送包件其民局及別國官局郵件概不代行運送至各國軍隊按合同應送各件應由中國郵政局隨同日行郵件代為由火車寄投

二火車搭客行李郵政局不願擾及惟若風聞或確知有夾帶郵件之弊致違禁令應如何辦理之處亦須預訂妥章

三火車每日開行時應備有合用專欄以便郵政局員運送尋常郵件此開行時刻倘有改易須於前二日向郵局聲明以便早諭眾知

四郵政局運送尋常郵件備用專欄鐵路應不收費至遇有另用專車之時其專車之費照各國向例必須格外從廉此項各國從廉之費尚須另行酌訂

五郵政員役因公上下火車聽其自便不得攔阻惟携有免票為憑倘無免票即照常人一體看待其免票由各郵政司向鐵路局員聲領轉發

六火車各站准租疊屋若干間照納租費并於各站設立信箱係歸郵政局自行經理其疊屋租費尚須另行酌訂

七所有此章程載郵政局應交鐵路各費均按每年結清

八嗣後鐵路准或各處均須照此章程辦理倘有更改之處須由外務部核准

第十七條 凡違禁物件非商人所應購運者公司概不裝載倘有客商私自携帶一經察出由公司送請地方官究治

第十八條 公司現由各股公舉陳宜禧為總理余灼為副總理主持一切陳宜禧熟諳路工并招集甯人之在洋辦理路工及曾入工程學堂者同甯搭同興築毋須僱用洋工程師以節糜費至應選子弟分班出洋學習路工備用由公司隨時挑選合格者稟請臣部咨送前往所有經費統由公司籌給

第十九條 路工告成時應由公司稟請臣部派員查驗工程一切及軌道尺寸車輛格式務與部定程式相符工料堅實方准行車

第二十條 此項章程均遵照臣部奏定鐵路章程公司律以及潮汕成案辦理將來臣部奏定路律仍當一律遵守

第二十一條 無論本地及寓居外洋各埠華商一經附入公司股份即應遵照此項章程並恪守臣部奏定路章公司律及將來奏定路律辦理不得違異 劄

商部為札行事光緒三十二年四月初二日准軍機處片交本日商部奏遵旨釐訂新甯鐵路章程開單呈覽摺奉

旨依議欽此傳知欽遵到部相應恭錄 諭旨鈔錄原奏章程飭該總理陳宜禧等一并欽遵辦理可也此札抄件附

右札新甯鐵路公司總理陳宜禧等准此

光緒三十二年四月初四日

新甯鐵路股份章程 四 新甯鐵路公司自刊

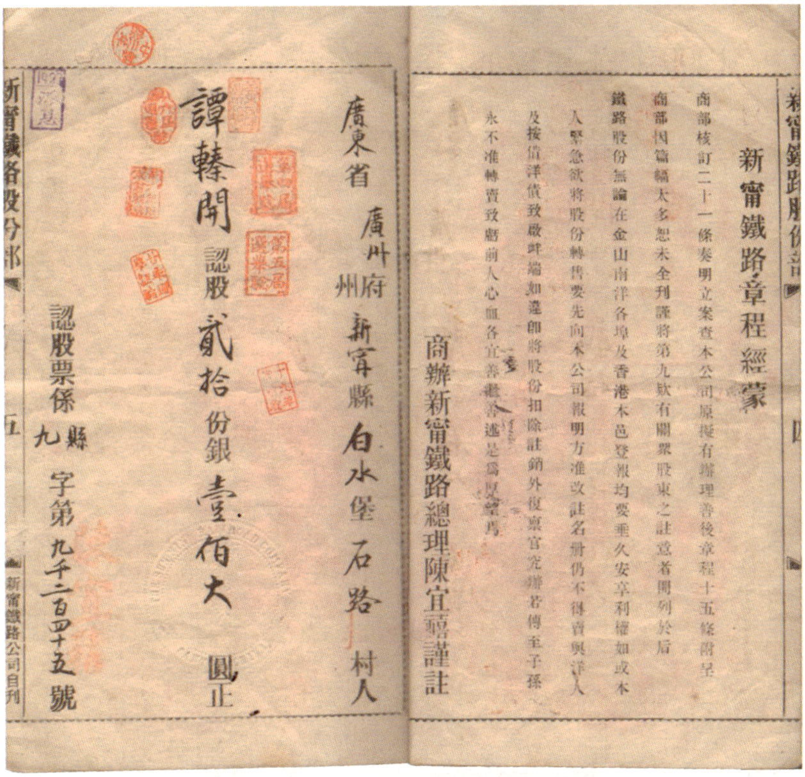

新甯鐵路股份部 四

新甯鐵路章程經蒙

商部核訂二十一條奏明立案查本公司原擬有籌理善後章程十五條附呈
商部因篇幅太多恕未全列謹將第九欵有關衆股東之註意者開列於后
鐵路股份無論在金山南洋各埠及香港本邑登報均要垂久安享利權如或本
人緊急欲將股份轉售要先向本公司報明方准改註名册仍不得賣與洋人
及按借洋債致啟衅端如違即將股份扣除註銷外復禀官究辦若傳至子孫
永不准轉賣致斲前人心血各宜善繼善述是為厚望焉

商辦新甯鐵路總理陳宜禧謹註

新甯鐵路股份部 五

廣東省 廣州府 新甯縣 白水堡 石路 村人

譚轃開 認股 貳拾 份銀 壹佰大 圓正

認股票係 九 縣 字第 九千二百四十五 號

新甯鐵路公司自刊

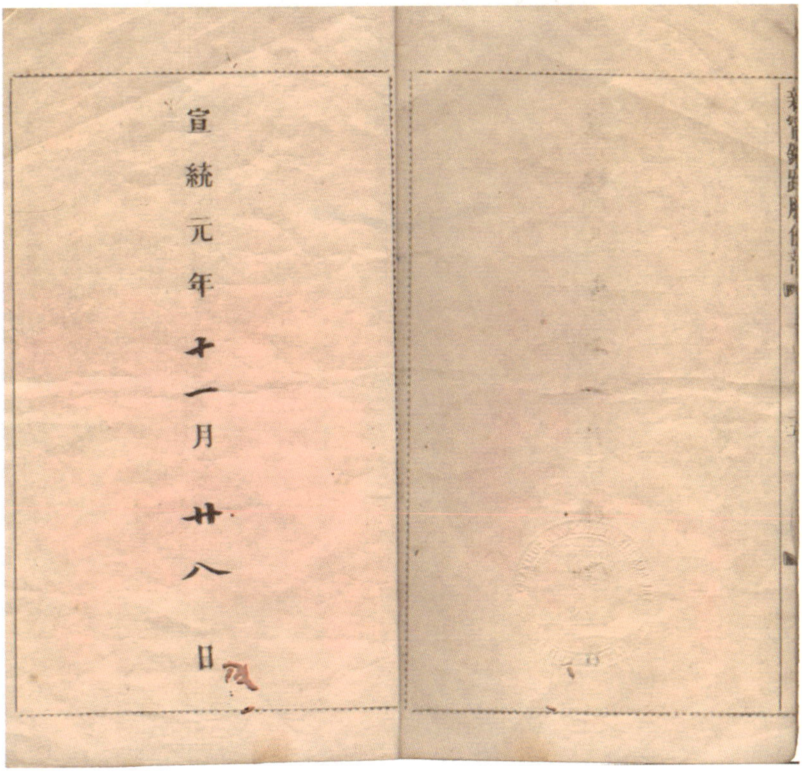

新甯鐵路股份部

宣統元年十一月廿八日

1909 年朱重瑶的商办广东新宁铁路股份簿

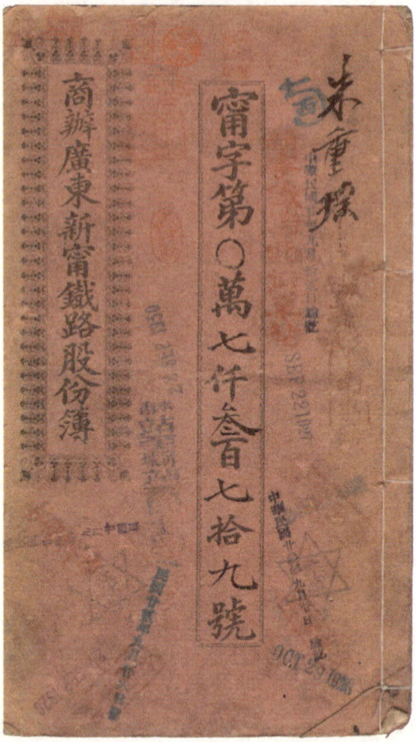

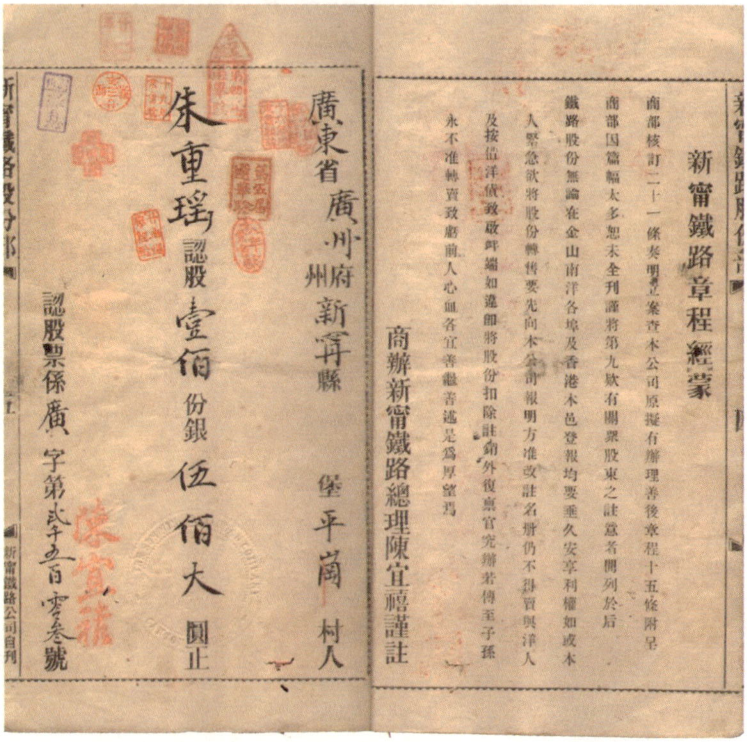

1909 年李绣祖的商办广东新宁铁路股份簿

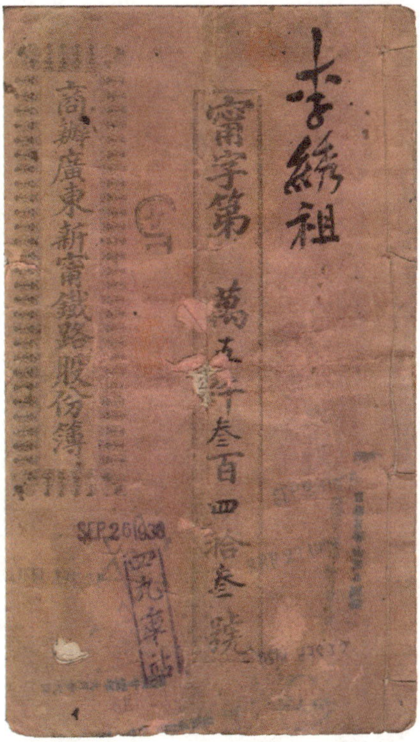

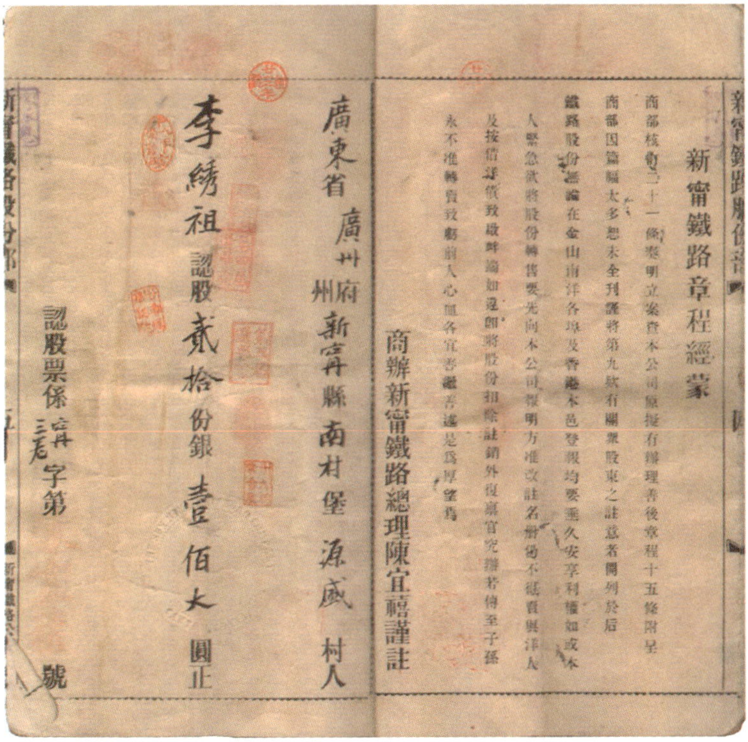

1909 年朱招（照）财的商办广东新宁铁路股份簿

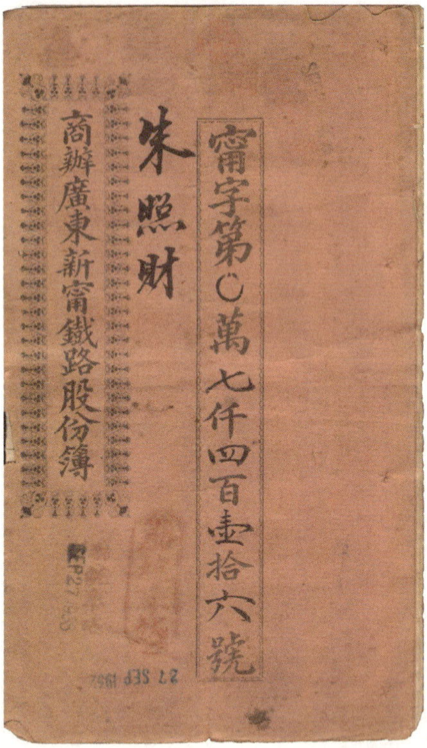

甯字第〇萬七仟四百壹拾六號
朱照財
商辦廣東新甯鐵路股份簿
27 SEP 1962

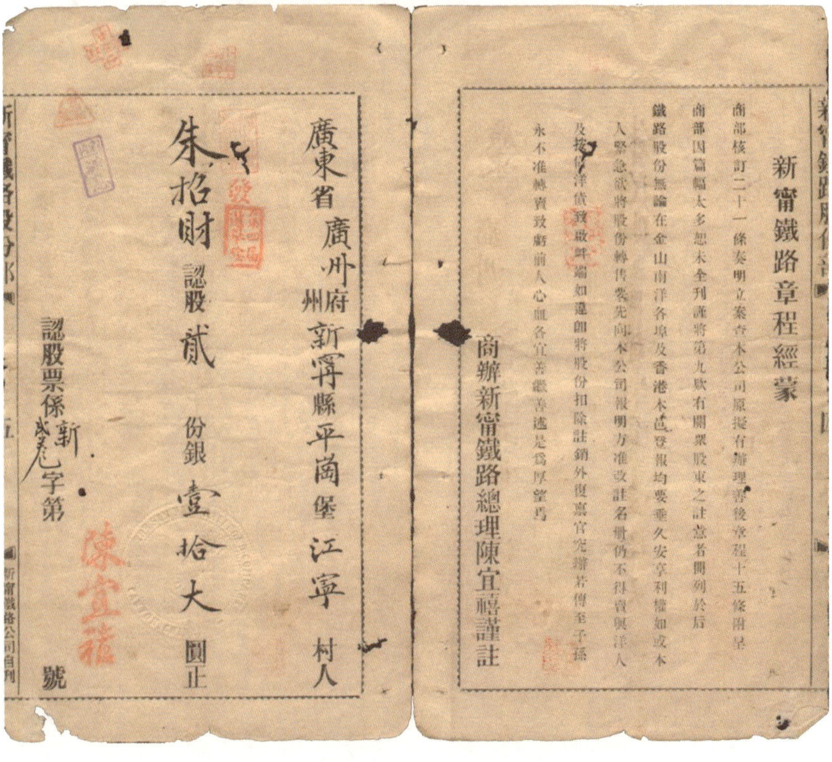

1909 年邝琦耀的商办广东新宁铁路股份簿

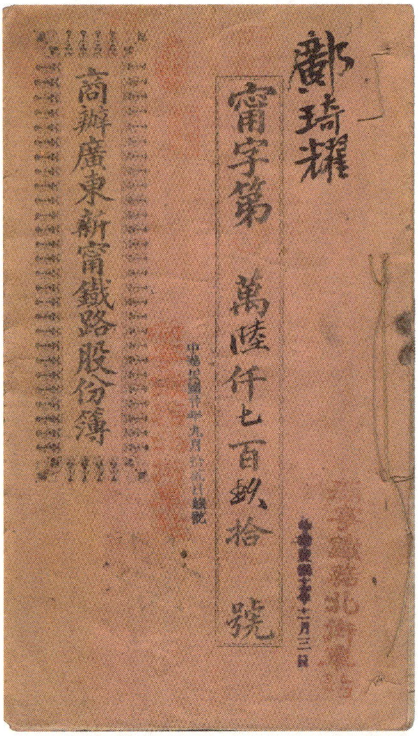
鄺琦耀
甯字第 萬陸仟七百玖拾 號
商辦廣東新甯鐵路股份簿

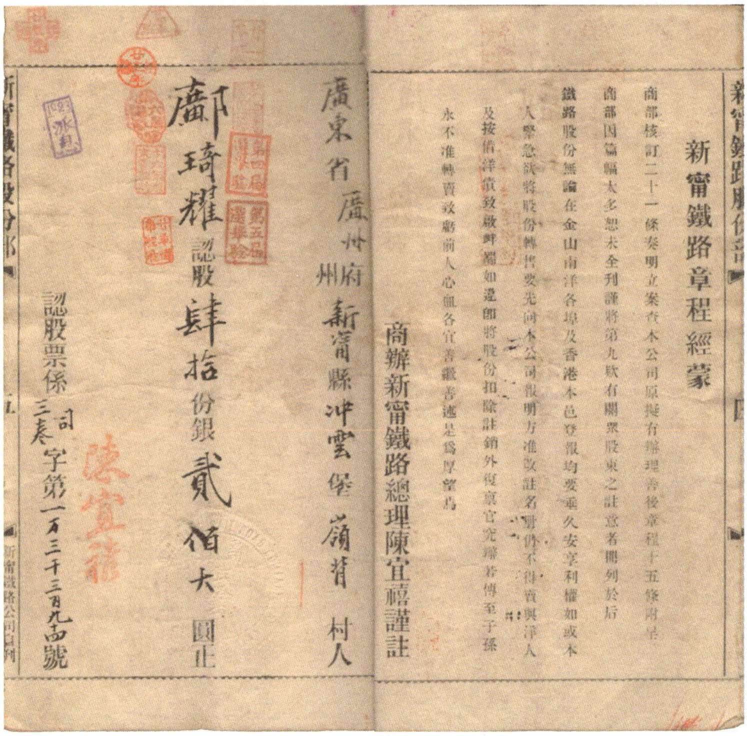
新甯鐵路章程經蒙
商部核訂二十一條奏明立案查本公司原擬有辦理善後章程十五條附呈
商部因篇幅太多恐未全刊謹將第九款有關眾股東之注意者摘列於后
鐵路股份無論在金山南洋各埠及香港本邑登報均要垂久安享利權如或本
人擎急欲將股份轉售要先向本公司報明方准改註名冊併不得賣與洋人
及按借洋債致啟釁端如違即將股份扣除註銷外復稟官究辦並傳至子孫
永不准轉賣致虧前人心血各宜善體善遠是爲厚望焉
商辦新甯鐵路總理陳宜禧謹註

廣東省廣州府新甯縣沖雲堡嶺背村人
鄺琦耀認股肆拾份銀貳佰大圓正
認股票係三叁字第一万三千三百九十四號

1909 年赵宝杰的商办广东新宁铁路股份簿

商辦廣東新甯鐵路股份簿

趙寶杰

甯字第○萬七仟壹百六拾叁號

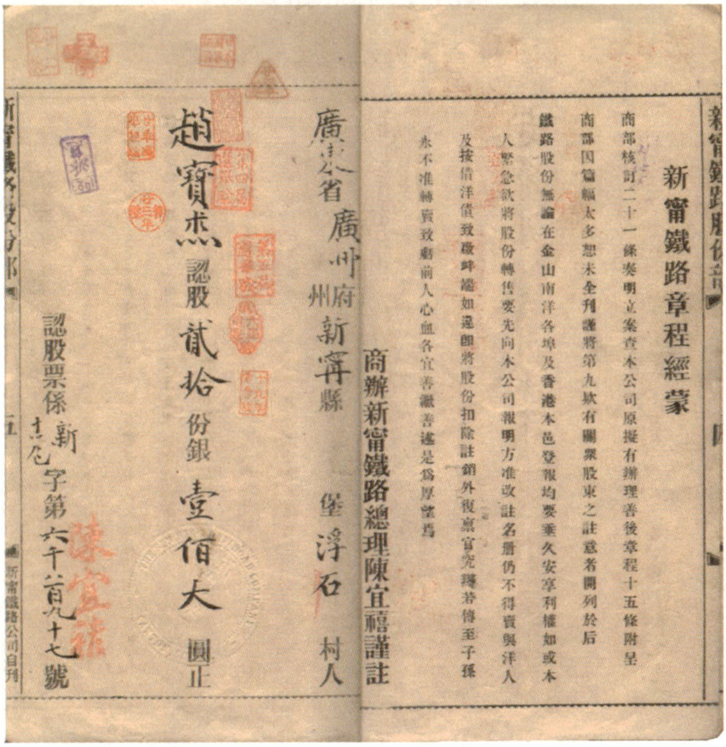

新甯鐵路章程經蒙

商部核訂二十一條奏明立案查本公司原擬有辦理善後章程十五條附呈

商部因篇幅太多恐未全刊謹將第九款有關衆股東之註意者開列於后

鐵路股份無論在金山南洋各埠及香港本邑登報均要垂久安享利權如或本

人緊急欲將股份轉售要先向本公司報明方准改註名冊仍不得賣與洋人

及按借洋債致啟釁端如違即將股份扣除註銷外復禀官究矣著傳至子孫

永不准轉賣致虧前人心血各宜善繼善述是爲厚望焉

商辦新甯鐵路總理陳宜禧謹註

廣東省廣州府新寧縣　堡浮石　村人

趙寶杰　認股貳拾份銀壹佰大圓正

認股票係新甯字第六千前九十七號

1909 年伍毓芬的商办广东新宁铁路股份簿

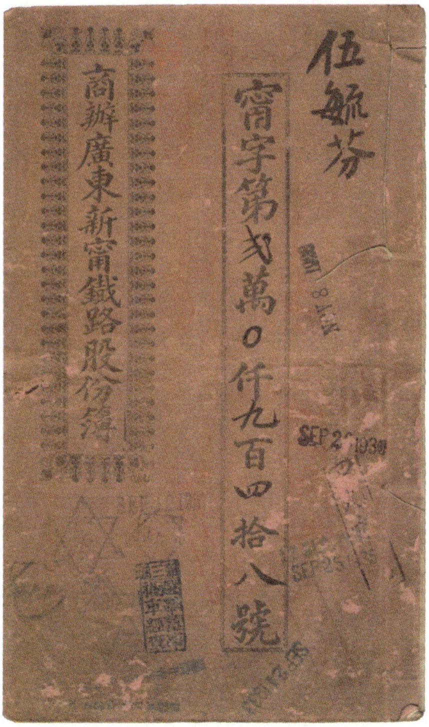

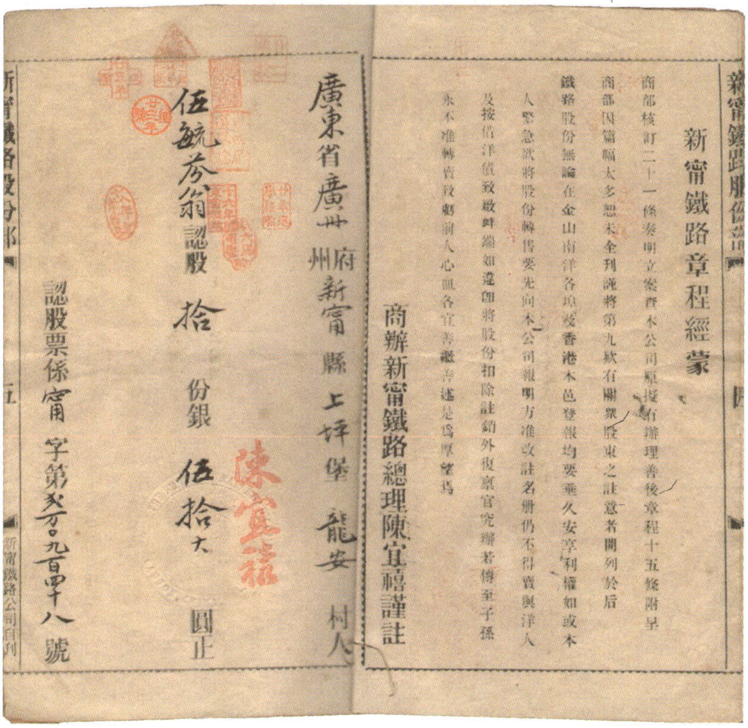

1909 年陈良奕的商办广东新宁铁路股份簿

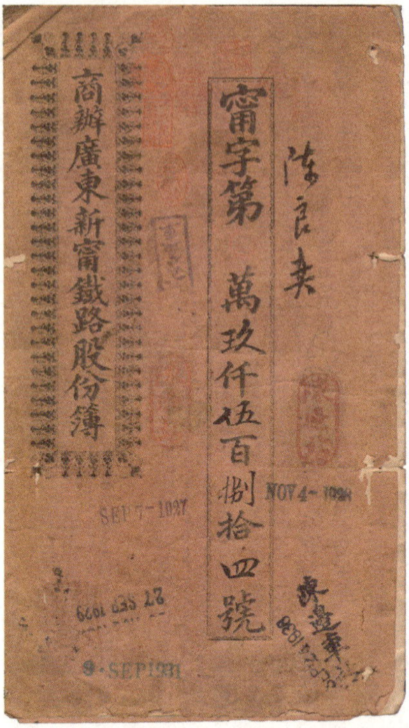
商辦廣東新甯鐵路股份簿

甯字第萬玖仟伍佰捌拾四號

陳良奕

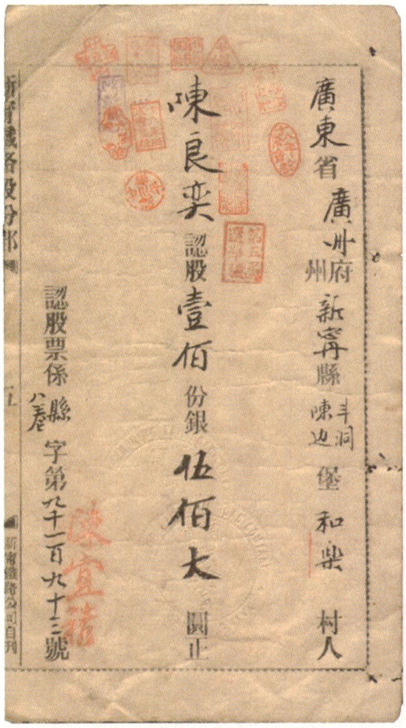
新甯鐵路股份部

廣東省廣州府新甯縣斗洞陳边堡和樂村人

陳良奕認股壹佰份銀伍佰大圓正

認股票係八巻字第八千一百九十三號

新甯鐵路公司自刊

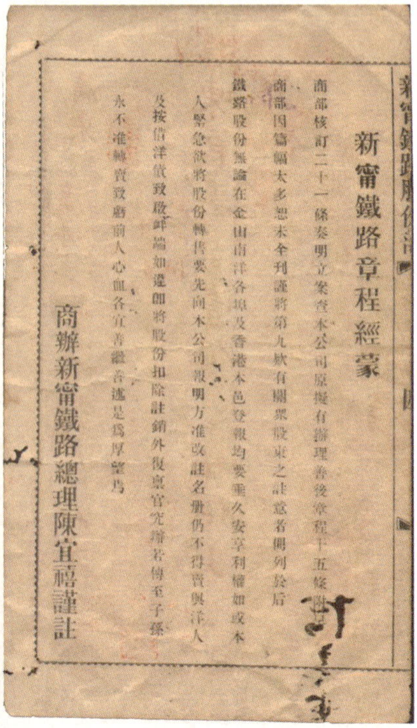
新甯鐵路章程經蒙

商部核訂二十一條奏明立案查本公司原擬有辦理善後章程十五條經

商部因篇幅太多恐未全列謹將第九款有關衆股東之註意者開列於后

鐵路股份無論在金山南洋各埠及香港本邑登報均要垂久安享利權如或本人緊急欲將股份轉售要先向本公司報明方准改註名册仍不得賣與洋人及按借洋債致啟衅端如違即將股份扣除註銷外復稟官究辦若傳至子孫永不准轉賣致辜前人心血各宜善繼善述是爲厚望焉

商辦新甯鐵路總理陳宜禧謹註

1910 年刘炯维的商办广东新宁铁路股份簿

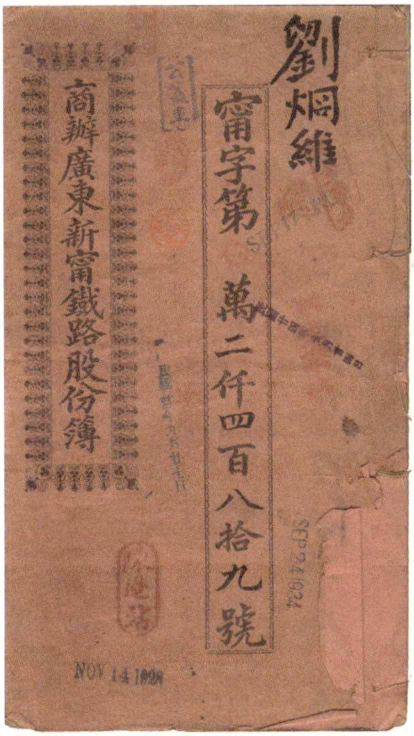

商辦廣東新甯鐵路股份簿

劉炯維

甯字第萬二仟四百八拾九號

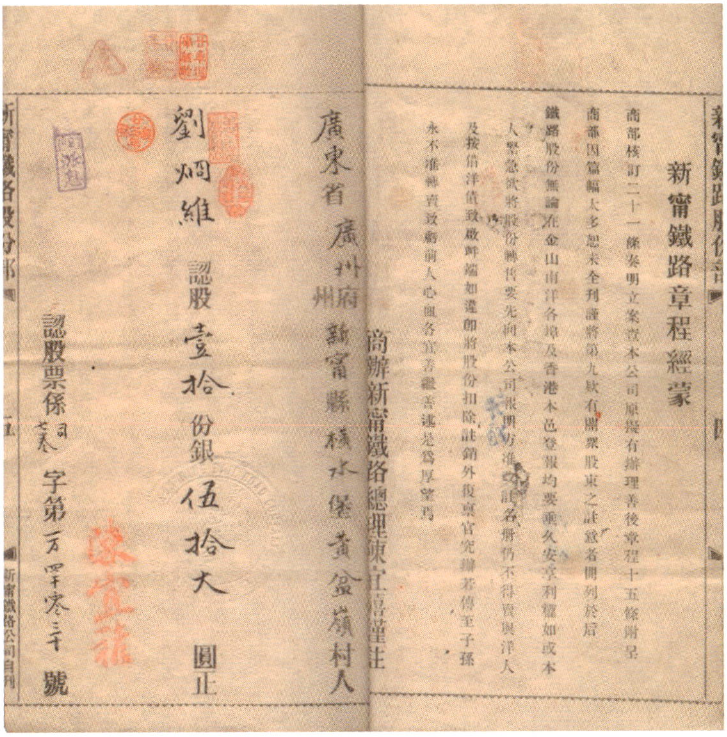

新甯鐵路章程經蒙

商部核訂二十一條奏明立案查本公司原擬有辦理善後章程十五條附呈商部因篇幅太多恕未全列謹將第九款有關衆股東之註意者開列於后

鐵路股份無論在金山南洋各埠及香港本邑登報均要垂久安享利權如或本人緊急欲將股份轉售要先向本公司報明方准改註名冊仍不得賣與洋人及按借洋債致啟衅端如違即將股份扣除註銷外復稟官究辦若傳至子孫永不准轉賣致虧前人心血各宜善繼善述是爲厚望焉

商辦新甯鐵路總理陳宜禧謹注

廣東省廣州府新甯縣橫水堡黄金嶺村人

劉炯維

認股壹拾份銀伍拾大圓正

認股票係　字第　號

新甯鐵路股份部

1910 年刘希醇的商办广东新宁铁路股份簿

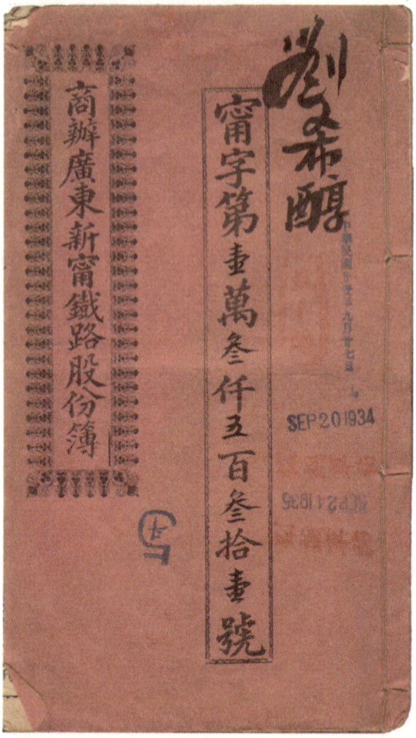

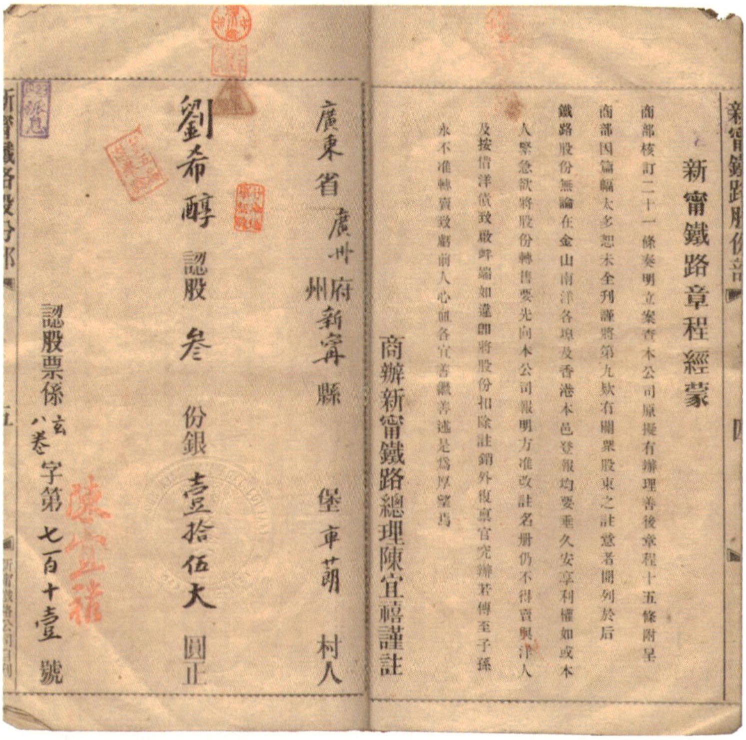

1910 年伍佐洪的商办广东新宁铁路股份簿

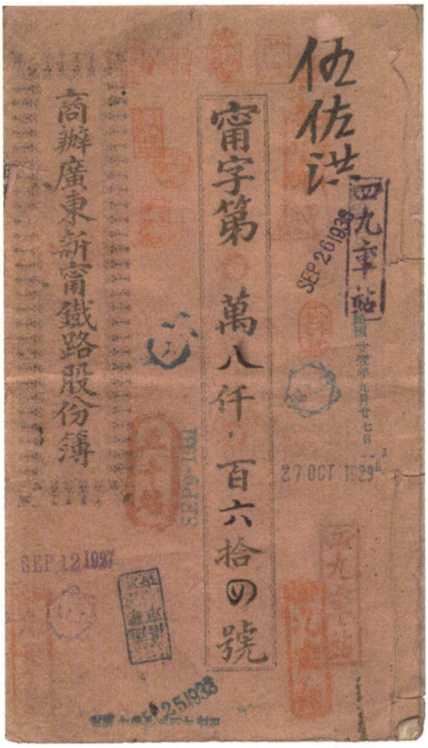

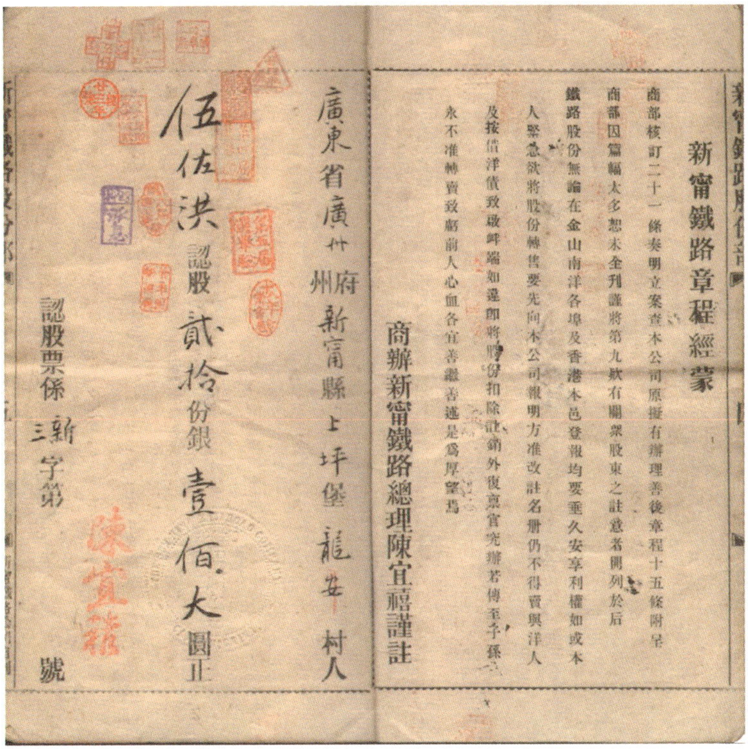

1914 年陈天惠的商办广东新宁铁路股份簿

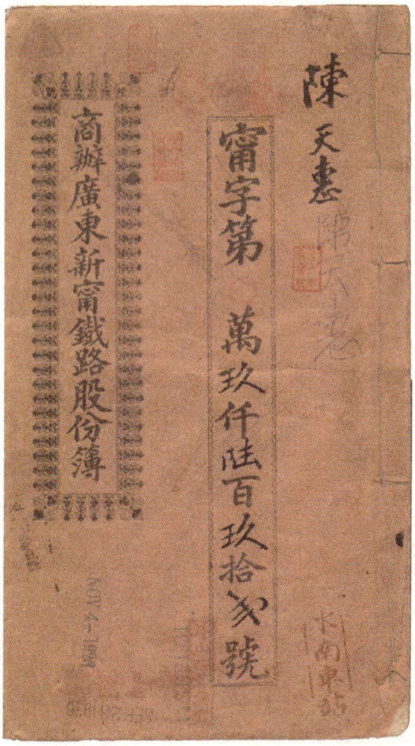

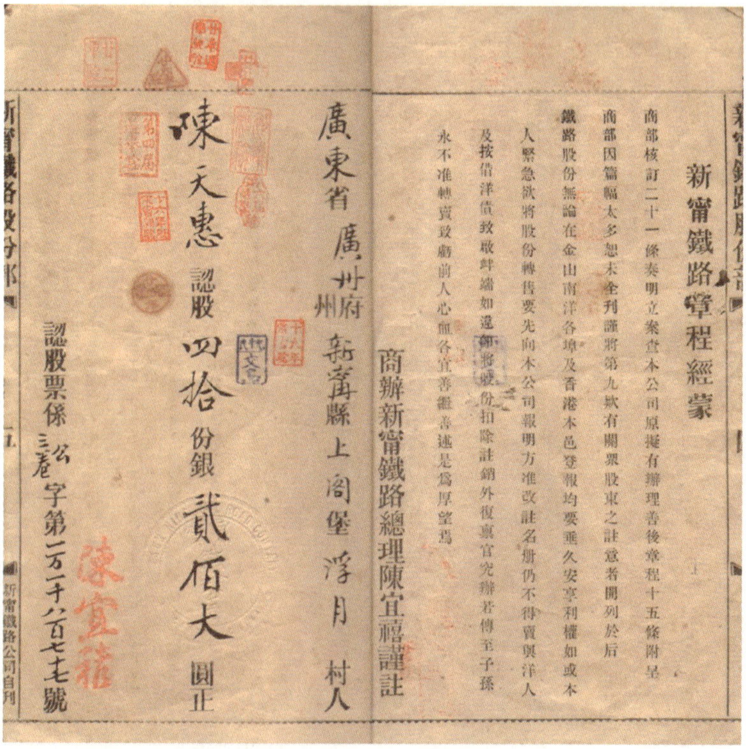

1918 年伍勋润的商办广东新宁铁路股份簿

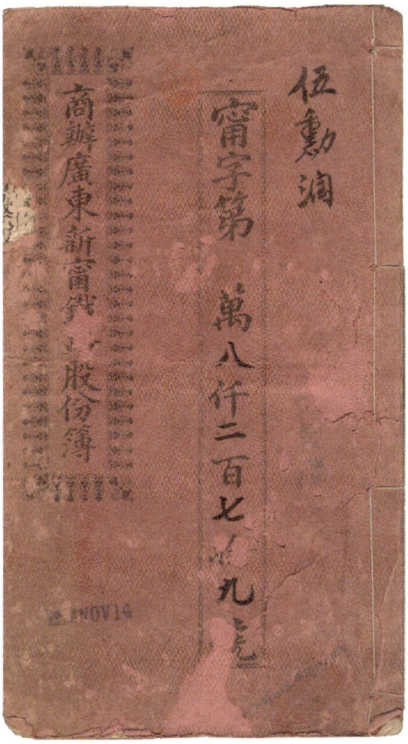

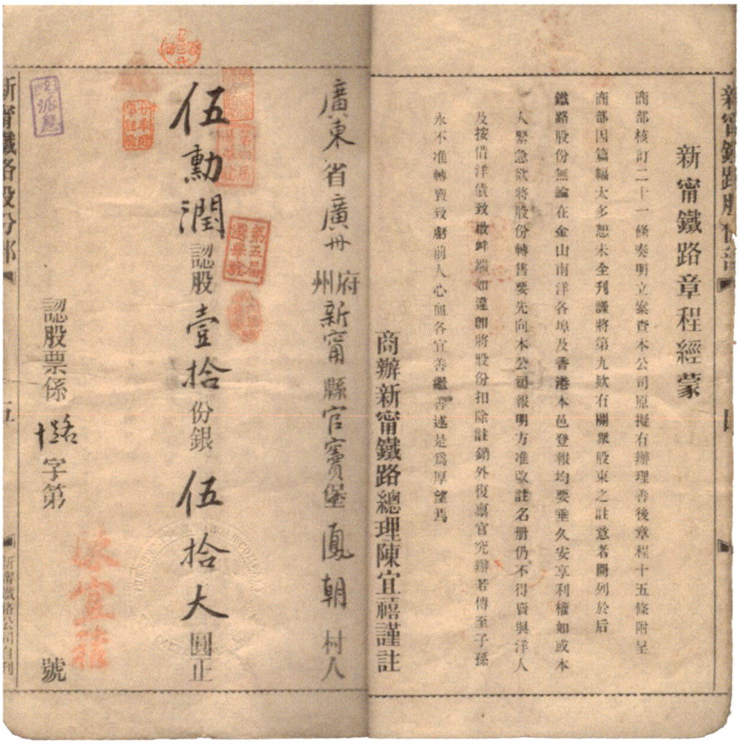

1918 年陈孔雷的商办广东新宁铁路股份簿

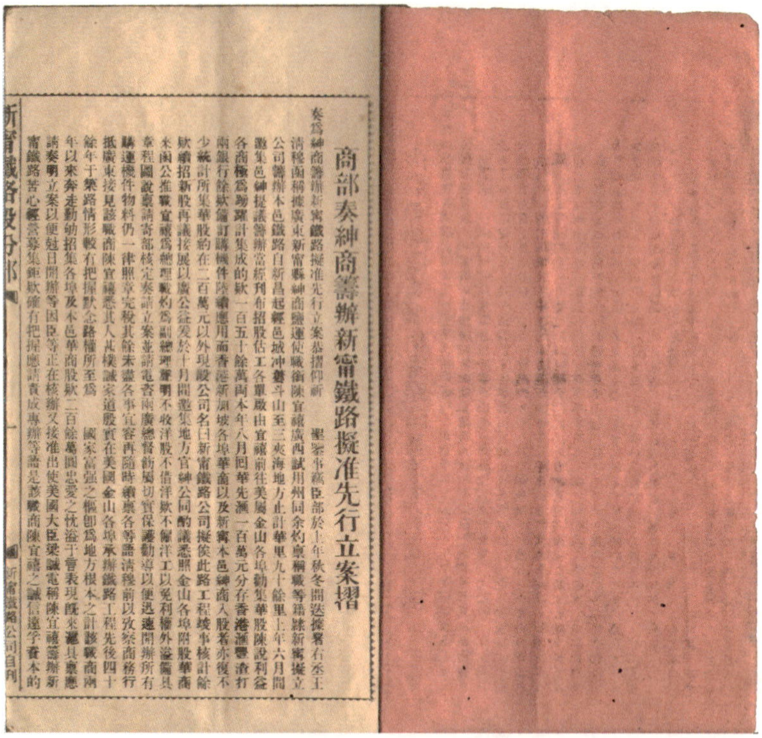

商部奏紳商籌辦新甯鐵路擬准先行立案摺

新甯鐵路股分部

新甯鐵路公司自刊

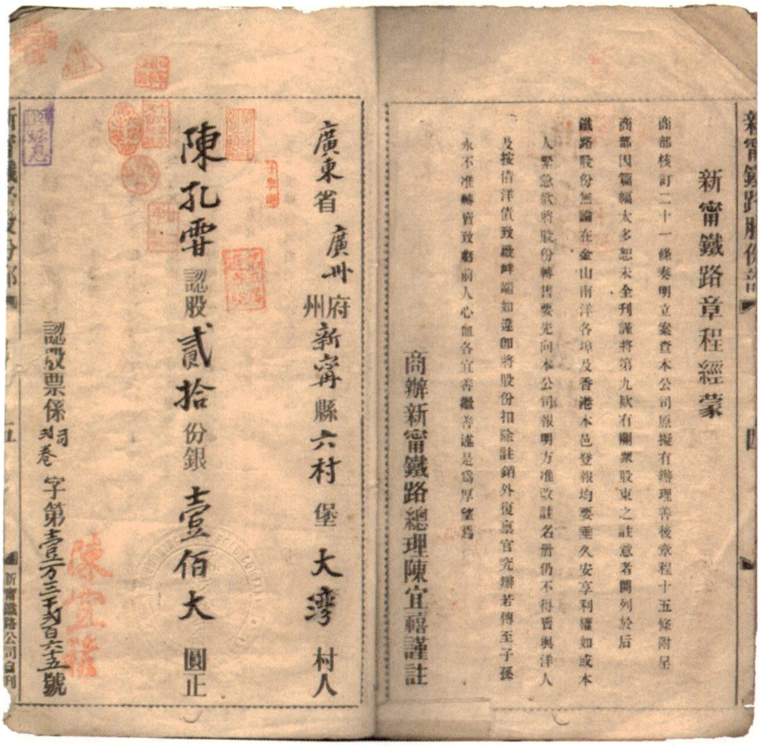

新甯鐵路章程經蒙

商部核訂二十一條奏明立案查本公司原擬有辦理善後章程十五條附呈

商部因篇幅太多恐未全列謹將第九款有關衆股東之註意者開列於后

鐵路股份無論在金山南洋各埠及香港本邑登報均要垂久安享利權如或本

人緊急欲將股份轉售要先向本公司報明方准改註名册仍不得售與洋人

及按借洋債致啟釁端如違即將股份扣除註銷外復稟官究辦若傳至子孫

永不准轉賣致動前人心血各宜善繼善述是爲厚望焉

商辦新甯鐵路總理陳宜禧謹註

廣東省 廣州府 新寧縣 六村堡 大湾 村人

陳孔雷 認股 貳拾 份銀 壹佰大 圓正

認股票係 字第壹万三千五百六十三號

新甯鐵路股分部

新甯鐵路公司自刊

1921 年马瑞参的马田坡祖新宁铁路股东会股份部（簿）

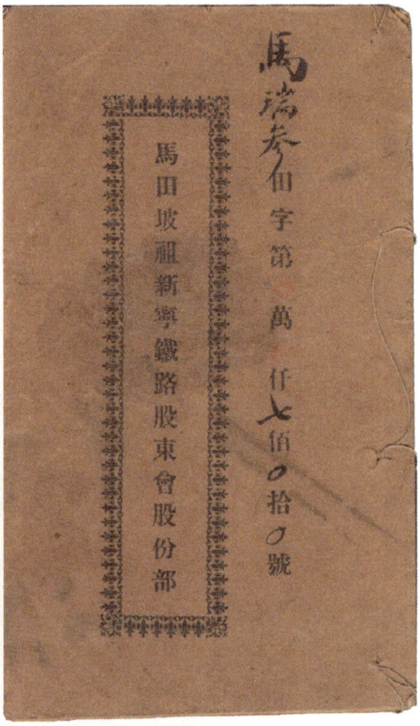

馬瑞參

田字第　萬　仟七佰0拾0號

馬田坡祖新寧鐵路股東會股份部

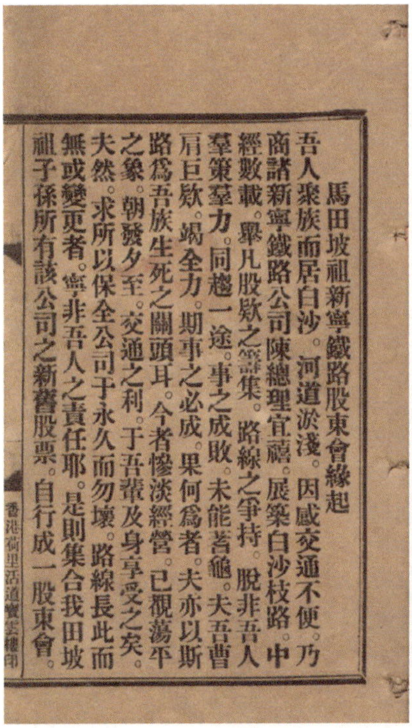

馬田坡祖新寧鐵路股東會緣起

吾人聚族而居白沙。河道淤淺。因感交通不便。乃商諸新寧鐵路公司陳總理宜禧。展築白沙枝路。中經數載。舉凡股欵之籌集。路線之爭持。股非吾人羣策羣力。同趨一途。事之成敗。未能蓍龜。夫吾曹肩巨欵。竭全力。期事之必成。果何爲者。夫亦以斯路爲吾族生死之關頭耳。今者慘淡經營。已覩蕩平之象。朝發夕至。交通之利。于吾輩及身享受之矣。夫然。求所以保全公司于永久而勿壞。路線長此而無或變更者。寧非吾人之責任耶。是則集合我田坡祖子孫所有該公司之新舊股票。自行成一股東會。

香港荷里活道寶雲樓印

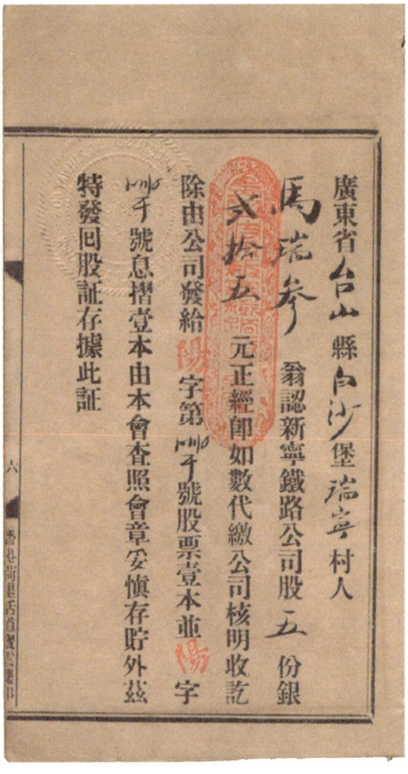

廣東省台山縣白沙堡瑞寧村人

馬瑞參翁認新寧鐵路公司股五份銀

文拾五元正經即如數代繳公司核明收訖

除由公司發給陽字第卅千號股票壹本並陽字

卅千號息摺壹本由本會查照會章妥慎存貯外茲

特發回股証存據此証

六

香港荷里活道寶雲樓印

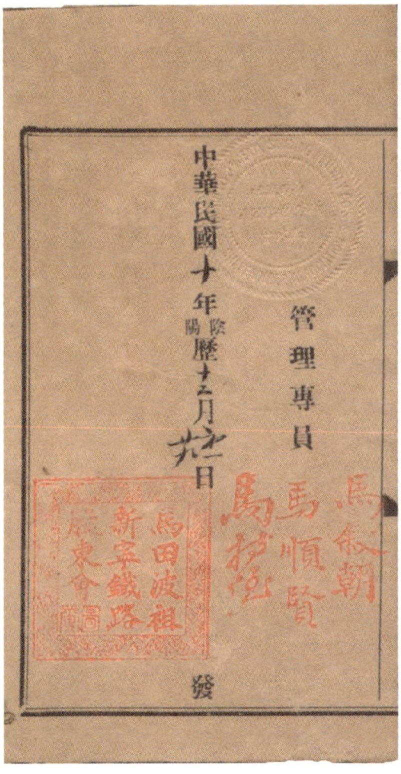

管理專員　馬叙朝　馬順賢　馬挺

中華民國十年陰陽歷十二月廿六日發

馬田坡祖新寧鐵路股東會圖章

1923 年伍明炜的商办广东新宁铁路股份簿

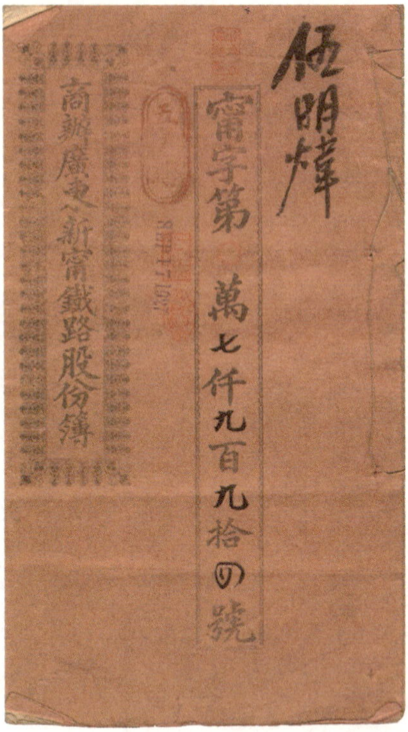

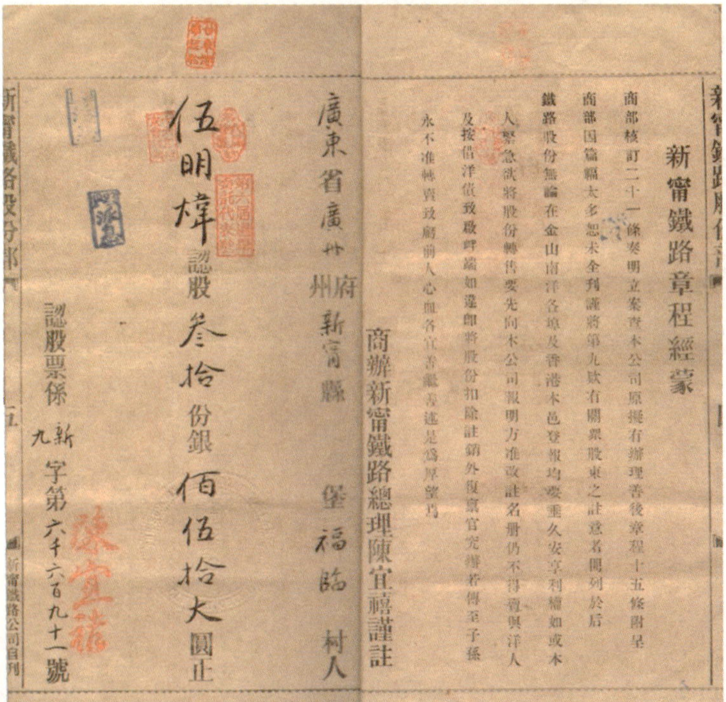

1909 年朱重瑶的商办广东新宁铁路公司息折

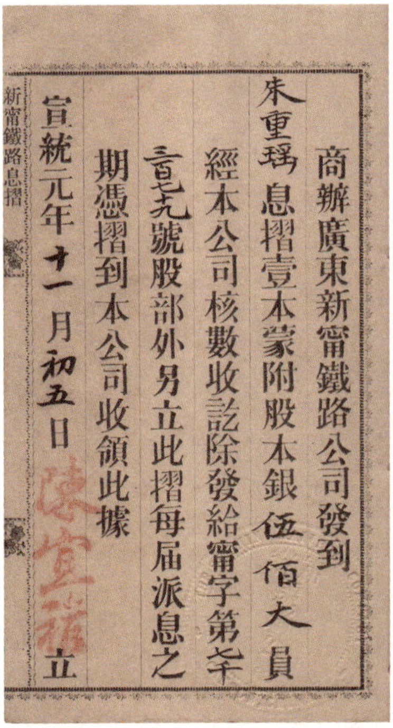

商辦廣東新甯鐵路公司發到
朱重瑶 息摺壹本蒙附股本銀伍佰大員
經本公司核數收訖除發給甯字第二千
三百七九號股部外另立此摺每届派息之
期憑摺到本公司收領此據
宣統元年十一月初五日 陳宜禧立

新甯鐵路息摺

1909 年许子任的商办广东新宁铁路公司息折

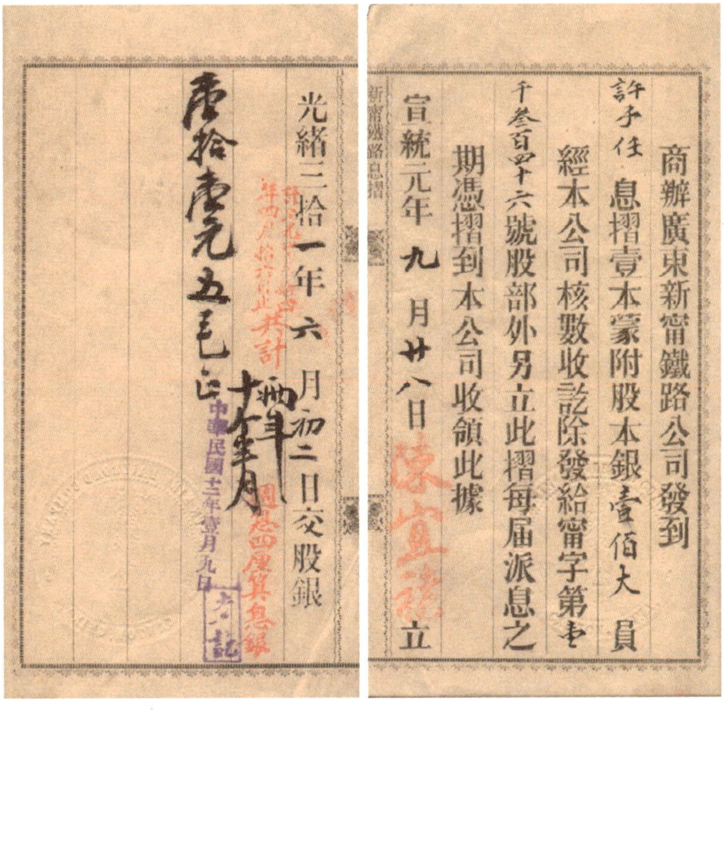

商辦廣東新甯鐵路公司發到
許子任 息摺壹本蒙附股本銀壹佰大員
經本公司核數收訖除發給甯字第壹
千叁百四十六號股部外另立此摺每届派息之
期憑摺到本公司收領此據
宣統元年九月廿八日 陳宜禧立

新甯鐵路息摺

光緒三拾一年六月初二日交股銀

中華民國十三年壹月九日

1909 年金沛的商办广东新宁铁路公司息折

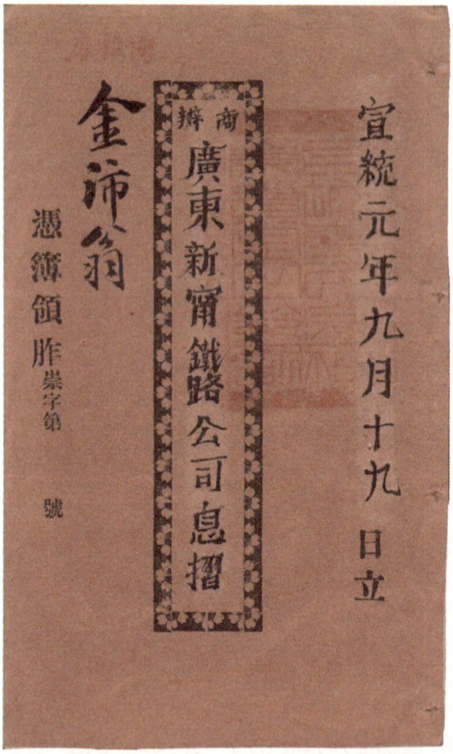

1909 年李瑶宗的商办广东新宁铁路公司息折

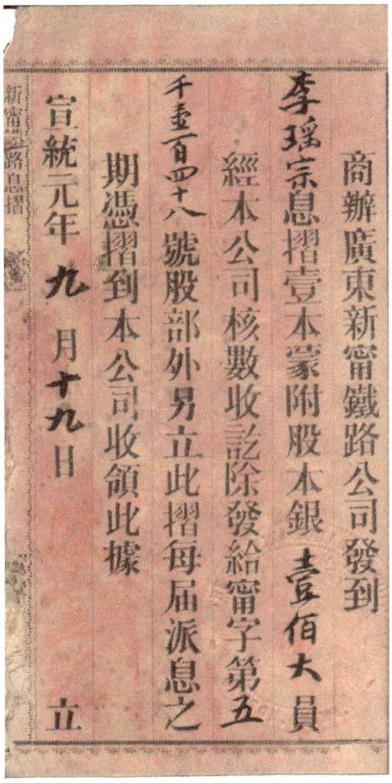

新甯路息摺

商辦廣東新甯鐵路公司發到
李瑶宗息摺壹本豪附股本銀壹佰大員
經本公司核數收訖除發給甯字第五
千壹百四十八號股部外另立此摺每屆派息之
期憑摺到本公司收領此據
宣統元年九月十九日立

新甯鐵路息摺

光緒三十一年七月初七日交股銀
壹拾壹元正
中華民國十二年壹月八日
文記

1909 年黄文铨的商办广东新宁铁路公司息折

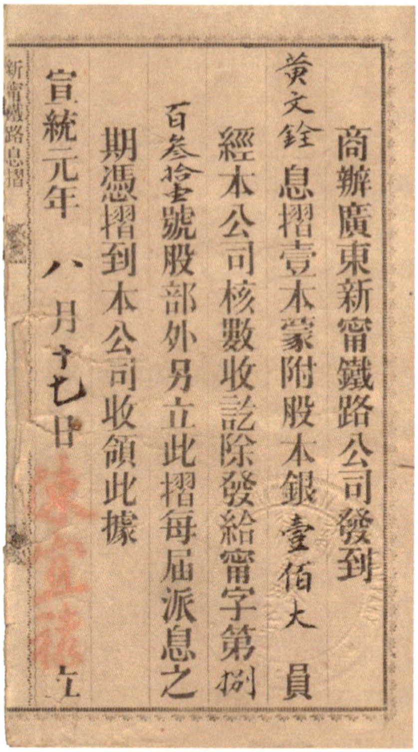

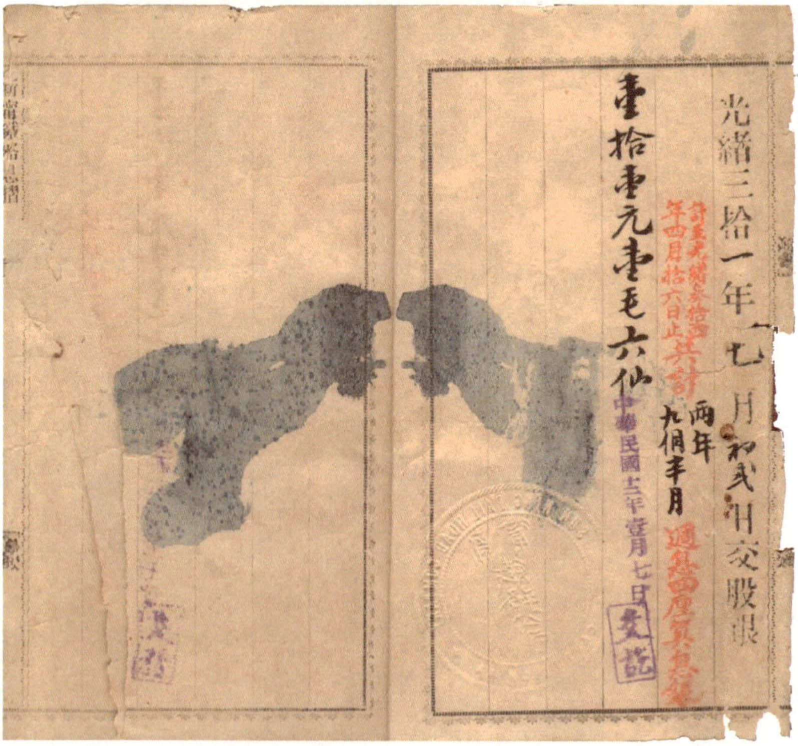

新甯鐵路息摺
光緒三拾一年七月初弍日交股銀
壹拾壹元壹毛六仙

1909 年朱招财的商办广东新宁铁路公司息折

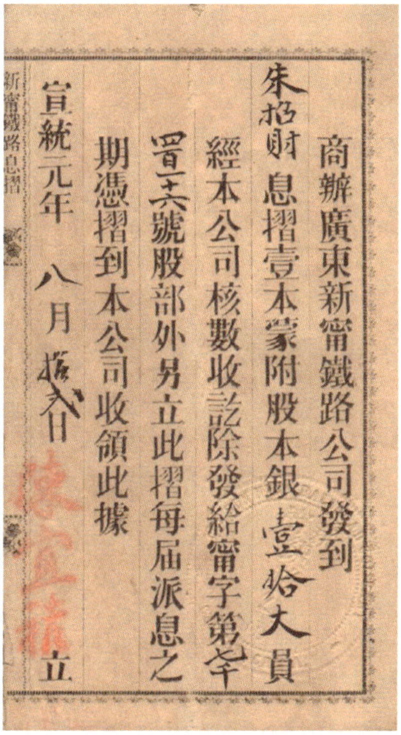

商辦廣東新寗鐵路公司發到
朱招財 息摺壹本蒙附股本銀 壹拾大員
經本公司核數收訖除發給寗字第[illegible]
[illegible]號股部外另立此摺每届派息之
期憑摺到本公司收領此據
宣統元年 八月 [illegible]日 立
新寗鐵路息摺

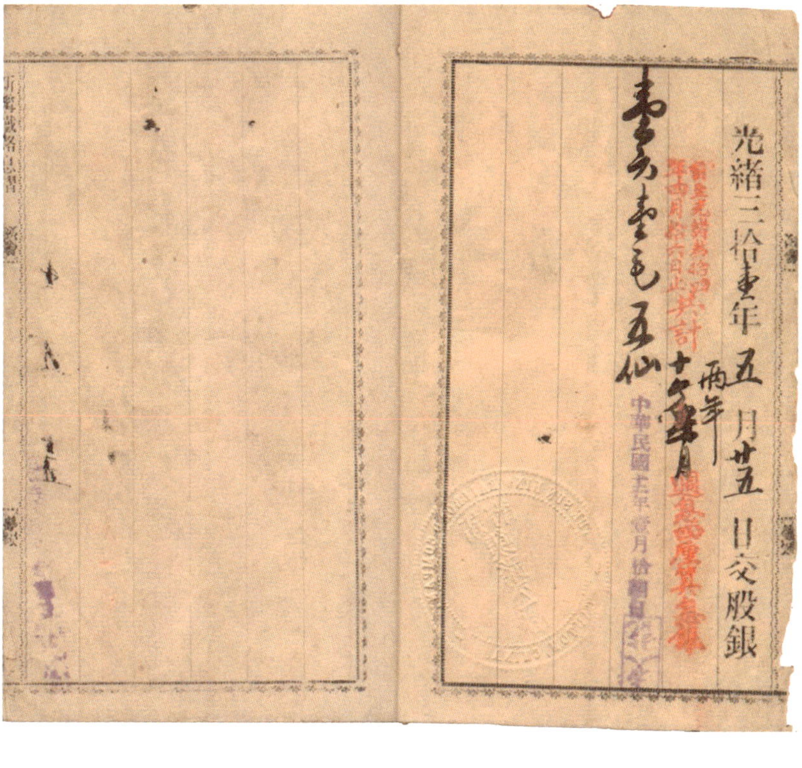

光緒三拾[illegible]年 五 月廿五 日交股銀
新寗鐵路息摺

1909 年朱卓立的商办广东新宁铁路公司息折

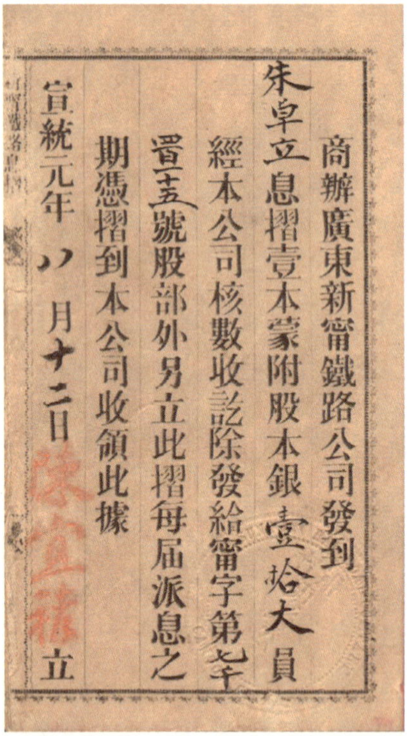
新甯鐵路息摺

商辦廣東新甯鐵路公司發到
朱卓立息摺壹本蒙附股本銀壹拾大員
經本公司核數收訖除發給甯字第七千
置十五號股部外另立此摺每屆派息之
期憑摺到本公司收領此據
宣統元年八月十二日　陳宜禧立

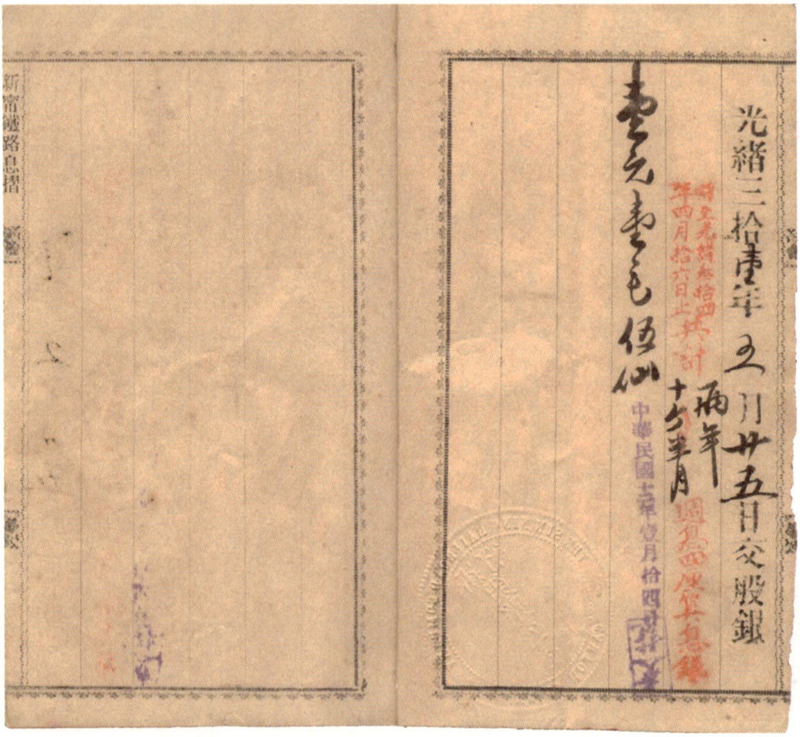
新甯鐵路息摺

光緒三拾壹年五月廿五日交股銀

1909 年叶崇兰的商办广东新宁铁路公司息折

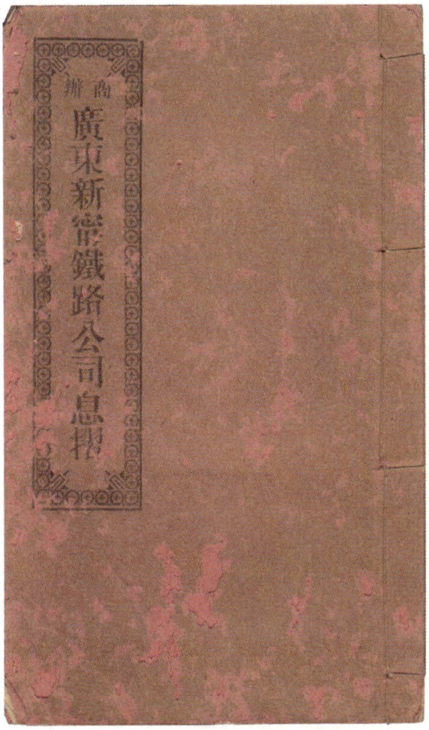

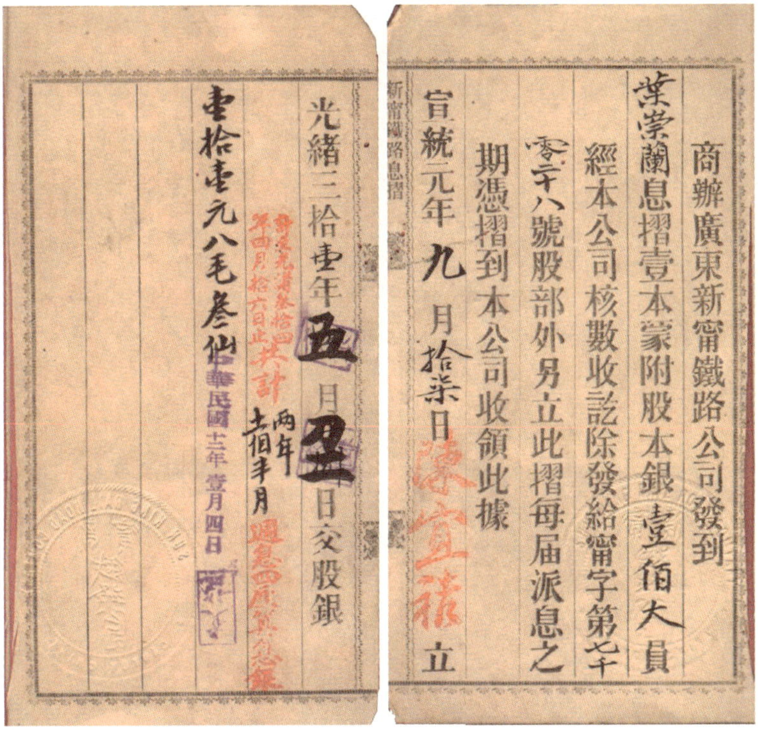

1909 年谭文胜的商办广东新宁铁路公司息折

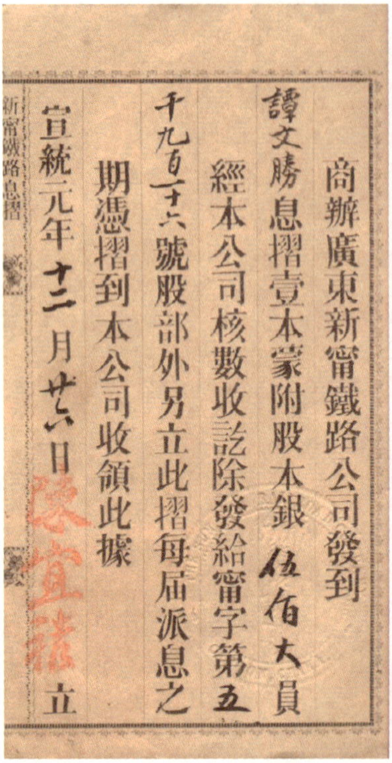
商辦廣東新甯鐵路公司發到
譚文勝息摺壹本豪附股本銀伍佰大員
經本公司核數收訖除發給甯字第五千九百十六號股部外另立此摺每屆派息之
期憑摺到本公司收領此據
宣統元年十二月廿六日 立
新甯鐵路息摺

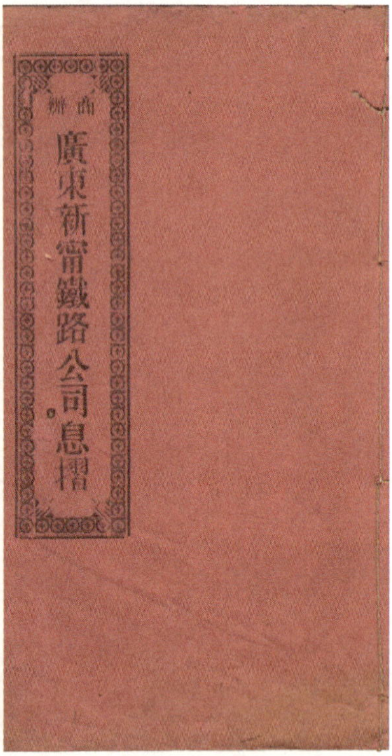
商辦
廣東新甯鐵路公司息摺

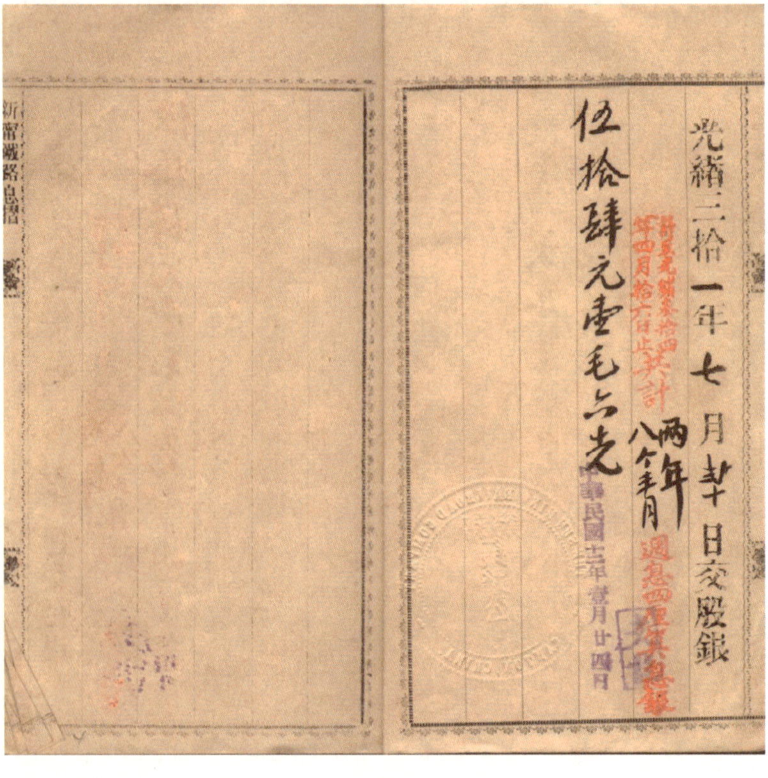
新甯鐵路息摺
光緒三拾一年七月廿日交股銀
伍拾肆元壹毛六先
兩年八个月
中華民國十二年壹月廿四日

1909 年谭濂开的商办广东新宁铁路公司息折

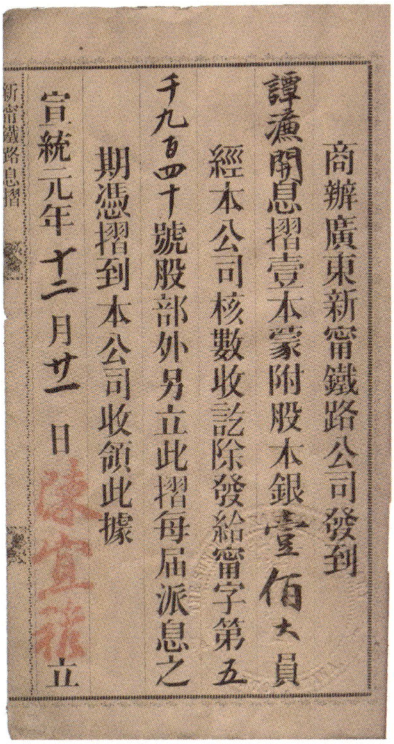
新甯鐵路息摺

商辦廣東新甯鐵路公司發到
譚濂開息摺壹本豪附股本銀壹佰大員
經本公司核數收訖除發給甯字第五
千九百四十號股部外另立此摺每屆派息之
期憑摺到本公司收領此據
宣統元年十二月廿一日 陳宜禧 立

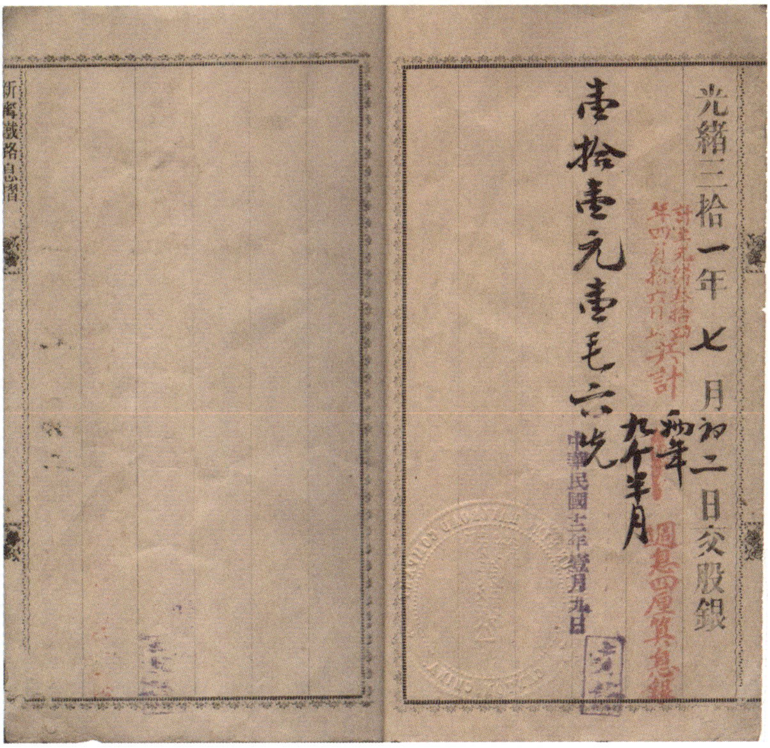
新甯鐵路息摺

光緒三拾一年七月初二日交股銀
壹拾壹元壹毛六仙
週息四厘算息銀
中華民國十三年壹月九日

1909 年邝锦修的商办广东新宁铁路公司息折

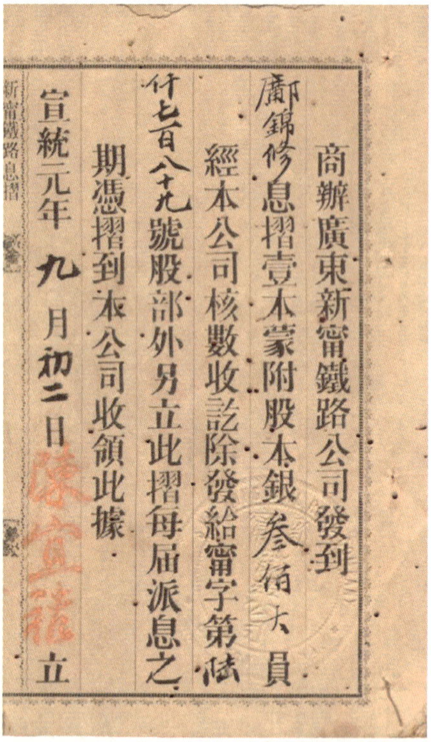
新寧鐵路息摺

商辦廣東新寧鐵路公司發到
鄺錦修息摺壹本䝉附股本銀叁拾大員
經本公司核數收訖除發給寧字第陸
什七百八十九號股部外另立此摺每屆派息之
期憑摺到本公司收領此據
宣統元年九月初二日 陳宜禧 立

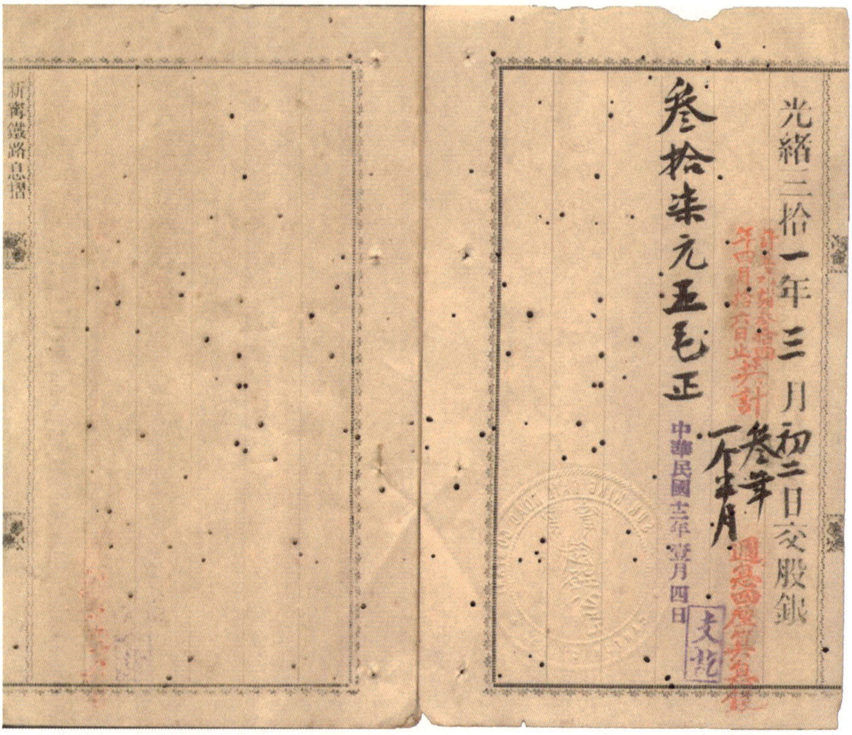
新寧鐵路息摺

光緒三拾一年三月初二日交股銀
叁拾柒元五毛正

中華民國十三年壹月四日

1909 年伍毓芬的商办广东新宁铁路公司息折

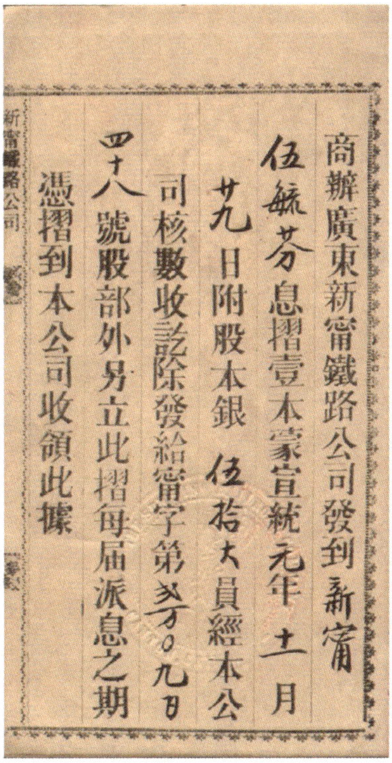

商辦廣東新甯鐵路公司發到新甯
伍毓芬息摺壹本豪宣統元年十一月
廿九日附股本銀伍拾大員經本公
司核數收訖除發給甯字第叁万〇九百
四十八號股部外另立此摺每屆派息之期
憑摺到本公司收領此據

新甯鐵路公司

宣統元年十一月廿九日陳宜禧立

新甯鐵路息摺

1909 年陈良奕的商办广东新宁铁路公司息折

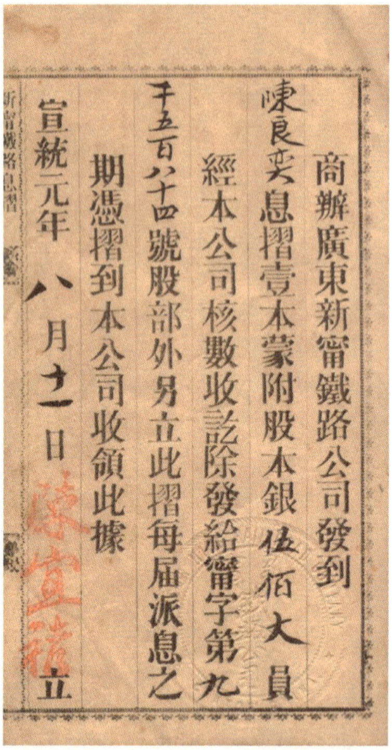
新甯鐵路息摺

商辦廣東新甯鐵路公司發到
陳良奕息摺壹本蒙附股本銀伍佰大員
經本公司核數收訖除發給甯字第九
千五百八十四號股部外另立此摺每届派息之
期憑摺到本公司收領此據
宣統元年八月十二日 陳宜禧 立

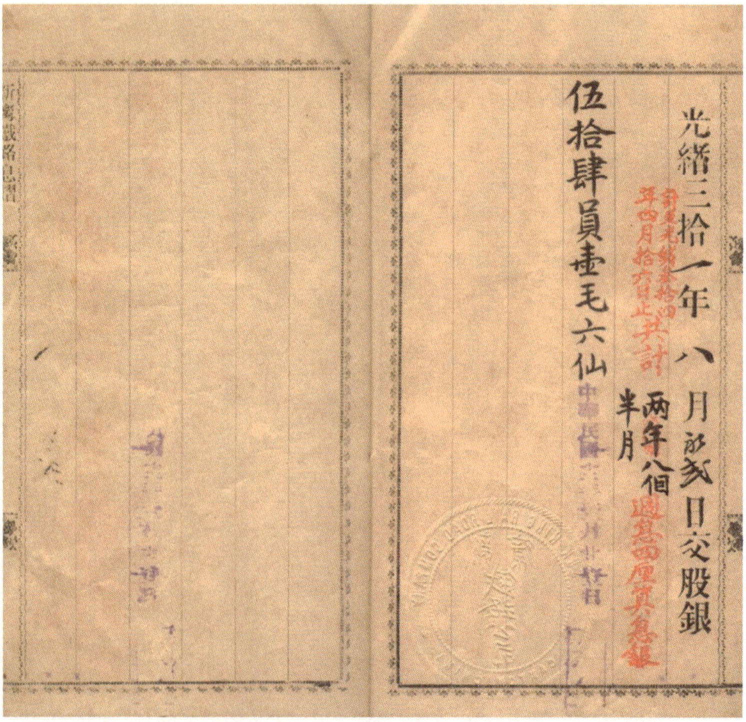
新甯鐵路息摺

光緒三拾一年八月初叁日交股銀
伍拾肆員壹毛六仙
計息光緒叁拾四年四月拾六日止共計兩年八個半月
週息四厘算息銀

1910 年陈良湛的商办广东新宁铁路公司息折

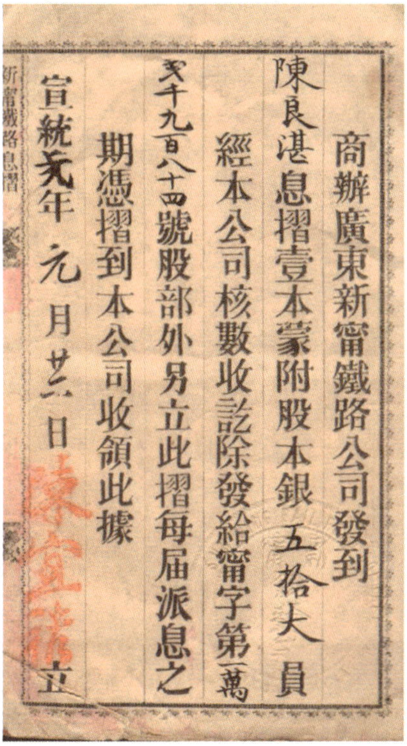
商辦廣東新寗鐵路公司發到
陳良湛息摺壹本蒙附股本銀 五拾大員
經本公司核數收訖除發給寗字第一萬
零千九百八十四號股部外另立此摺每届派息之
期憑摺到本公司收領此據
宣統貳年 元月廿六日 立

新寗鐵路息摺

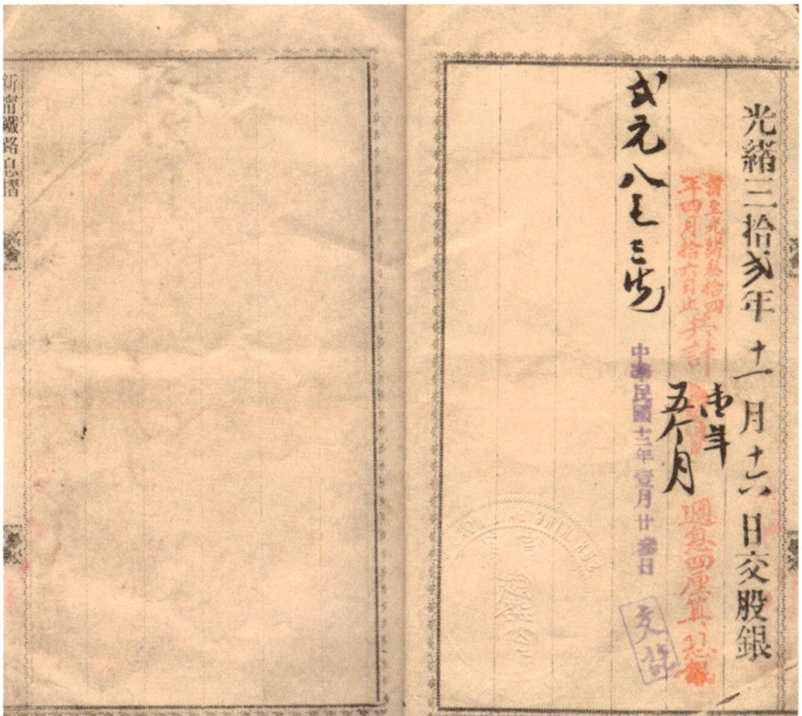
新寗鐵路息摺

光緒三拾叁年 十一月十六日交股銀
嘗至光緒叁拾四年四月拾六日止共計
壹年五个月
週息四厘算
式元八毛三仙
中華民國十三年壹月廿叁日
交訖

1910 年伍佐鸿的商办广东新宁铁路公司息折

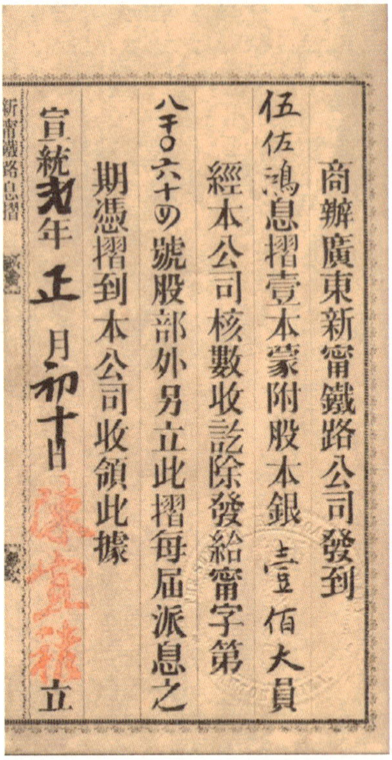
商辦廣東新甯鐵路公司發到
伍佐鴻息摺壹本蒙附股本銀壹佰大員
經本公司核數收訖除發給甯字第
八千〇六十の號股部外另立此摺每屆派息之
期憑摺到本公司收領此據
宣統弍年正月初十日 立
新甯鐵路息摺

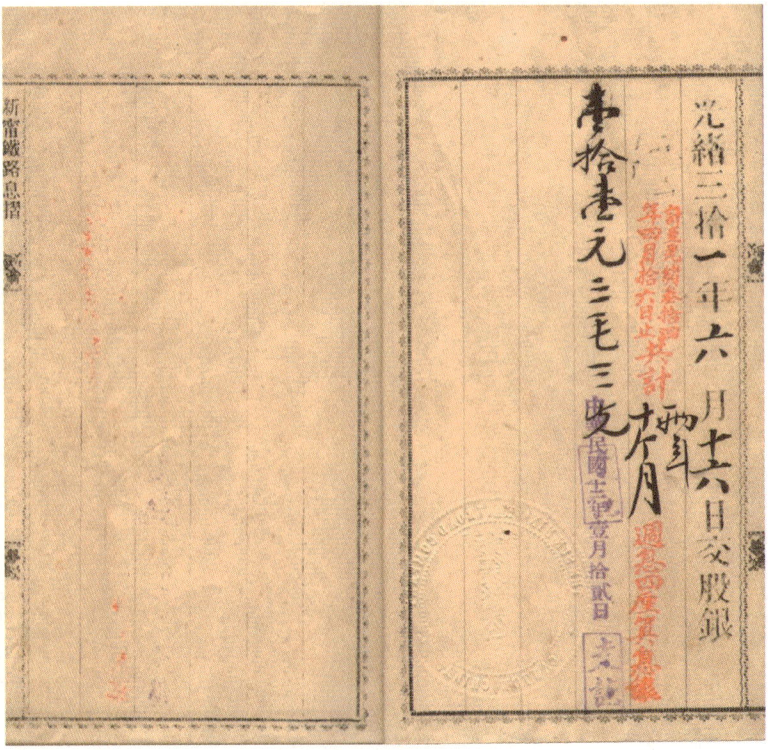
新甯鐵路息摺
光緒三拾一年六月十六日交股銀

1910 年刘孔瀚的商办广东新宁铁路公司息折

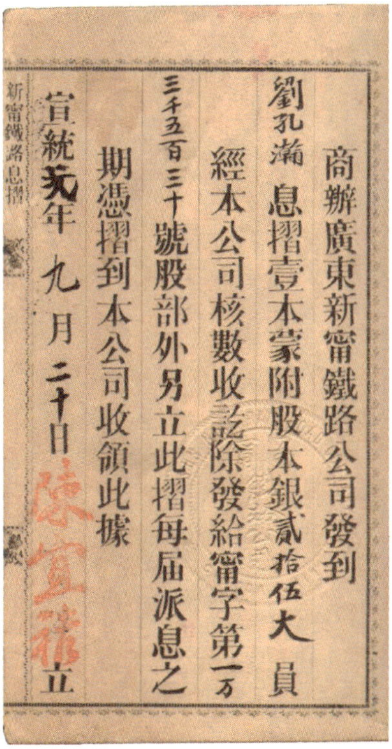
新甯鐵路息摺

商辦廣東新甯鐵路公司發到
劉孔瀚 息摺壹本蒙附股本銀貳拾伍大員
經本公司核數收訖除發給甯字第一万
三千五百三十號股部外另立此摺每屆派息之
期憑摺到本公司收領此據
宣統貳年 九月 二十日 陳宜禧 立

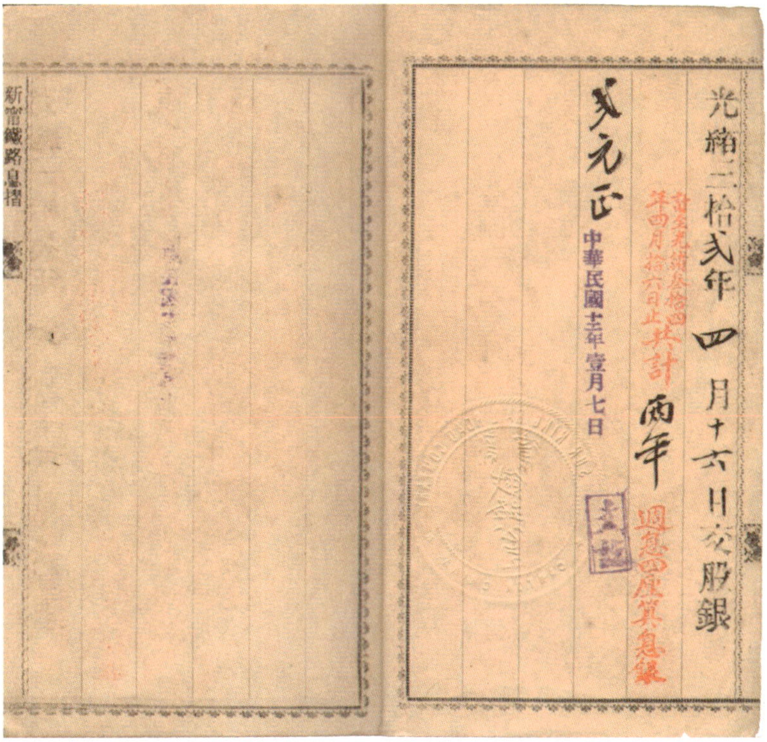
新甯鐵路息摺

光緒三拾弍年 四 月十六日交股銀
至光緒叁拾四年四月拾六日止共計 兩年 週息四厘算息銀
弍元正
中華民國十三年壹月七日

1910 年刘希醇的商办广东新宁铁路公司息折

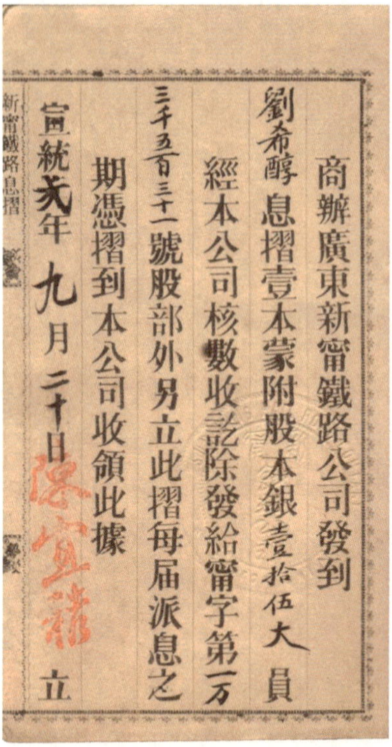
新甯鐵路息摺

商辦廣東新甯鐵路公司發到
劉希醇息摺壹本蒙附股本銀壹拾伍大員
經本公司核數收訖除發給甯字第一万
三千五百三十一號股部外另立此摺每届派息之
期憑摺到本公司收領此據
宣統貳年九月二十日 立

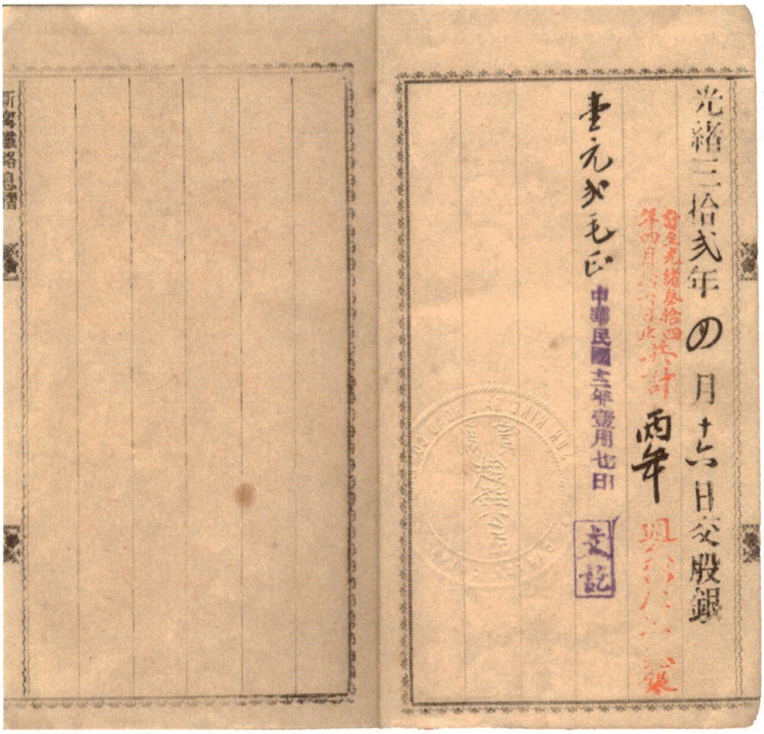
新甯鐵路息摺

光緒三拾貳年四月十六日交股銀
壹元貳毛正

1911 年倪同昌的商办广东新宁铁路公司息折

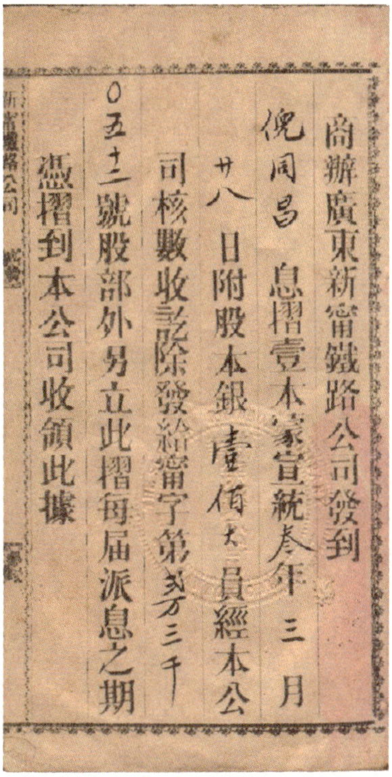

新甯鐵路公司

商辦廣東新甯鐵路公司發到
倪同昌 息摺壹本豪宣統叁年 三 月
廿八 日附股本銀壹佰大員經本公
司核數收訖除發給甯字第弍万三千
〇五十二號股部外另立此摺每屆派息之期
憑摺到本公司收領此據

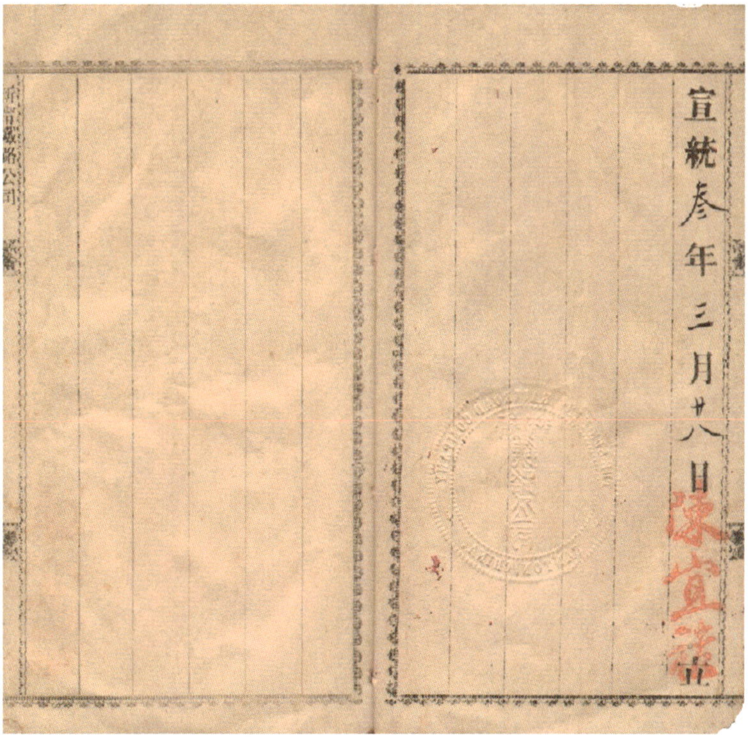

新甯鐵路公司

宣統叁年三月廿八日 陳宜禧 立

1918 年马瑞参的商办广东新宁铁路公司息折

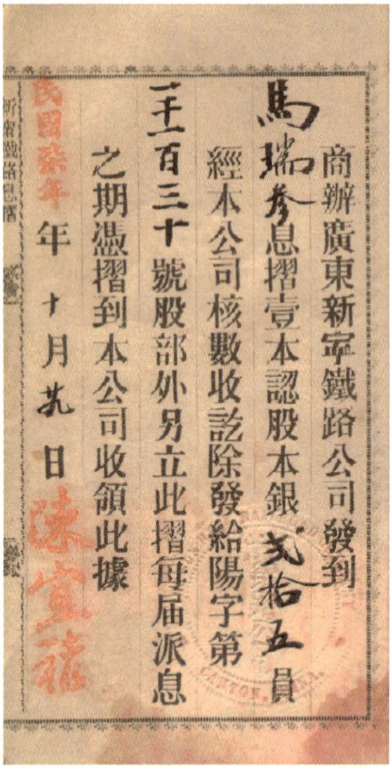

新寧鐵路息摺

商辦廣東新寧鐵路公司發到
馬瑞參息摺壹本認股本銀貳拾五員
經本公司核數收訖除發給陽字第
一千一百三十號股部外另立此摺每屆派息
之期憑摺到本公司收領此據
民國柒年 年 十月 九日 陳宜禧

新寧鐵路公司

民國柒年 年 九月廿五日交股銀

1918 年马林玉的商办广东新宁铁路公司息折

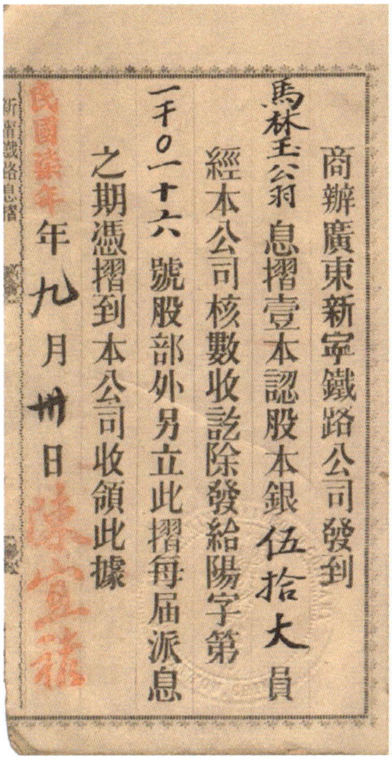
商辦廣東新寧鐵路公司發到
馬林玉公翁 息摺壹本認股本銀伍拾大員
經本公司核數收訖除發給陽字第
一千〇一十六 號股部外另立此摺每屆派息
之期憑摺到本公司收領此據
民國柒年 年 九 月 卅 日 陳宜禧
新甯鐵路息摺

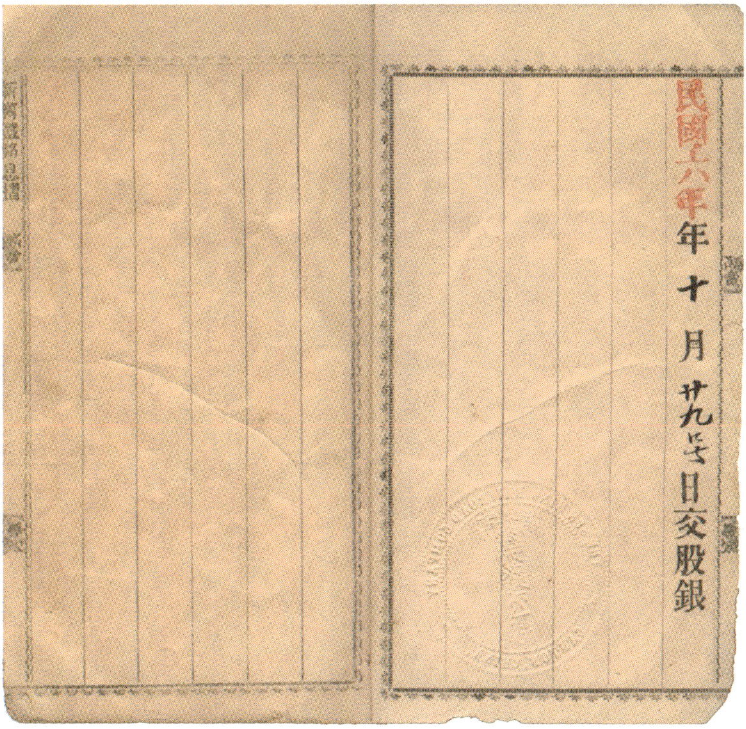
新甯鐵路息摺
民國[illegible]八年 年 十 月 廿九 日交股銀

1918 年吴如心的商办广东新宁铁路公司息折

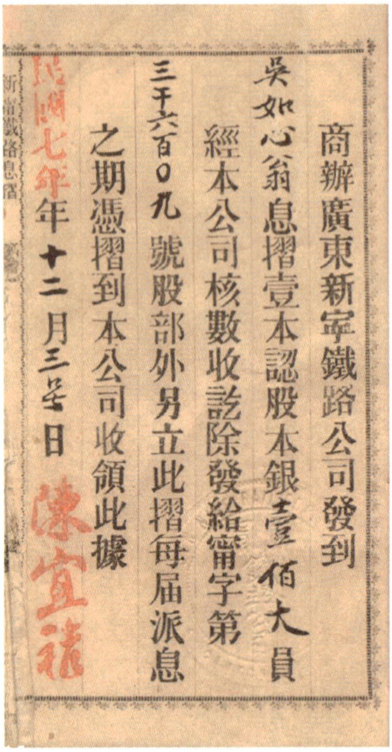

新甯鐵路息摺

商辦廣東新寧鐵路公司發到
吳如心翁息摺壹本認股本銀壹佰大員
經本公司核數收訖除發給甯字第
三千六百〇九號股部外另立此摺每屆派息
之期憑摺到本公司收領此據
民國七年年十二月三十日 陳宜禧

新甯鐵路公司

光緒三十一年八月初二日交股銀

1918 年陈孔霄的商办广东新宁铁路公司息折

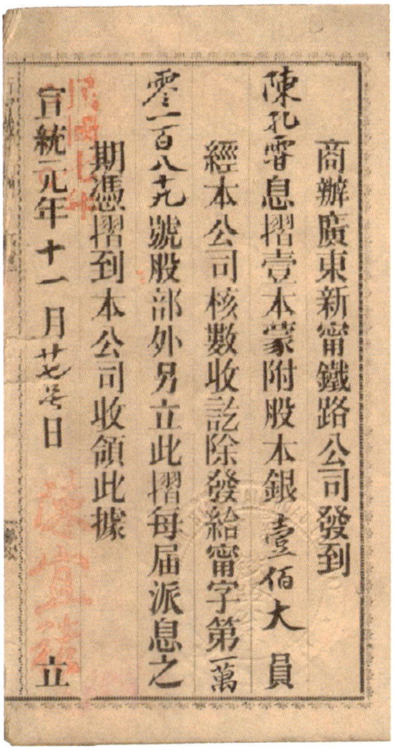

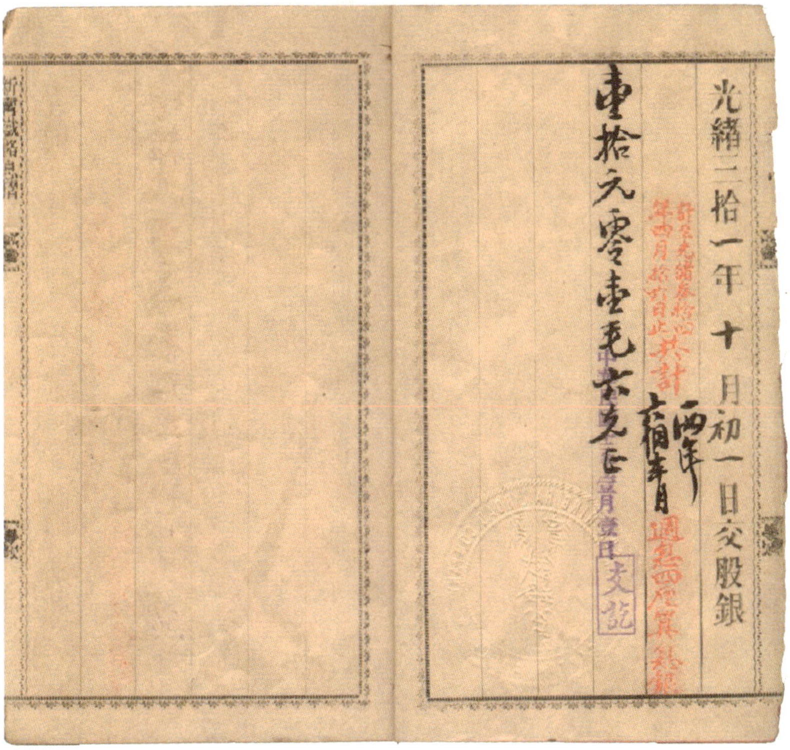

1921 年马昌赞的马田坡祖新宁铁路公司股东会息折

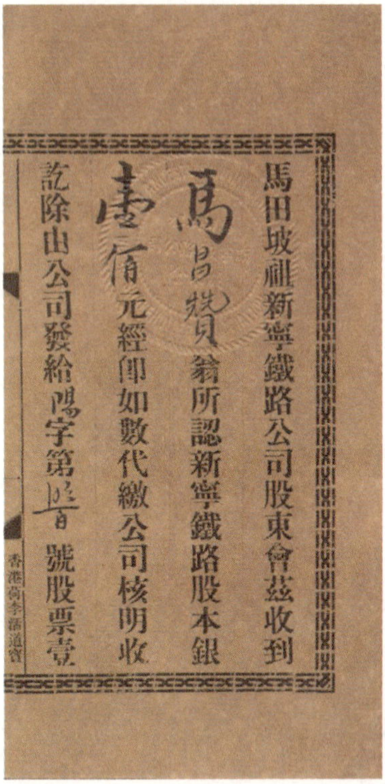

馬田坡祖新寧鐵路公司股東會茲收到
馬昌贊翁所認新寧鐵路股本銀
壹佰元經即如數代繳公司核明收
訖除由公司發給陽字第[illegible]號股票壹

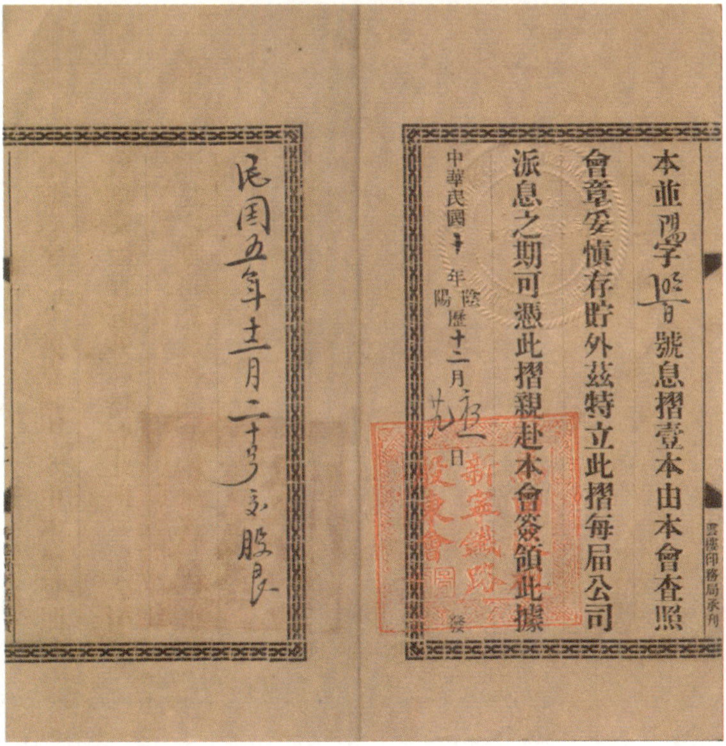

本張陽字[illegible]號息摺壹本由本會查照
會章妥慎存貯外茲特立此摺每屆公司
派息之期可憑此摺親赴本會簽領此據
中華民國十年陰陽歷十二月[illegible]日發

新寧鐵路股東會圖[illegible]

民国五年十二月二十[illegible] [illegible]股息

1927 年新宁铁路股东大会入座票

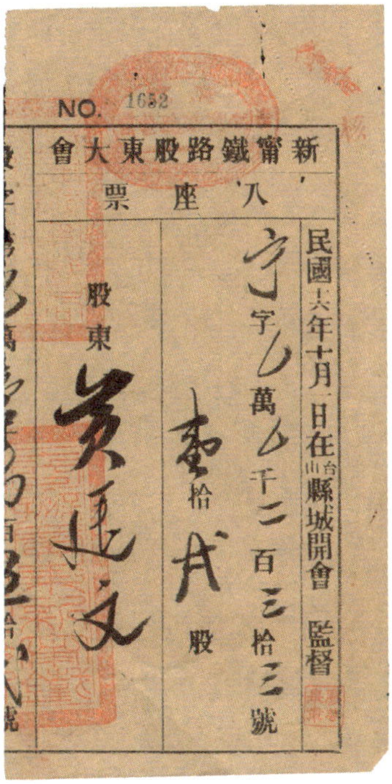

NO. 1652

新寧鐵路股東大會

入座票

民國十六年十月一日在台山縣城開會 監督

寧字6萬6千二百三拾三號

壹拾貳股

股東 黄廷文

1928 年许子任的新宁铁路选举第六届董事股东入场券

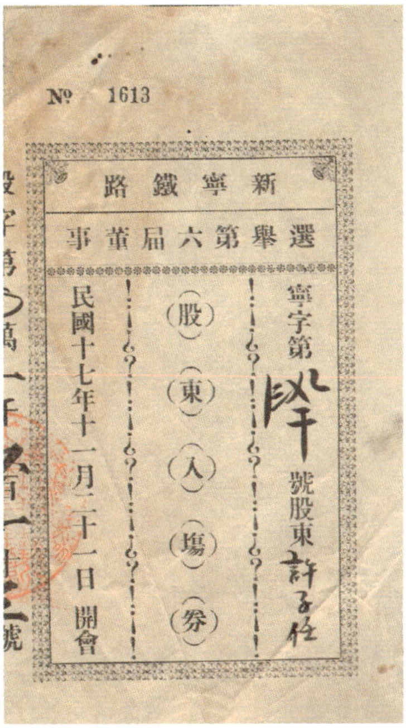

№ 1613

新寧鐵路

選舉第六屆董事

寧字第　號股東許子任

股東入場券

民國十七年十一月二十一日開會

1929 年许子任的新宁铁路第一届股东常会入座券

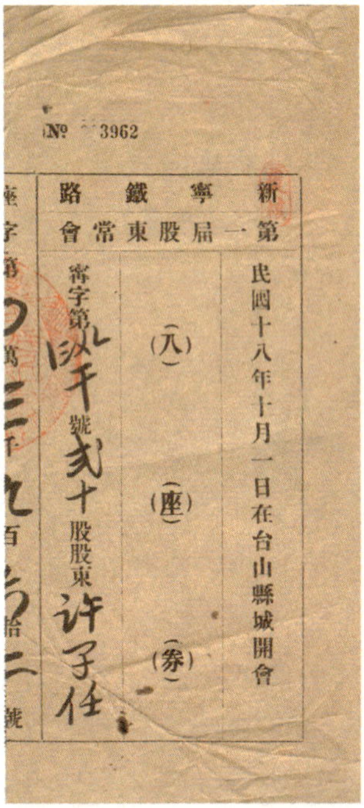
新寧鐵路
第一屆股東常會
民國十八年十月一日在台山縣城開會
寗字第　號
股股東 許子任
（入）（座）（券）

1929 年伍毓芬的新宁铁路第一届股东常会入座券

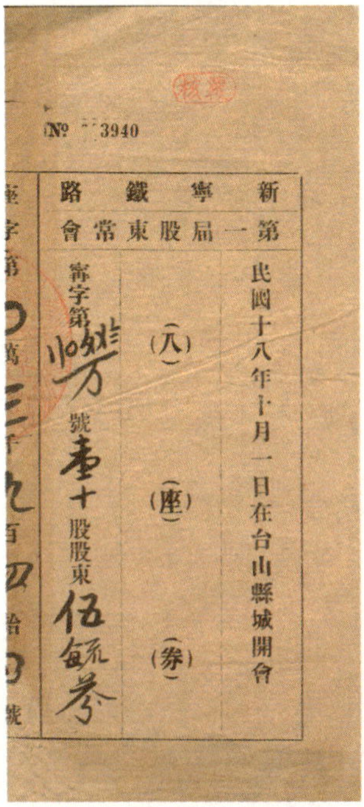
新寧鐵路
第一屆股東常會
民國十八年十月一日在台山縣城開會
寗字第　號
股股東 伍毓芬
（入）（座）（券）

1929 年邱应柏的新宁铁路第一届股东常会入座券

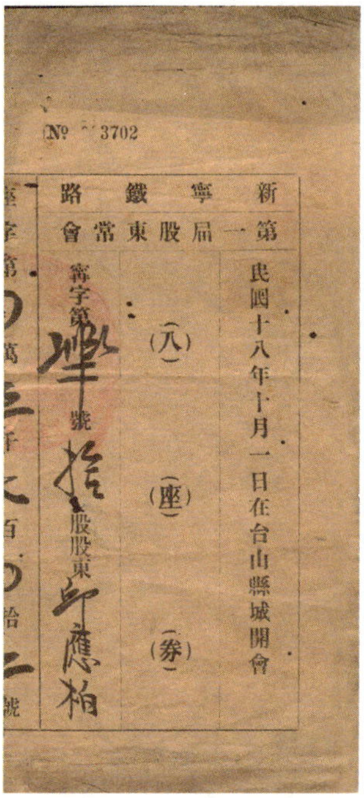

№ 3702

新寧鐵路

第一屆股東常會

民國十八年十月一日在台山縣城開會

（入）（座）（券）

寧字第　號　股股東 邱應柏

1930 年许子任的新宁铁路第二届股东常会入座券

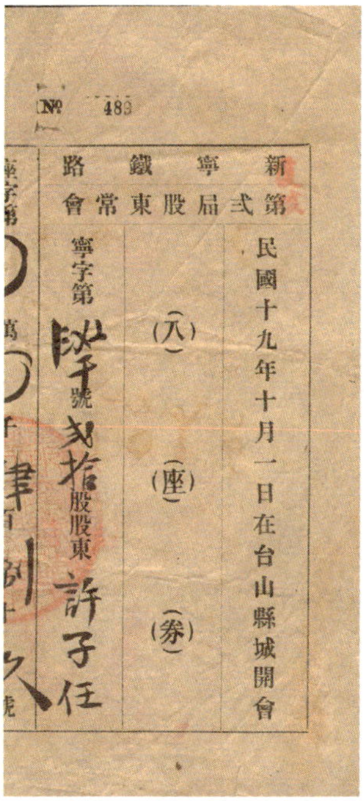

№ 483

新寧鐵路

第弍屆股東常會

民國十九年十月一日在台山縣城開會

（入）（座）（券）

寧字第　號　股股東 許子任

1931 年伍毓芬的新宁铁路第三届股东常会入座券

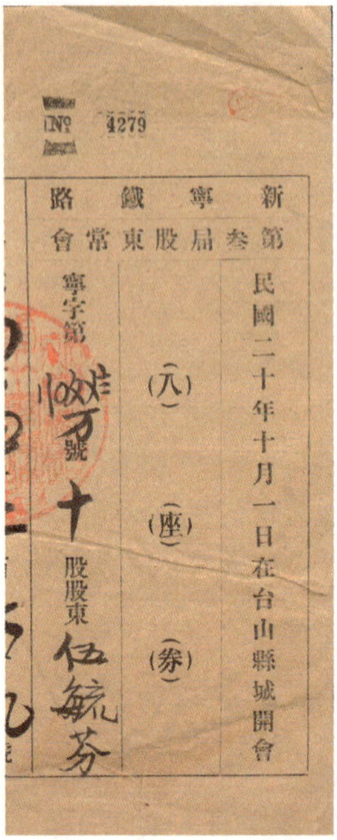
№ 4279
新寧鐵路
第叁屆股東常會
民國二十年十月一日在台山縣城開會
（入）（座）（券）
寧字第　號
十股股東 伍毓芬

1932 年新宁铁路股东常会第 4468 号 20 股股东入座券存根

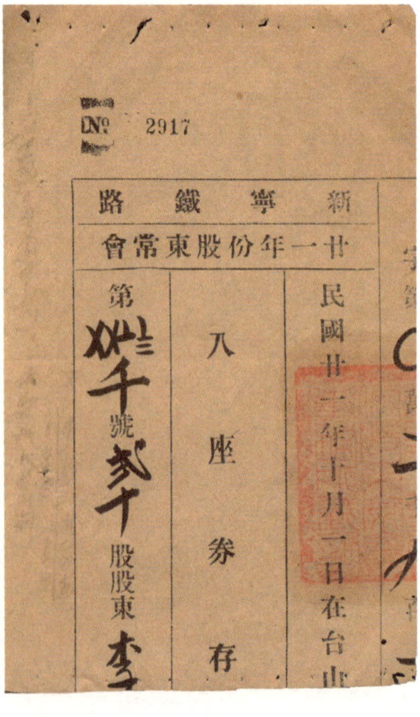
№ 2917
新寧鐵路
廿一年份股東常會
民國廿一年十月一日在台山
入座券存
第　號
式十股股東 李

1932 年新宁铁路股东常会第 5359 号 40 股股东入座券

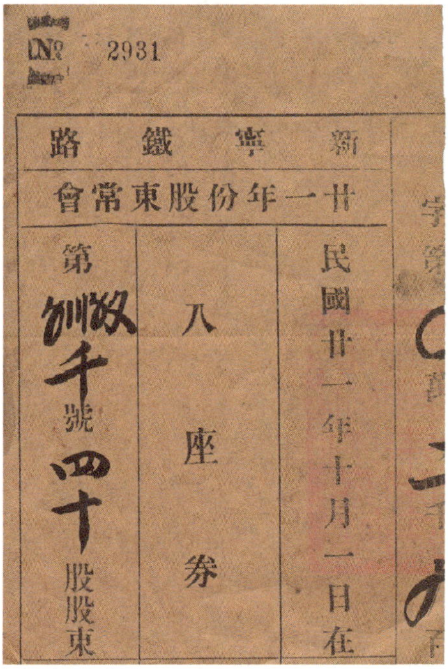
№ 2931

新寧鐵路

廿一年份股東常會

第　號四十股股東

入座券

民國廿一年十月一日在

1932 年新宁铁路股东常会第 7592 号 20 股股东入座券存根

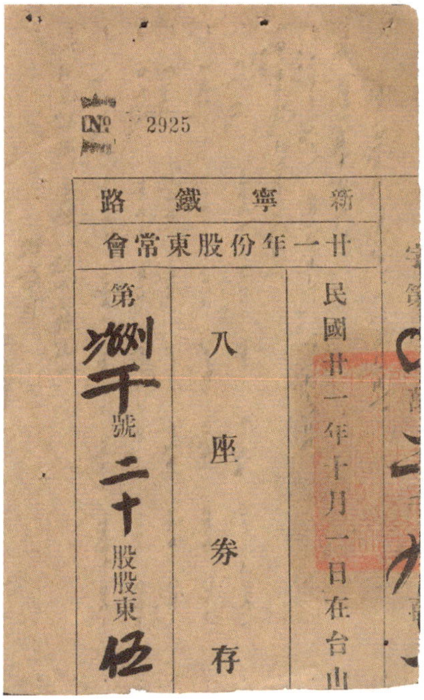
№ 2925

新寧鐵路

廿一年份股東常會

第　號二十股股東

入座券存

民國廿一年十月一日在台山

1932 年新宁铁路股东常会第 11902 号 2 股股东入座券

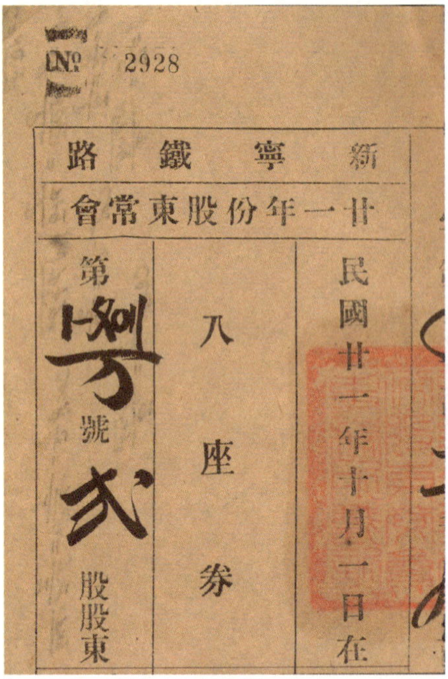

1932 年新宁铁路股东常会第 13701 号 4 股股东入座券存根

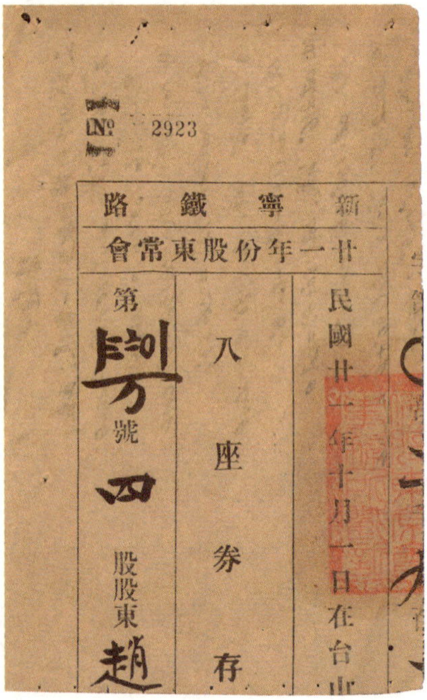

1932 年新宁铁路股东常会第 14070 号 10 股股东入座券

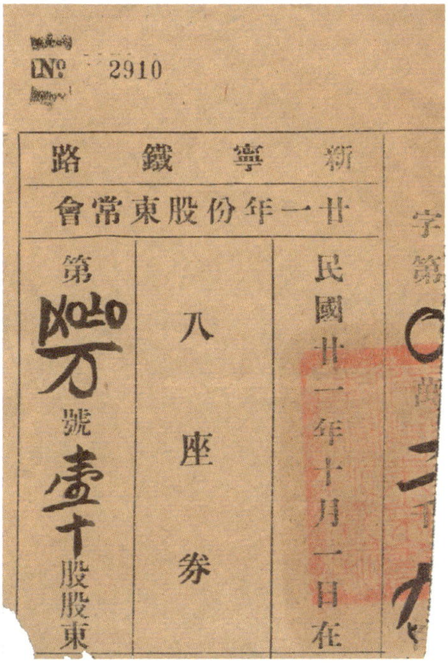

1932 年新宁铁路股东常会第 14071 号 10 股股东入座券

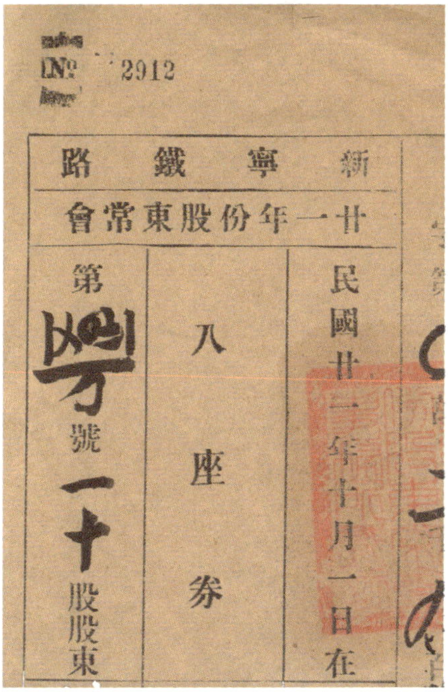

1932 年新宁铁路股东常会第 20707 号 10 股股东入座券

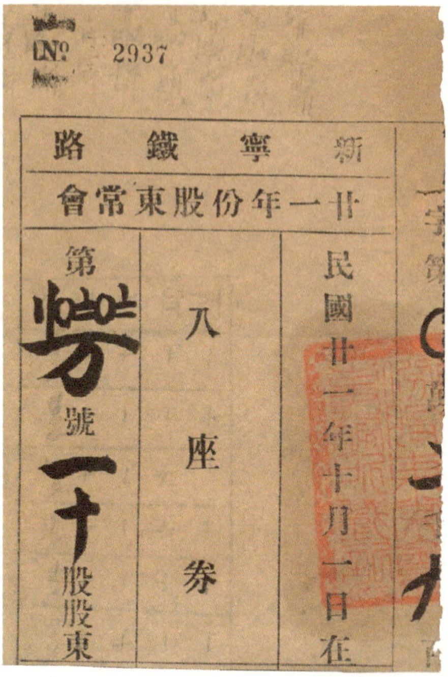

1934 年陈孔翕的新宁铁路股东常会入座券存根

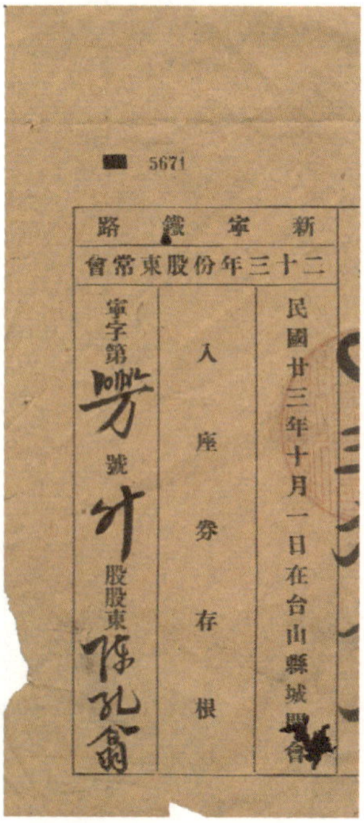

1934 年刘希礼的新宁铁路股东常会入座券存根

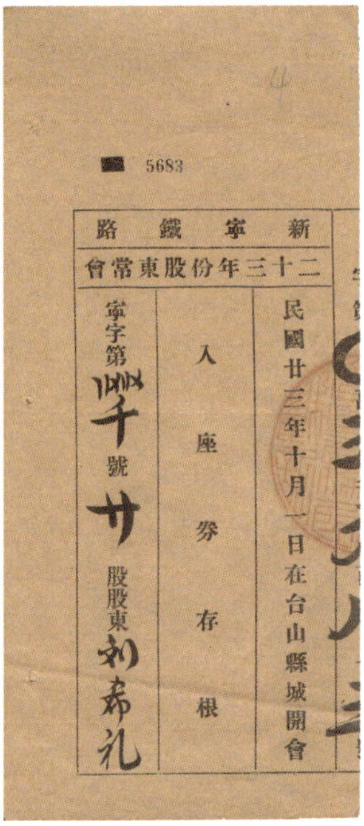
5683

新寧鐵路

二十三年份股東常會

民國廿三年十月一日在台山縣城開會

入座券存根

寧字第 [illegible] 號 廿 股股東 刘希礼

1934 年许子任的新宁铁路股东常会入座券

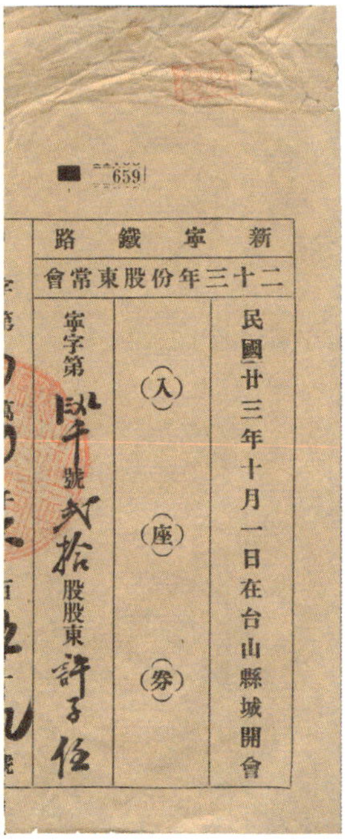
659

新寧鐵路

二十三年份股東常會

民國廿三年十月一日在台山縣城開會

入座券

寧字第 [illegible] 號 弍拾 股股東 許子任

1934 年朱秋华的新宁铁路股东常会入座券

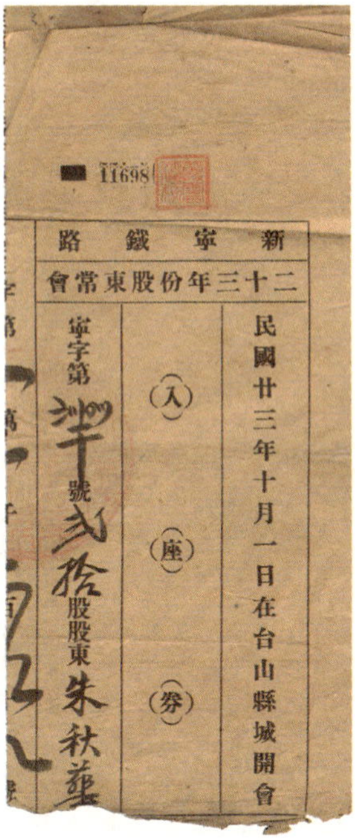
11698
新寧鐵路
二十三年份股東常會
民國廿三年十月一日在台山縣城開會
入座券
寧字第　號　貳拾股股東朱秋華

1934 年新宁铁路股东常会第 765 号 10 股股东入座券存根

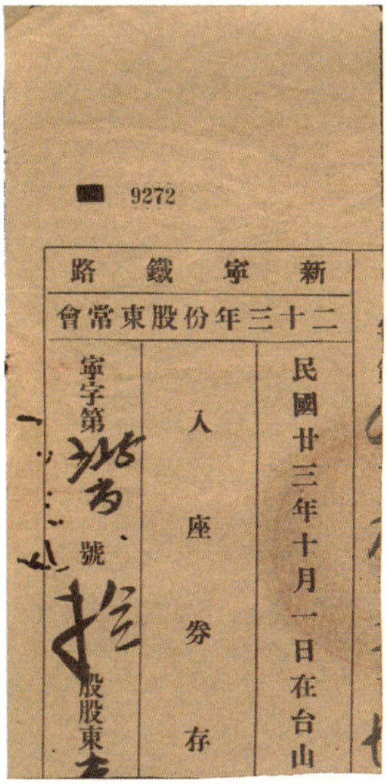
9272
新寧鐵路
二十三年份股東常會
民國廿三年十月一日在台山
入座券存
寧字第　號　拾股股東

1934 年新宁铁路股东常会第 538 号 120 股股东入座券存根

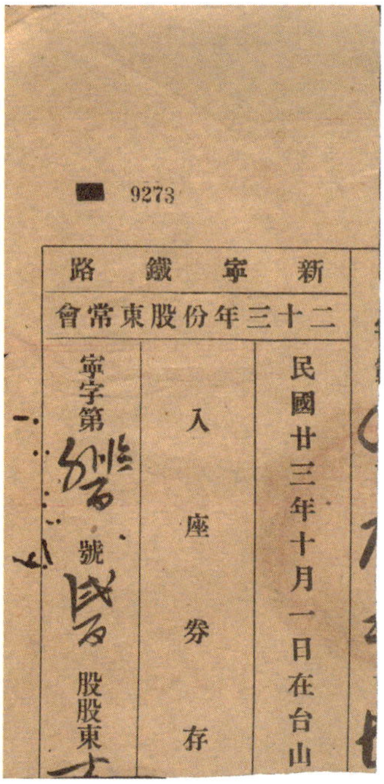

1934 年新宁铁路股东常会第 5180 号 10 股股东入座券存根

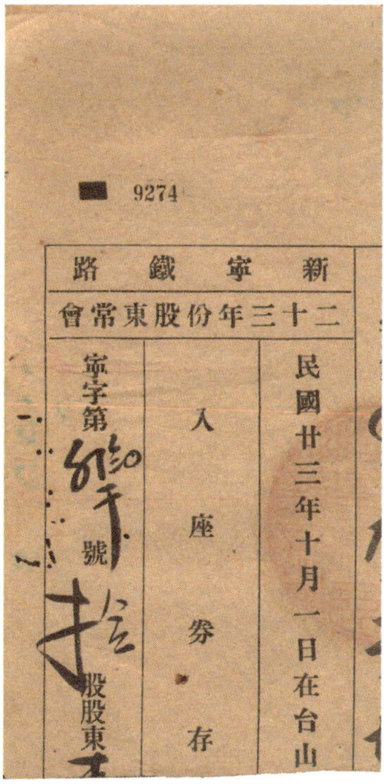

1935 年伍佐洪的新宁铁路股东常会入座券

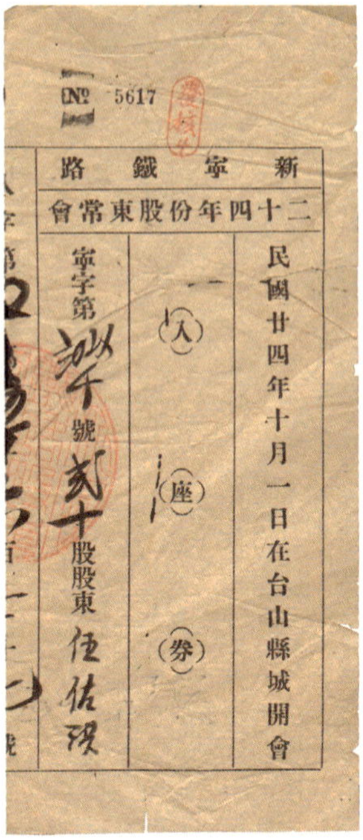
№ 5617
新寧鐵路
二十四年份股東常會
民國廿四年十月一日在台山縣城開會
入座券
寧字第 號 股股東 伍佐洪

1936 年汤定添的新宁铁路股东常会入座券

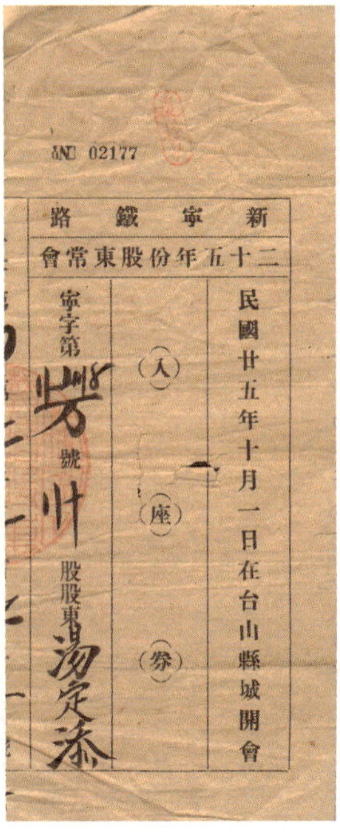
№ 02177
新寧鐵路
二十五年份股東常會
民國廿五年十月一日在台山縣城開會
入座券
寧字第 號 股股東 湯定添

1933 年胡昌俊的新宁铁路公司股东常会议决票

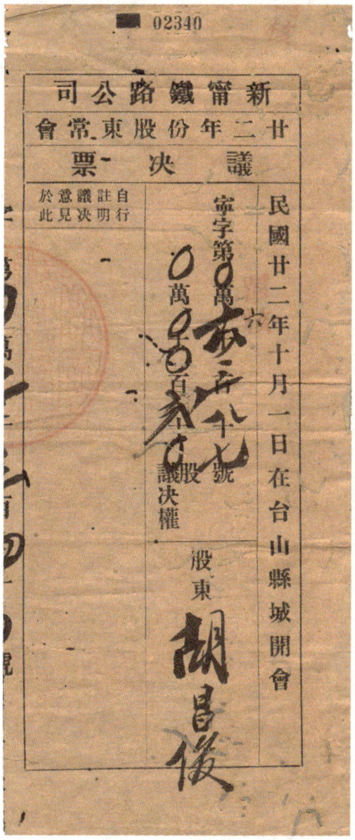

02340

新甯鐵路公司

廿二年份股東常會

議決票

民國廿二年十月一日在台山縣城開會

甯字第0萬[illegible]號

0萬[illegible]百[illegible]股議決權

股東 胡昌俊

自行註明議決意見於此

㊂ 年报、月报、布告

为了使社会各界共同见证新宁铁路各款项有无被挪占或出错，铁路公司自筹办开始便有对款项出入的明细记载并出版年度总结或相关布告。

从《商办广东新宁铁路公司总结册（1905—1910 年）》可知，新宁铁路为筹措资金加快工程进度，早在 1907 年便开始试运营，第一年的客货运收入只有 5 200 余元，随着通车站点增多，收入逐年上升，1908 年便有 12 万余元。截至 1910 年，新宁铁路公司已建成铁路约 59 公里，宁城总公司 1 间，公益埠分局 1 间，机器印务字粒楼 1 间，机器厂、铸铁厂、木工厂、车头厂、储煤厂、储材料厂各 1 间，工人住屋 18 间，购置转车头车盘 4 副、美国车头 6 架、德国车头 3 架、美国头等客车 8 架、货车 10 架，除此之外，更有自造三等车卡 6 架、二等车卡 2 架，安设全路车站电话等，清朝官员在 1910 年的查验报告中对新宁铁路的建造予以肯定并赞美。

随着线路的增建，新宁铁路的收入逐年上升。从统计数据可见，1913 年新宁铁路通车至江门后，客货营运收入 65 万余元，但因需还清铁路建筑等债务和修筑第三期工程，以及新宁铁路的机器设备、燃料以及各种铁料木料多由国外进口，铁路支出数额有增无减，每年仅盈余 3 万 ~5 万元。至 1920 年三期工程完成后，营收额有所上升，1923 年客货营收额 120 万余元，结余约 14 万元。1927 年至 1929 年，公司由广东省政府组成的“新宁铁路整理委员会”接管。1929 年收回商办后采取了一系列的整理措施，公司年盈利 20 万 ~40 万元，但恰逢多国爆发经济危机，其中美国遭受的经济打击尤为严重，直接导致多旅居美国的台山华侨侨汇骤降，从而导致侨乡经济陷入困境，交通业及商业等影响甚大。自 1933 年起，新宁铁路营业收入急剧下降并出现亏损，直到 1936 年才有所好转。1937 年新宁铁路遭遇日机轰炸，其后虽有修复，但随着日军侵略与破坏的加剧，铁路逐渐瘫痪。1938 年 10 月国民政府下令拆毁铁路，其后新宁铁路在日军侵华的战火中消亡。

商办广东新宁铁路公司总结册（1905—1909 年） 罗达全藏

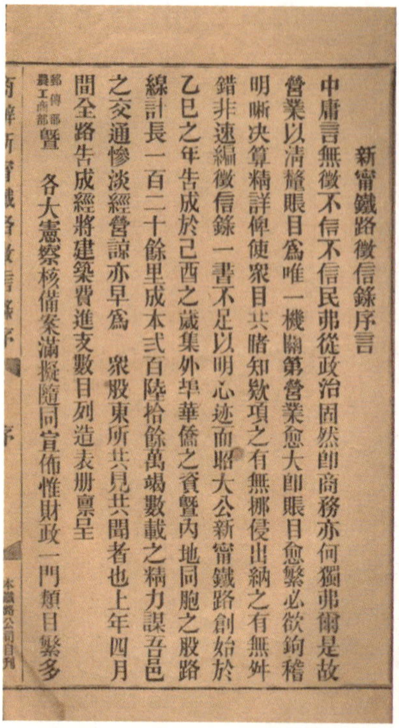
商辦新甯鐵路徵信錄序　序　本鐵路公司自刊

新甯鐵路徵信錄序言

中庸言無徵不信不信民弗從政治固然即商務亦何獨弗爾是故營業以淸釐眼目爲唯一機關第營業愈大即賬目愈繁必欲鉤稽明晰决算精詳俾使衆目共睹知欵項之有無挪侵出納之有無舛錯非速編徵信錄一書不足以明心迹而昭大公新甯鐵路創始於乙巳之年告成於己酉之歲集外埠華僑之資暨內地同胞之股路線計長一百二十餘里成本弍百陸拾餘萬竭數載之精力謀吾邑之交通慘淡經營諒亦早爲　衆股東所共見共聞者也上年四月間全路告成經將建築費進支數目列造表册禀呈

郵傳部 農工商部 暨　各大憲察核備案滿擬隨同宣佈惟財政一門頫目繁多

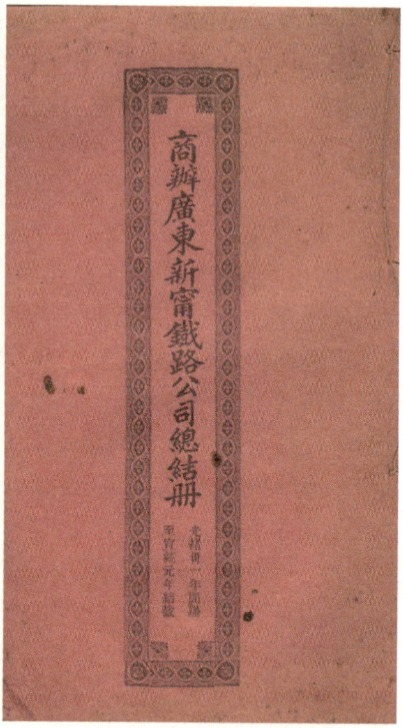
商辦廣東新甯鐵路公司總結册

光緒卅一年開辦

宣統元年結數

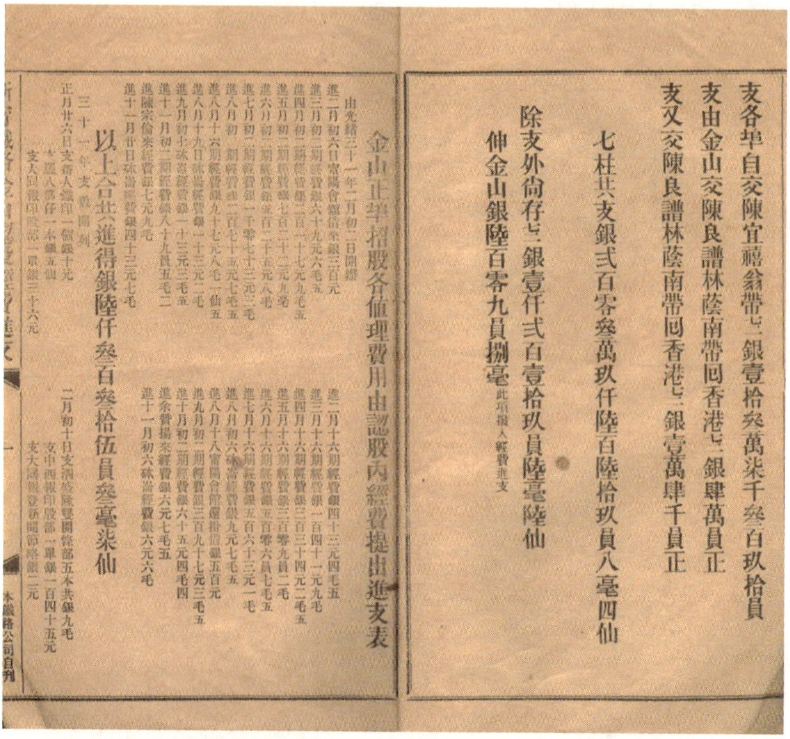
新甯鐵路公司……進支表　一　本鐵路公司自刊

金山正埠招股各值理費用由認股內經費提出進支表

由光緒三十一年二月初二日開辦

進二月初六日甯陽會館借來銀三百元

進三月初二期經費銀六十九元六毛五

進四月初二期經費銀一百一十七元九毛五

進五月初二期經費銀七百二十二元九毫

進六月初二期經費銀五百二十五元八毛

進七月初二期經費銀一千零七十三元三毛

進八月初　期經費銀二百七十五元七毛五

進八月十六期經費銀九十七元八毛一仙五

進八月十九日砵崙經費銀一十三元二毛

進九月初七砵崙經費銀一十三元三毛五

進十一月初二期經費銀八十九員五毛二

進陳宗倫來經費銀七元九毛

進十一月廿日砵崙經費銀四十三元七毛

進二月十六期經費銀四十三元四毛五

進三月十六期經費銀一百四十一元九毛

進四月十六期經費銀三百三十四元二毛五

進五月十六期經費銀三百零九員二毛

進六月十六期經費銀五百零六員七毛五

進七月十六期經費銀五百六十三元一毛

進八月初六砵崙經費銀九元七毛五

進八月十八甯陽會館還借銀五百元

進九月初二期經費銀三百九十七元三毛五

進十月初二期經費銀六十五元四毛四

進余譽揚來經費銀六元七毛五

進十一月初六砵崙經費銀六元六毛

以上合共進得銀陸仟叁百叁拾伍員叁毫柒仙

三十一年支數開列

正月廿六日支沓人鑑印一個銀十元

七區八部仔一本銀五仙

支大同報印股部一眾銀三十六元

二月初十日支溫叁隱雙開條部五本共銀九毛

支中西報印股部一單銀一百四十五元

支大同報登新聞節略銀二元

支各埠自交陳宜禧翁帶〻銀壹拾叁萬柒千叁百玖拾員

支由金山交陳良譜林蔭南帶回香港〻銀肆萬員正

支又交陳良譜林蔭南帶回香港〻銀壹萬肆千員正

七柱共支銀弍百零叁萬玖仟陸百陸拾玖員八毫四仙

除支外尚存〻銀壹仟弍百壹拾玖員陸毫陸仙

伸金山銀陸百零九員捌毫 此項撥入經費進支

支關稅餉厘金消號銀捌千零五拾捌員肆毫陸仙玖文
支（叢楮公司廠車頭龍舟廠橋敍勇廳及村遷葬寮欵）銀壹千壹百肆拾伍員玖毫捌仙
支補交田地種谷欵銀捌百弍拾叁員肆毫二仙伍文
支散工及在（船料稅釐本站厘等）欵銀玖千柒百叁拾捌員零弍仙肆文
支給發官紳隨從夫馬欵銀弍百叁拾弍員玖毫弍仙陸文
支欵待官紳商及隨從人餐費銀伍百肆拾壹員陸毫陸仙捌文
支出轎費艇渡載脚銀玖百柒拾玖員伍毫肆仙捌文
支築路圍水基砌石實工銀弍萬壹千弍百陸拾捌員陸毫捌仙陸
支填車站地築路量船砂銀弍萬弍千壹百零弍員捌毫伍仙玖文
支買山石欵銀壹千捌百弍拾叁員捌毫叁仙弍文
支建造杉料磚瓦灰工實業欵銀叁千壹百弍拾玖員伍毫柒仙壹
支築路鋤鍫簩等銀伍百弍拾肆員伍毫弍仙伍文
支巡勇營器雜用銀壹百捌拾員零伍毫零弍文
支爆石用藥粉銀叁百零捌員正
支置傢私器用欵銀陸百陸拾捌員零捌仙叁文
支米油菜福食銀壹千玖百零伍員陸毫壹仙伍文
支火水茶葉柴及補伙食什項銀伍百陸拾員零弍毫捌仙伍文
支文事數部紙類銀陸拾壹員柒毫叁仙伍文
支補遷墳墓及郵欵銀壹千弍百陸拾員零弍毫正
支兌交船家撥香港收銀肆百叁拾員正

商办广东新宁铁路公司民国二年（1913年）总结册

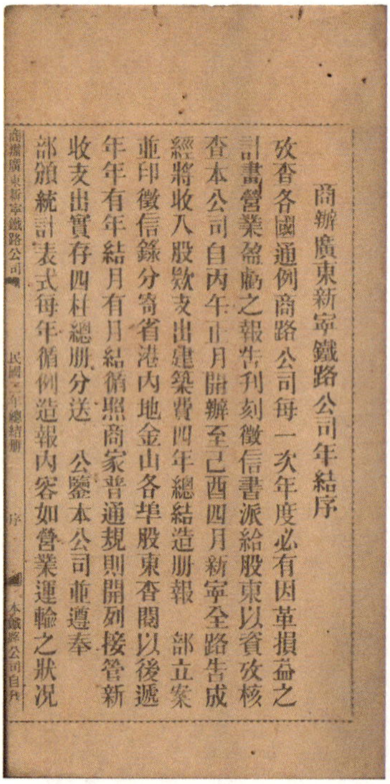

商辦廣東新寧鐵路公司年結序

攷查各國通例商路公司每一次年度必有因革損益之計書營業盈虧之報告刊刻徵信書派給股東以資攷核查本公司自丙午正月開辦至己酉四月新寧全路告成經將收入股欵支出建築費四年總結造册報　部立案並印徵信錄分寄省港內地金山各埠股東查閲以後遞年年有年結月有月結循照商家普通規則開列接管新收支出實存四柱總册分送　公鑒本公司並遵奉部頒統計表式每年循例造報內容如營業運輸之狀況

商辦廣東新寧鐵路公司　民國二年總結册　序　一　本鐵路公司自刊

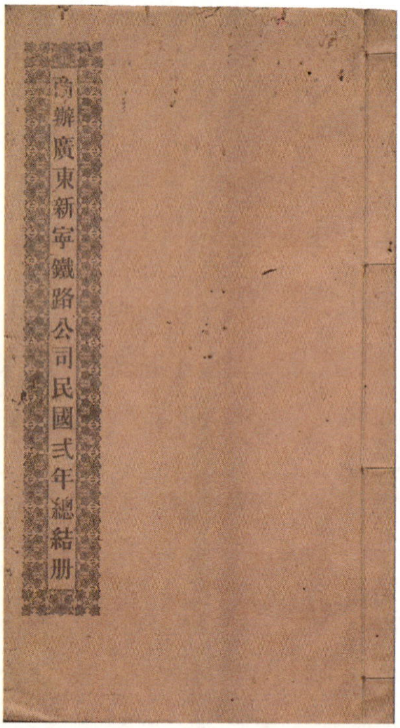

商辦廣東新寧鐵路公司民國弍年總結册

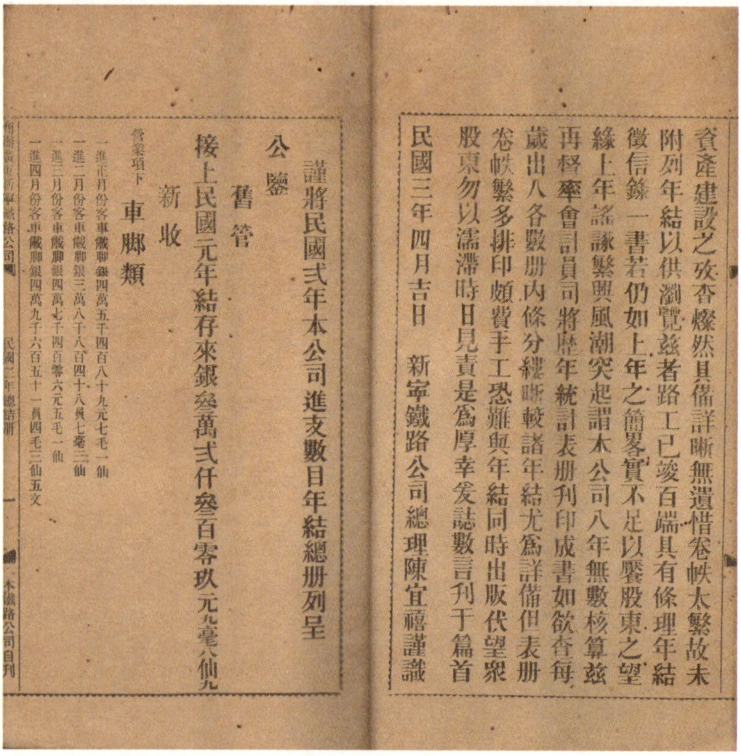

資產建設之攷查燦然具備詳晰無遺惜卷帙太繁故未附列年結以供瀏覽茲者路工已竣百端具有條理年結徵信錄一書若仍如上年之簡畧實不足以饜股東之望緣上年諸詠繁興風潮突起謂本公司八年無數核算茲再督率會計員司將歷年統計表册刊印成書如欲查每歲出入各數册內條分縷晰較諸年結尤爲詳備但表册卷帙繁多排印頗費手工恐難與年結同時出版伏望衆股東勿以濡滯時日見責是爲厚幸爰誌數言刋于篇首

民國三年四月吉日　新寧鐵路公司總理陳宜禧謹識

謹將民國弍年本公司進支數目年結總册列呈

公鑒

舊管

接上民國元年結存來銀叁萬弍仟叁百零玖元九毫八仙九

新收

營業項下　車脚類

一進正月份客車價脚銀四萬五千四百八十九元七毛一仙

一進二月份客車價脚銀三萬八千八百四十八員七毫三仙

一進三月份客車價脚銀四萬七千四百零六元五毛一仙

一進四月份客車價脚銀四萬九千六百五十一員四毛三仙五文

商辦廣東新寧鐵路公司　民國二年總結册　一　本鐵路公司自刊

一進五月份客車儎脚銀四萬五千一百三十五元六毫三仙五
一進六月份客車儎脚銀四萬零八百三十四元九毫四仙五文
一進七月份客車儎脚銀四萬二千八百零二元八毛
一進八月份客車儎脚銀三萬五千五百五十五元二毛三仙五文
一進九月份客車儎脚銀四萬二千一百八十五元二毛四仙五文
一進十月份客車儎脚銀四萬六千五百六十五元五毫五仙五文
一進十一月份客車儎脚銀四萬三千六百二十四元四毛三仙五文
一進十二月份客車儎脚銀五萬零四百六十九元七毛九仙
一進正月份貨車儎脚銀一萬六千三百二十三元一毛五仙
一進二月份貨車儎脚銀九千零五十二元七毛一仙
一進三月份貨車儎脚銀一萬一千二百八十七元七毛九仙
一進四月份貨車儎脚銀九千三百九十九元九毛一仙
一進五月份貨車儎脚銀八千六百零三元四毛九仙
一進六月份貨車儎脚銀七千三百一十四元三毛

一進七月份貨車儎脚銀七千八百零八元三毛一仙
一進八月份貨車儎脚銀七千零一十六元六毛九仙
一進九月份貨車儎脚銀九千五百七十八元四毛九仙
一進十月份貨車儎脚銀一萬一千三百六十元零五毛二仙
一進十一月份貨車儎脚銀一萬一千八百七十六元九毛四仙
一進十二月份貨車儎脚銀一萬七千三百七十九元六毛四仙
一進正月份戲班車脚銀八十元
一進三月份戲班車脚銀二百零五元
一進四月份戲班車脚銀一百三十元
一進五月份戲班車脚銀二百三十元
一進六月份戲班車脚銀一百二十元
一進八月份戲班車脚銀八十元
一進十月份戲班車脚銀三百一十元
一進十二月份戲班車脚銀一百元

商办广东新宁铁路公司民国五年份（1916 年）总结册　罗达全藏

商辦新甯鐵路年結序

鐵路業務之盛衰視夫收入之盈絀爲衡本路車利逐年增進營業收入數達百萬之外除支出比較尚贏五十餘萬以三百三十餘萬股本計算有一分五厘之週息矣從此多築枝路延長路線輪運日多營業更形發達可操左劵查本路五年分收支比對盈餘五十餘萬本可分派股息因提還上年年結負担債務本息尚有

商辦廣東新甯鐵路公司　民國五年份總結冊　序　本鐵路公司自刊

新甯鐵路總公司

在台城西拱橋頭

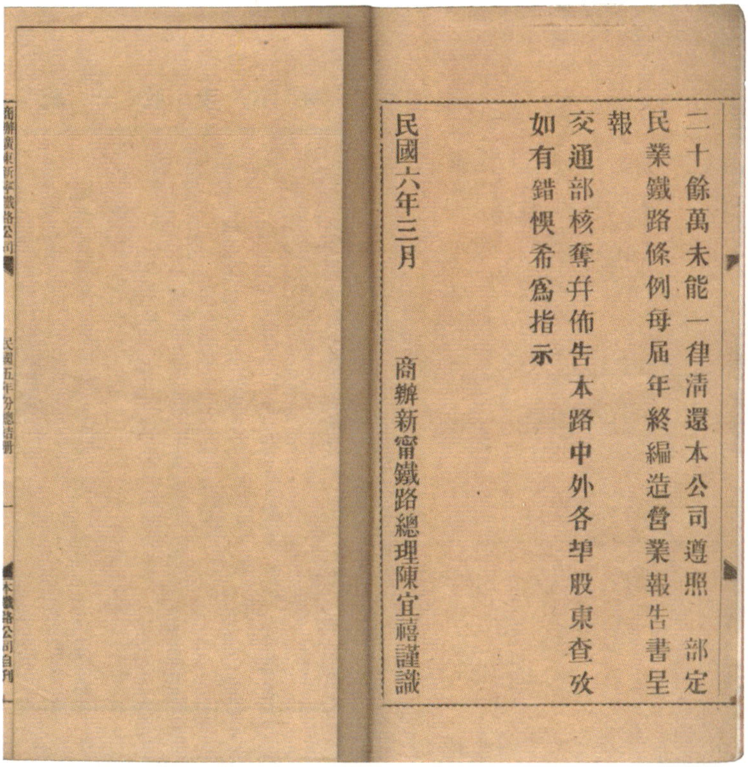

商辦廣東新寧鐵路公司　民國五年分總結冊　一　本鐵路公司自刊

二十餘萬未能一律清還本公司遵照　部定
民業鐵路條例每届年終編造營業報告書呈
報
交通部核奪并佈告本路中外各埠股東查攷
如有錯悞希爲指示

民國六年三月　商辦新甯鐵路總理陳宜禧謹識

商办广东新宁铁路公司民国六年份（1917 年）总结册　罗达全藏

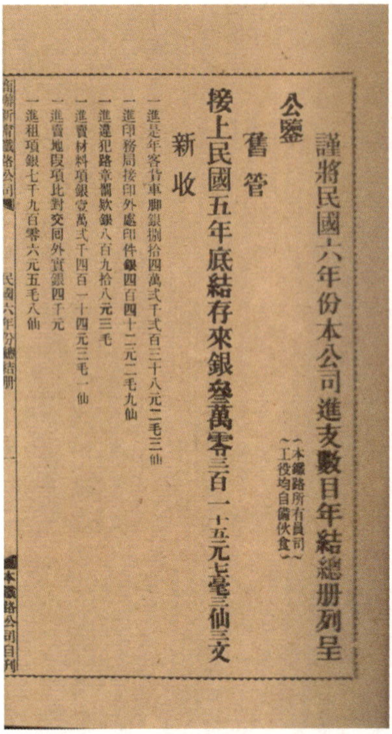
商辦新甯鐵路公司　民國六年份總結册　一　本鐵路公司自刊

謹將民國六年份本公司進支數目年結總册列呈

（本鐵路所有員司工役均自備伙食）

公鑒

舊管

接上民國五年底結存來銀叁萬零三百一十五元七毫三仙三文

新收

一進是年客貨車脚銀捌拾四萬弍千弍百三十八元二毛三仙

一進印務局接印外處印件銀四百四十二元二毛九仙

一進違犯路章罰欵銀八百九拾八元三毛

一進賣材料項銀壹萬弍千四百一十四元三毛一仙

一進賣地段項比對交回外實銀四千元

一進租項銀七千九百零六元五毛八仙

商辦廣東新甯鐵路公司民國六年份總結册

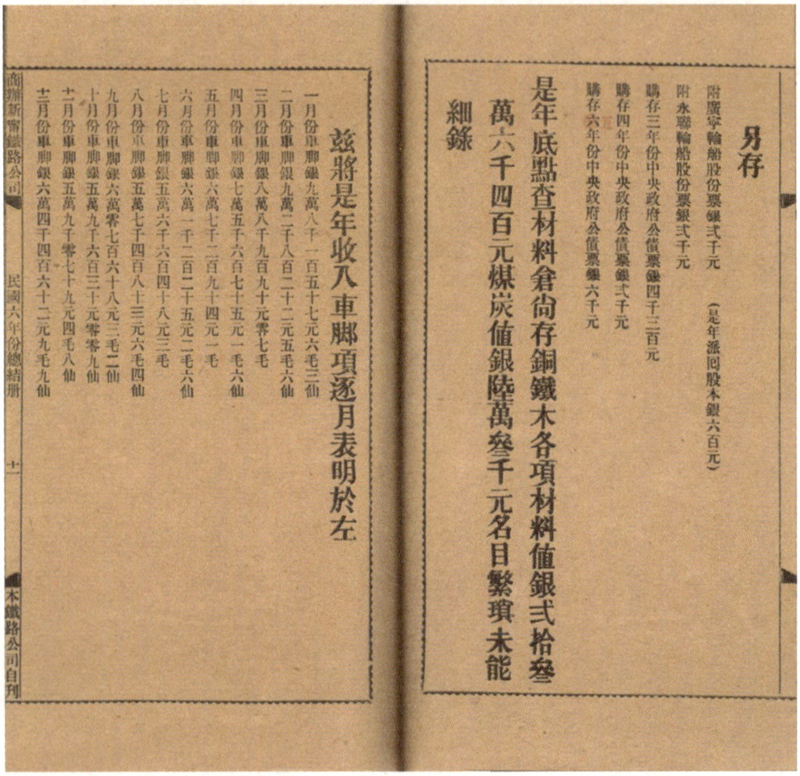
另存

附廣寧輪船股份票銀弍千元（是年派回股本銀六百元）

附永聯輪船股份票銀弍千元

購存三年份中央政府公債票銀四千三百元

購存四年份中央政府公債票銀弍千元

購存六年份中央政府公債票銀六千元

是年底點查材料倉尚存銅鐵木各項材料值銀弍拾叁萬六千四百二元煤炭值銀陸萬叁千二元名目繁瑣未能細錄

商辦新甯鐵路公司　民國六年份總結册　十一　本鐵路公司自刊

玆將是年收入車脚項逐月表明於左

一月份車脚銀九萬八千一百五十七元六毛三仙

二月份車脚銀九萬二千八百二十二元五毛六仙

三月份車脚銀八萬八千九百九十元零七毛

四月份車脚銀七萬五千六百七十五元一毛六仙

五月份車脚銀六萬七千二百九十四元一毛

六月份車脚銀六萬一千二百二十五元二毛六仙

七月份車脚銀五萬六千六百四十八元三毛

八月份車脚銀五萬七千四百八十三元六毛四仙

九月份車脚銀六萬零七百六十八元三毛二仙

十月份車脚銀五萬九千六百三十元零零九仙

十一月份車脚銀五萬九千零七十九元四毛八仙

十二月份車脚銀六萬四千四百六十二元九毛九仙

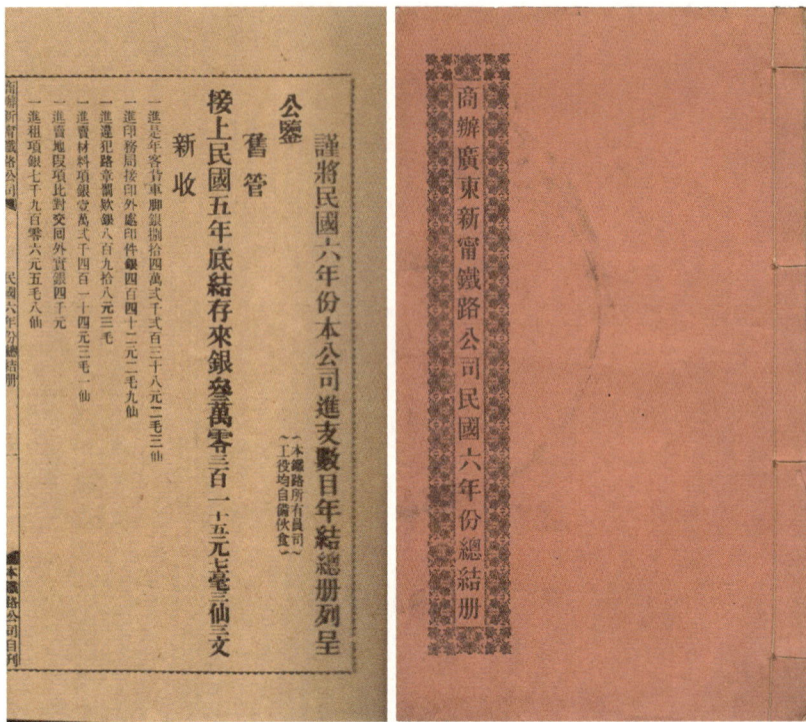

商办新宁铁路公司民国七年（1918年）五月份进支月结

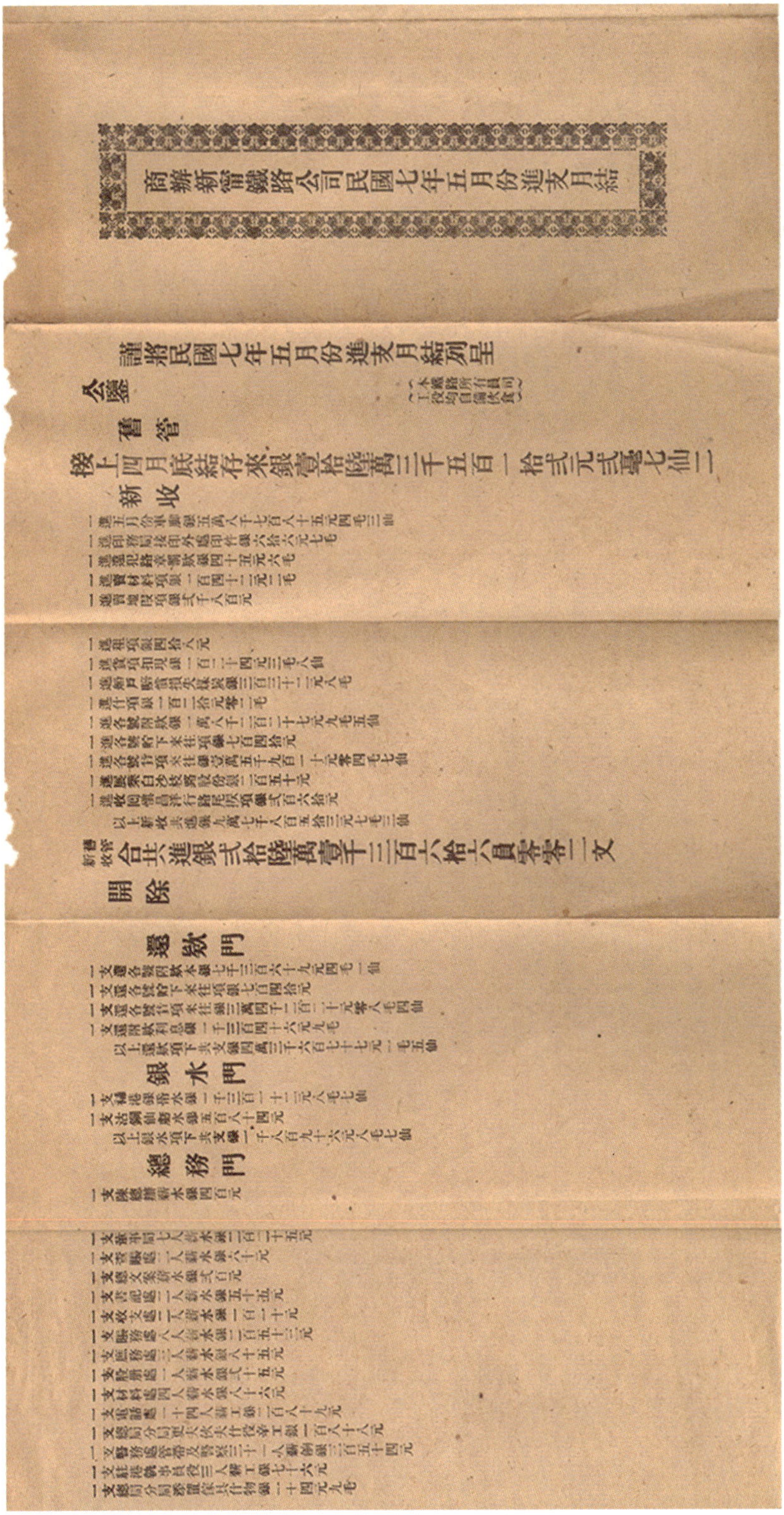

商辦新甯鐵路公司民國七年五月份進支月結

謹將民國七年五月份進支月結列呈
（本路所有員司工役均自備伙食）
公鑒
舊管
接上四月底結存來銀壹拾陸萬三千五百一拾弍元弍毫七仙二
新收
一進五月份車脚銀五萬八千七百八十五元四毛三仙
一進印務局代印外處印件銀六拾六元七毛
一進過北街拆墻款銀四十五元六毛
一進賣材料項銀一百四十二元二毛
一進賣地段項銀弍千八百元
一進罰項銀四拾八元
一進貨項扣現銀一百二十四元三毛八仙
一進船戶賠償損失股款銀三百三十一元八毛
一進什項銀一百二拾元零二毛
一進各號附股銀一萬八千二百二十七元九毛五仙
一進各號貯下米往項銀七百四拾元
一進各號貨項來往銀弍萬五千九百一十元零四毛七仙
一進臨索自治捐務股份銀二百五十元
一進收回借出洋行路尾項銀弍百六拾元
以上新收共進銀九萬七千八百五拾三元七毛三仙
新舊收存合共進銀弍拾陸萬壹千三百六拾六員零零一文
開除
還款門
一支還各號附股本銀七千三百六十九元四毛一仙
一支還各號貯下米往項銀七百四拾元
一支還各號貨項來往銀三萬四千二百二十元零八毛四仙
一支還附股利息銀一千三百四十六元九毛
以上還款項下共支銀四萬三千六百七十七元一毛五仙
銀水門
一支補港銀帶水銀一千三百一十二元八毛七仙
一支還鋼軌息水銀五百八十四元
以上銀水項下共支銀一千八百九十六元八毛七仙
總務門
一支除總辦薪水銀四百元
一支總書記七人薪水銀一百二十五元
一支稽核處二人薪水銀六十元
一支總文案薪水銀弍百元
一支書記處二人薪水銀五十五元
一支收支處二人薪水銀一百一十元
一支賬務處八人薪水銀二百九十三元
一支庶務處三人薪水銀六十五元
一支收票處一人薪水銀弍十九元
一支材料處四人薪水銀八十六元
一支電話處二十四人薪工銀二百八十九元
一支總局分局更夫伙夫什役等工銀一百八十八元
一支醫務處暨帝及醫院三十一人薪伸銀三百五十四元
一支駐港辦事員役三人薪工銀七十六元
一支總局分局西鐵餐伙具什物銀一十四元九毛

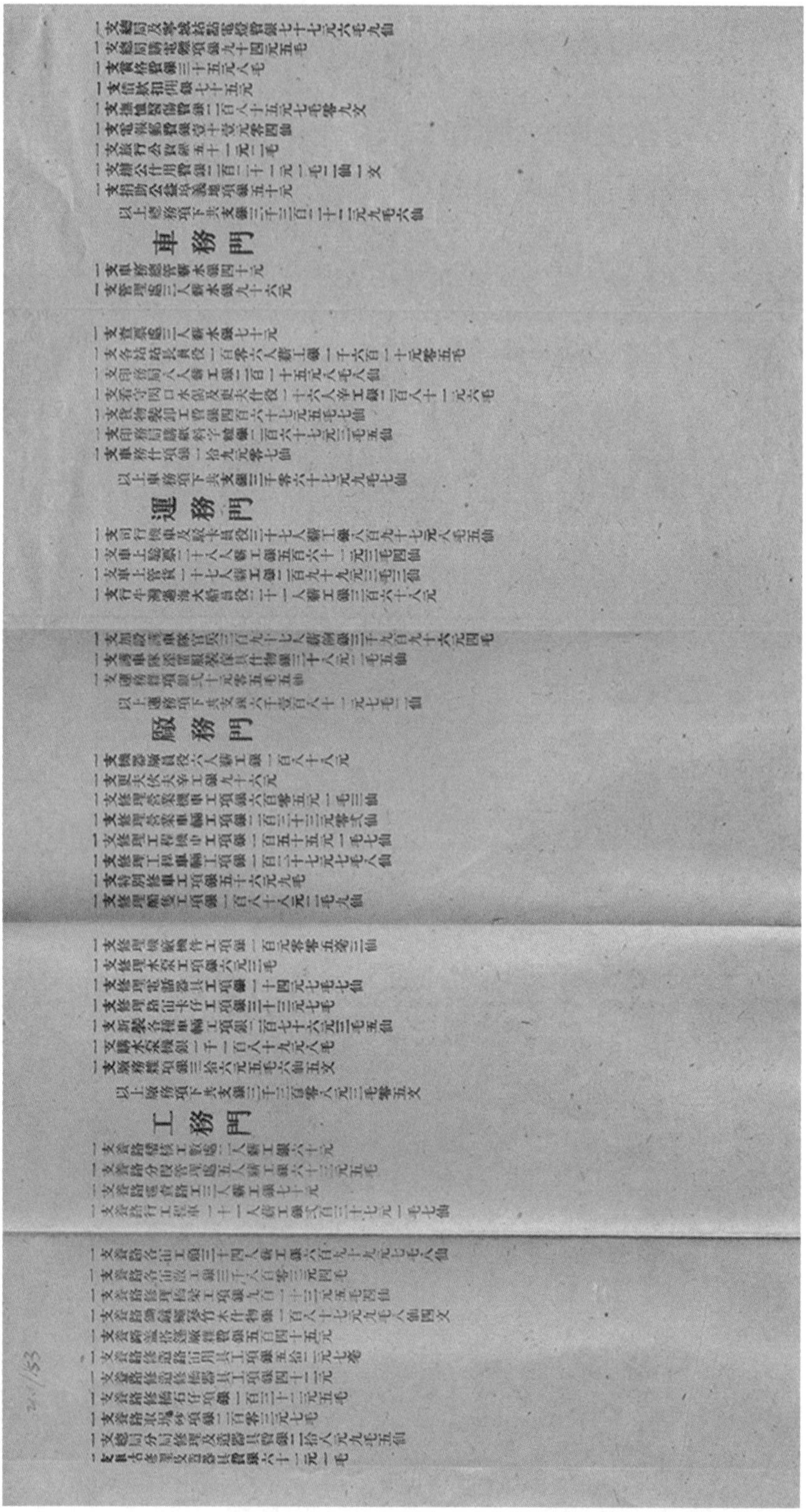
一支總局及寄線站點電燈費銀七十七元六毛九仙
一支總局購洗燈項銀九十四元五毛
一支賞恤費銀三十五元八毛
一支借款利息銀七十五元
一支造植路樹費銀一百八十五元七毛零九文
一支電報紙費銀叁十弍元零四仙
一支旅行公費銀五十一元二毛
一支辦公什用費銀一百二十一元一毛二仙一文
一支捐助公益[illegible]地項銀五十元
以上總務項下共支銀三千三百二十二元九毛六仙

車務門

一支車務總管薪水銀四十元
一支管理處三人薪水銀九十六元
一支查票處三人薪水銀七十元
一支各站站長員役一百零六人薪工銀一千六百一十元零五毛
一支印務局八人薪工銀二百一十五元八毛八仙
一支看守閘口水泵及燃火什役一十六人辛工銀二百八十一元六毛
一支製辦發印工費銀四百六十七元五毛七仙
一支印務局購紙料字粒銀一百六十七元三毛五仙
一支車務什項銀一拾九元零七仙
以上車務項下共支銀三千零六十七元九毛七仙

運務門

一支司行機車及駁車員役三十七人薪工銀八百九十七元八毛五仙
一支車上驗票二十八人薪工銀五百六十一元三毛四仙
一支車上管役一十七人薪工銀二百九十九元三毛三仙
一支行小輪過海大船員役二十一人薪工銀三百六十八元
一支加設護車隊官兵二百九十七人薪餉銀三千九百九十六元四毛
一支護車隊添置服裝器具什物銀三十八元一毛五仙
一支運務雜項銀弍十元零五毛五仙
以上運務項下共支銀六千[illegible]百八十一元七毛二仙

廠務門

一支機器廠員役六人薪工銀一百八十八元
一支雜夫伙夫辛工銀九十六元
一支修理客貨機車工項銀六百零五元一毛三仙
一支修理客貨車輛工項銀二百三十三元零弍仙
一支修理工程機車工項銀一百五十五元一毛七仙
一支修理工程車輛工項銀一百二十七元七毛八仙
一支特別修車工項銀五十六元九毛
一支修理廠[illegible]工項銀一百八十八元二毛九仙
一支修理機廠機件工項銀一百元零五毫三仙
一支修理木案工項銀六元三毛
一支修理電燈器具工項銀一十四元七毛七仙
一支修理路軌車仔工項銀三十三元七毛
一支新製各種車輛工項銀二百七十六元三毛五仙
一支購木案機銀一千一百八十九元八毛
一支廠務雜項銀三拾六元五毛六仙五文
以上廠務項下共支銀三千三百零八元三毛零五文

工務門

一支管路總段工程處三人薪工銀六十元
一支管路分段管理處五人薪工銀六十三元五毛
一支管路巡查路工三人薪工銀七十元
一支管路行工程車一十一人薪工銀弍百三十七元一毛七仙
一支管路各站工頭三十四人薪工銀六百九十九元七毛八仙
一支管路各站段工銀三千八百零三元四毛
一支管路修理橋梁工項銀九百一十三元五毛四仙
一支管路購鐵鋼等件木什物銀一百八十七元九毛八仙四文
一支管路巡路護路餉費銀五百四十五元
一支管路修造路軌用具工項銀五拾三元七毛
一支管路修造修橋器具工項銀四十一元
一支管路修橋石仔工項銀一百三十二元五毛
一支管路沿途填泥工項銀二百零三元七毛
一支總局分局修理及造器具費銀一拾八元九毛五仙
一支車站修理及造器具費銀六十一元一毛

民国七年（1918年）五月份结商办新宁铁路公司布告

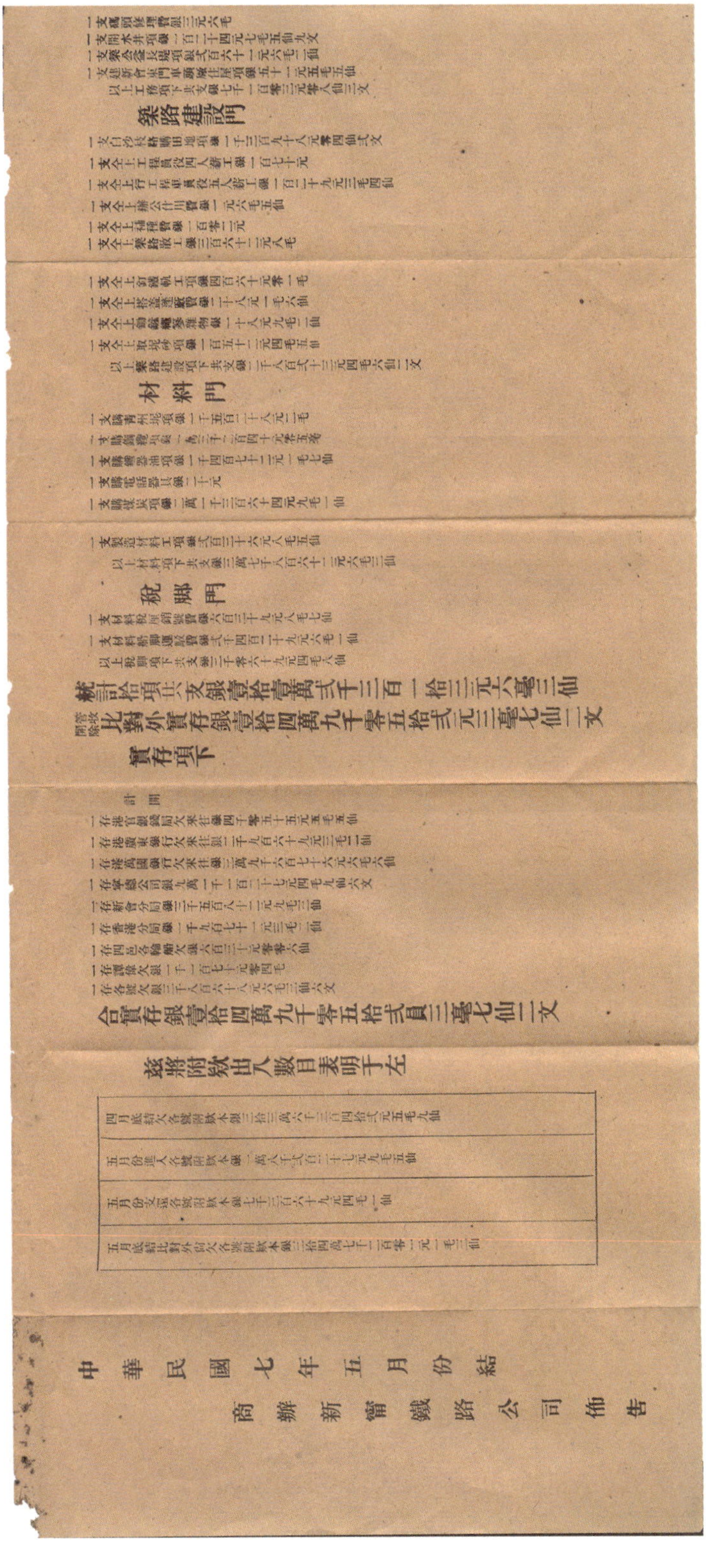

築路建設門

材料門

稅賦門

統計拾項出支銀壹拾壹萬弍千三百一拾三元六毫三仙

除對比外實存銀壹拾四萬九千零五拾弍元三毫七仙一文

實存項下

合實存銀壹拾四萬九千零五拾弍員三毫七仙一文

茲將附欵出入數目表明于左

中華民國七年五月份結

商辦新寗鐵路公司佈告

民国九年份（1920 年）广东新宁铁路股份有限公司总结册

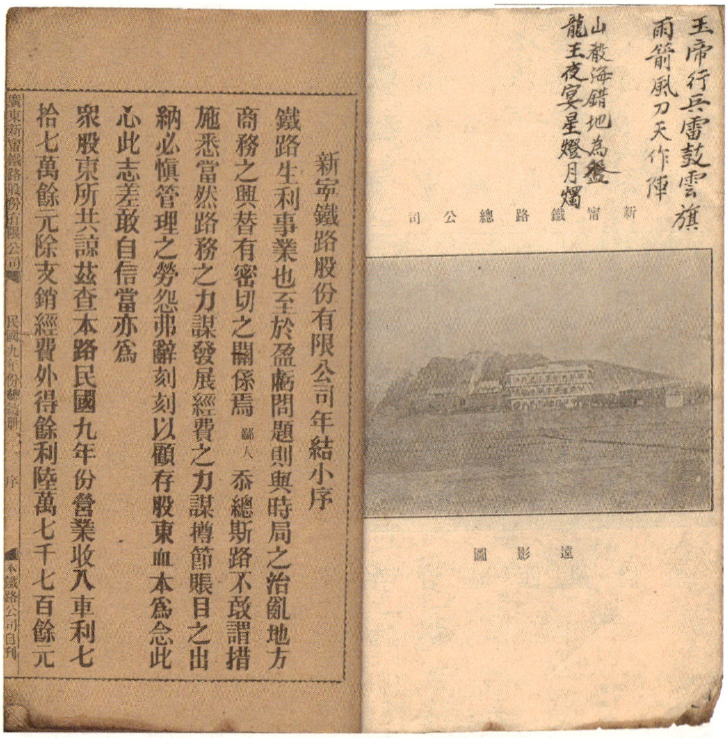

王帝行兵雷鼓雲旗
雨箭風刀天作陣
山殽海錯地爲盤
龍王夜宴星燈月燭

新甯鐵路總公司

遠影圖

新寗鐵路股份有限公司年結小序

鐵路生利事業也至於盈虧問題則與時局之治亂地方商務之興替有密切之關係焉 鄙人 忝總斯路不敢謂措施悉當然路務之力謀發展經費之力謀撙節賬目之出納必愼管理之勞怨弗辭刻刻以顧存股東血本爲念此心此志差敢自信當亦爲衆股東所共諒茲查本路民國九年份營業收入車利七拾七萬餘元除支銷經費外得餘利陸萬七千七百餘元

廣東新甯鐵路股份有限公司　民國九年份總結册　序　本鐵路公司自刊

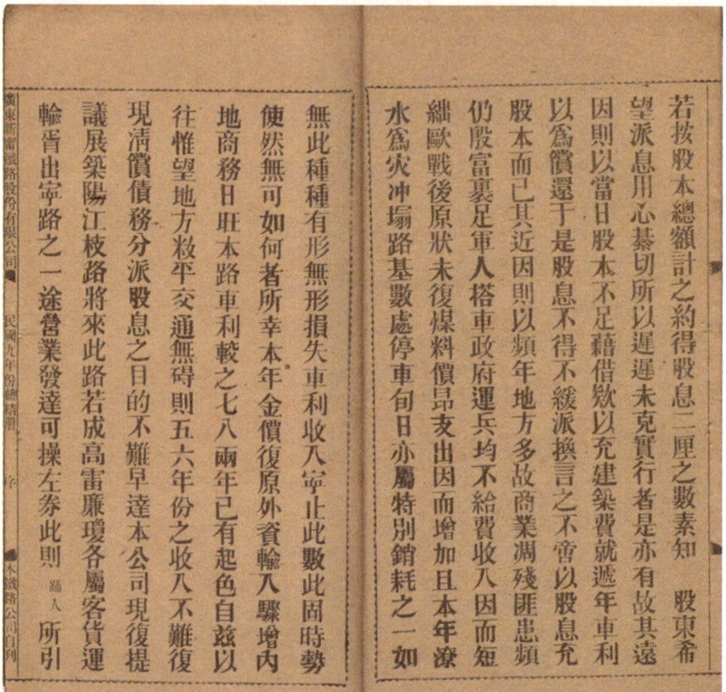

若按股本總額計之約得股息二厘之數素知 股東希望派息用心綦切所以遲遲未克實行者是亦有故其遠因則以當日股本不足藉借欵以充建築費就遞年車利以爲償還于是股息不得不緩派換言之不啻以股息充股本而已其近因則以頻年地方多故商業凋殘匪患頻仍股富裹足軍人搭車政府運兵均不給費收入因而短絀歐戰後原狀未復煤料價昂支出因而增加且本年潦水爲災冲塌路基數處停車旬日亦屬特別銷耗之一如無此種種有形無形損失車利收入寗止此數此固時勢使然無可如何者所幸本年金價復原外資輸入驟增內地商務日旺本路車利較之七八兩年已有起色自茲以往惟望地方敉平交通無碍則五六年份之收入不難復現清償債務分派股息之目的不難早達本公司現復提議展築陽江枝路將來此路若成高雷廉瓊各屬客貨運輸胥出寗路之一途營業發達可操左劵此則 鄙人 所引

廣東新甯鐵路股份有限公司　民國九年份總結册　序　本鐵路公司自刊

為樂觀而敬為　股東諸君告者也玆據會計處報告九年份進支數目編列成册送　監察員核對無訛謹誌數言於篇首遵章分呈

各股東公鑒倘有舛錯幸賜教焉是為序

民國十年三月　日新寧鐵路總理陳宜禧謹識

以上七柱共支材料值銀壹仟陸百零陸員八毫九仙

進支比對外實存材料值銀壹仟陸百七拾陸元七毫七仙五文

存材料總數開列

一存公益材料處材料值銀一十三萬八千八百六十九元三毫五仙

一存公益機器廠材料值銀壹百四拾七元二毫

一存寧城電話處材料值銀壹仟陸百七十六元七毫七仙五文

合實存材料值銀壹拾四萬零六百九十三元三毫二仙五文

新寧鐵路股份有限公司　民國九年份總結册　本鐵路公司自刊

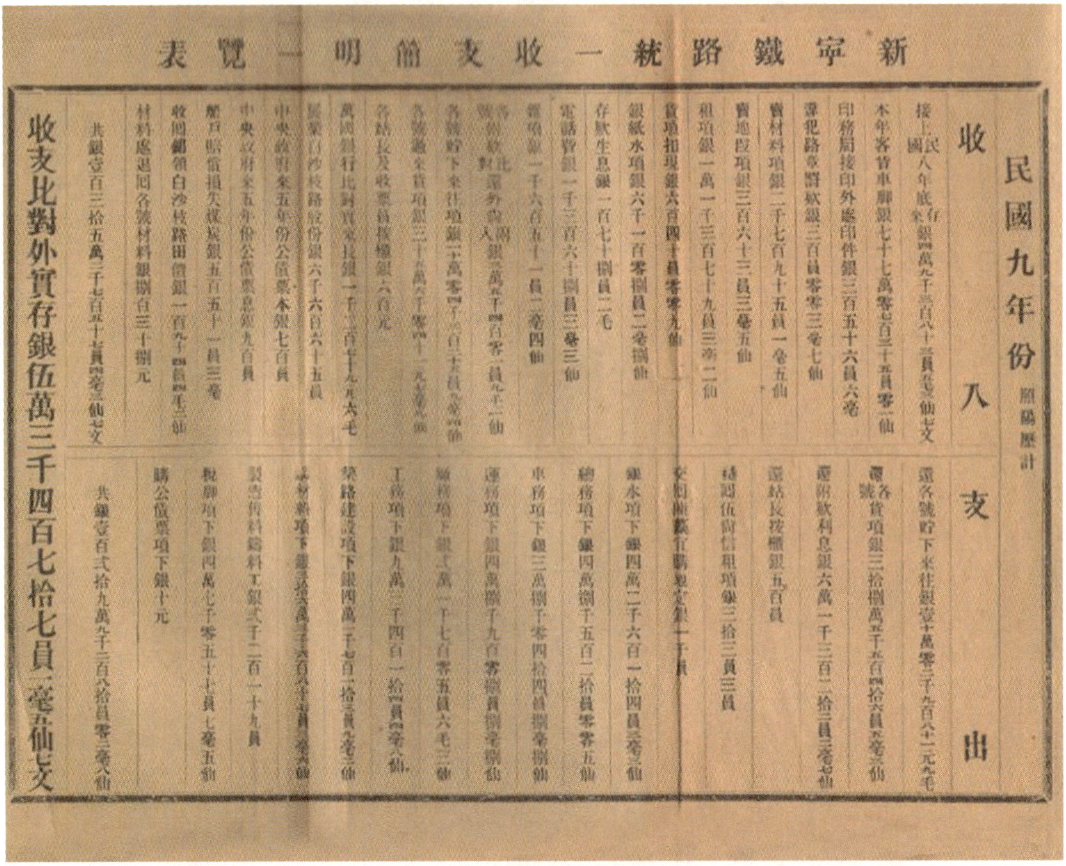

新寧鐵路統一收支簡明一覽表

民國九年份 照陽歷計

收入

接上民國八年底存來銀四萬九千六百八十三員五毫五仙七文
本年客貨車脚銀七十七萬零七百三十五員零一仙
印務局接印外處印件銀三百五十六員六毫
罰犯路章罰欵銀三百員零零三毫七仙
賣材料項銀二千七百九十五員一毫五仙
賣地段項銀三百六十三員三毫五仙
租項銀一萬一千三百七十九員三毫二仙
貨項扣現銀六百四十員零零九仙
銀紙水項銀六千一百零捌員二毫捌仙
存欵生息銀一百七十捌員二毛
電話費銀一千三百六十捌員三毫三仙
雜項銀一千六百五十一員二毫四仙
各號對欠比還外商兩入銀九萬五千四百零一員九毛一仙
各號貯下來往項銀二十萬零四千三百二十六員九毫四仙
各號邁來貨項銀三十五萬六千零四十一元七毫九仙
各站長及收票員按櫃銀六百元
萬國銀行比對買來長銀一千二百七十九元六毛
展業白沙枝路股份銀六千六百六十五員
中央政府來五年份公債票本銀七百員
中央政府來五年份公債票息銀九百員
船戶賠償損失煤炭銀五百五十一員三毫
收回鐵領白沙枝路田價銀一百九十四員四毛三仙
材料處退回各號材料銀捌百三十捌元
共銀壹百三拾五萬三千七百五十七員四毫三仙七文

支出

還各號貯下來往銀壹十萬零三千九百八十二元九毛
還各號貨項銀三拾捌萬五千九百四拾六員五毫三仙
還附欵利息銀六萬一千三百二拾三員三毫七仙
還站長按櫃銀五百員
補回伍尚信租項銀三拾三員三員
交回陳藝官購地定銀一千員
鑿水項下銀四萬二千六百一拾四員三毫三仙
總務項下銀四萬捌千五百二拾員零零五仙
車務項下銀三萬捌千零四拾四員捌毫捌仙
運務項下銀四萬捌千九百零捌員捌毫捌仙
機務項下銀弍萬一千七百零五員六毛三仙
工務項下銀九萬二千四百一拾四員四毫八仙
築路建設項下銀四萬二千七百一拾三員九毫三仙
材料項下銀三拾六萬三千六百八十七員八毫六仙
製造材料鑄料工銀弍千二百一十九員
稅餉項下銀四萬七千零五十七員七毫五仙
購公債票項下銀十元
共銀壹百弍拾九萬九千三百八拾員零三毫八仙

收支比對外實存銀伍萬三千四百七拾七員一毫五仙七文

民国十年份（1921 年）广东新宁铁路股份有限公司总结册

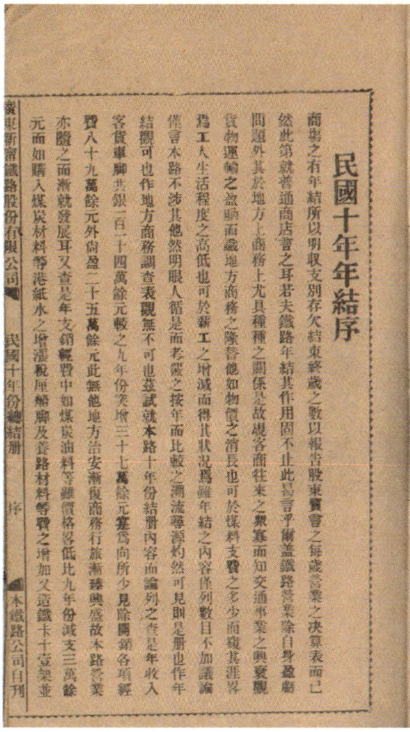

民國十年年結序

商業之有年結所以明收支別存欠結束終歲之數以報告股東賫會之每歲營業之決算表而已然此第就普通商店言之耳若夫鐵路年結其作用固不止此蓋言乎鐵路營業除自身盈虧問題外其於地方上商務上尤具種種之關係是故覘客商往來之衆寡而知交通事業之興衰覘貨物運輸之盈縮而識地方商務之隆替他如物價之消長也可於煤料支費之多少而窺其漲落爲工人生活程度之高低也可於薪工之增減而得其狀況爲雖年結之內容僅列數目不加議論僅言本路不涉其他然明眼人循是而考覈之接年而比較之溯流尋源灼然可見則是冊也作年結觀可也作地方商務調查表觀無不可也茲試就本路十年份結冊內容而論列之查是年收入客貨車脚共銀一百一十四萬餘元較之九年份突增三十七萬餘元寔爲向所少見除開銷各項經費八十九萬餘元外尚盈二十五萬餘元此無他地方治安漸復商務行旅漸臻興盛故本路營業亦隨之而漸就發展耳又查是年支銷經費中如煤炭油料等雖價格略低比九年份減支三萬餘元而如購入煤炭材料等港紙水之增漲稅厘船脚及養路材料等費之增加又造鐵卡十壹架並

廣東新甯鐵路股份有限公司　民國十年份總結冊　序　本鐵路公司自刊

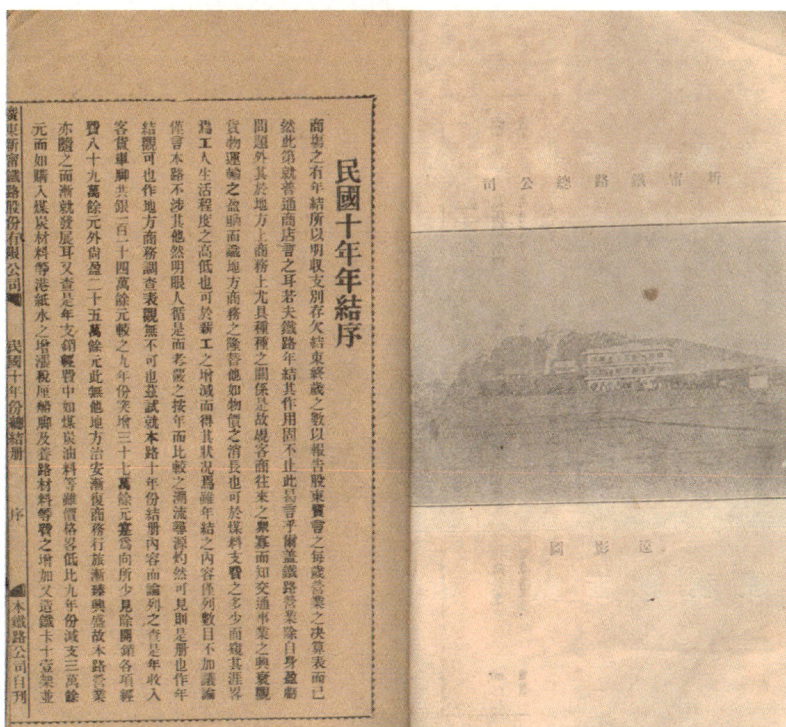

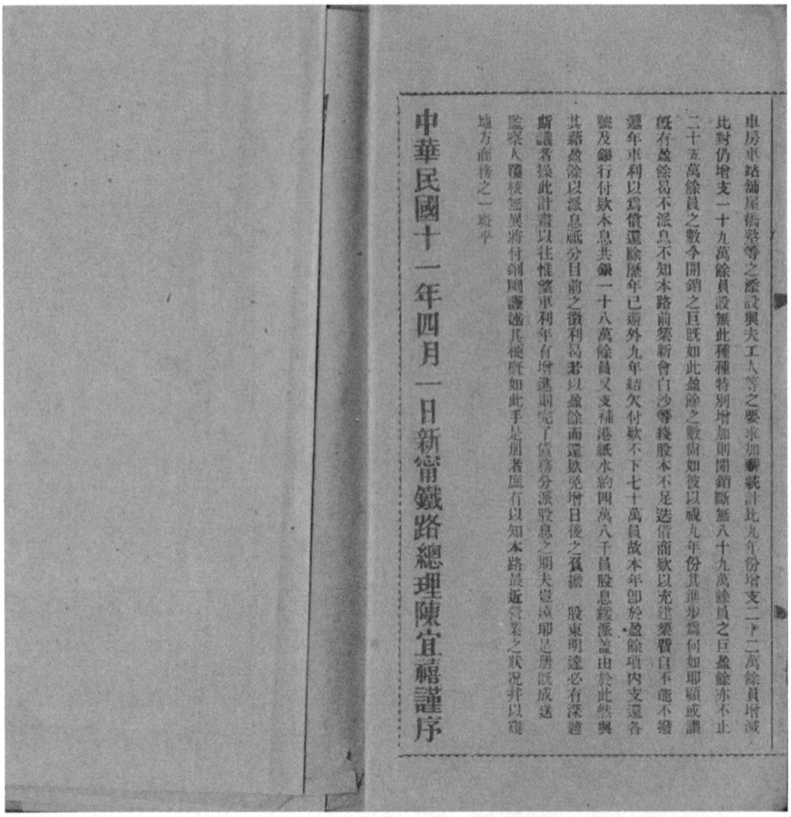

車房車站舖屋橋路等之添設與夫工人等之要求加薪統計比九年份增支二十二萬餘員增減比對仍增支一十九萬餘員設無此種種特別增加則開銷斷無八十九萬餘員之巨盈餘亦不止二十五萬餘員之數今開銷之巨既如此盈餘之數尚如彼以視九年份其進步爲何如耶顧或謂既有盈餘曷不派息不知本路前築新會白沙等段股本不足迭借商款以充建築費自不能不撥還年來利以爲償還除歷年已還外九年結欠付款不下七十萬員故本年即於盈餘項內支還各號及銀行付款本息共銀一十八萬餘員又支補港紙水約四萬八千員股息緩派蓋由於此然與其藉盈餘以派息祇分目前之微利曷若以盈餘而還款免增日後之負擔　股東明達必有深諒斯議者操此計畫以往惟望車利年有增進則完了債務分派股息之期夫豈遠耶是册既成送監察人覆核無異將付剞劂謹述其梗概如此手是册者庶有以知本路最近營業之狀況并以窺地方商務之一斑乎

中華民國十一年四月一日新甯鐵路總理陳宜禧謹序

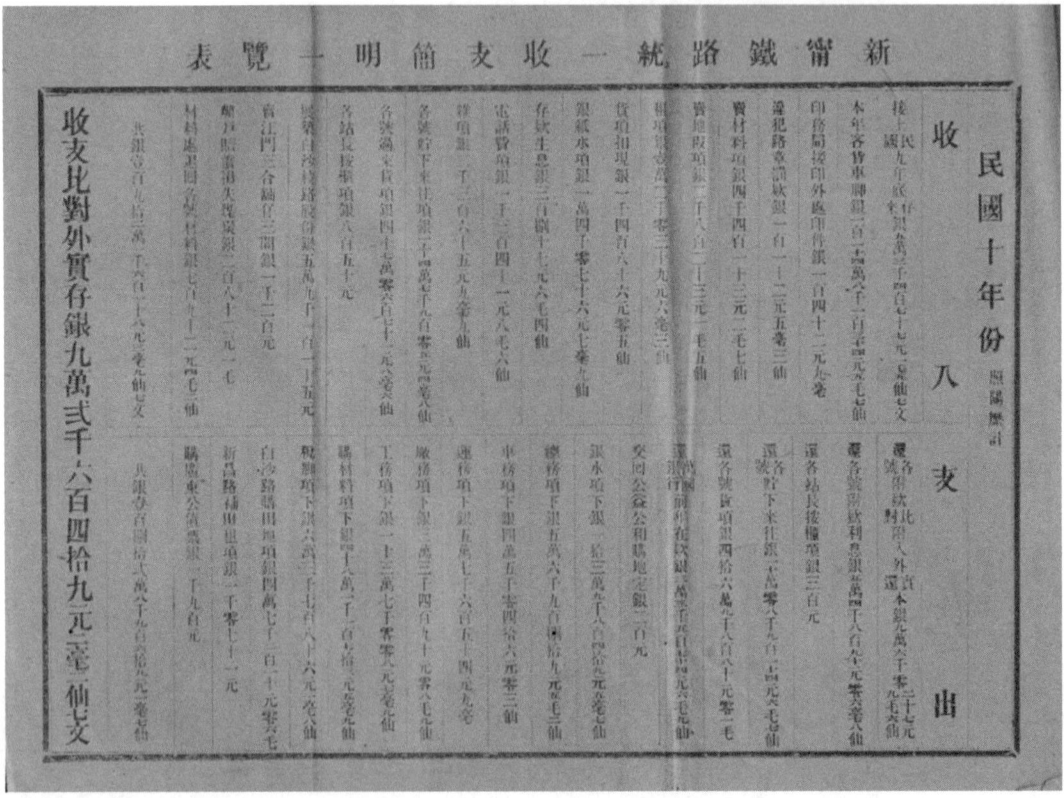

新甯鐵路統一收支簡明一覽表

民國十年份　照陽曆計

收入

接上民國九年底結存銀叁萬三千四百七十七元七毫一仙七文
本年客貨車腳銀一百一十四萬八千一百[illegible]元九毫七仙
印務局接印外邊印件銀一百四十二元九毫
違犯路章罰款銀一百一十二元五毫三仙
賣材料項銀四千四百一十三元二毛七仙
賣地段項銀一千八百二十三元一毛五仙
租項銀壹萬二千零三十九元六毫三仙
貨項扣現銀一千四百八十六元零五仙
銀紙水項銀一萬四千零七十八元七毫九仙
存款生息銀二百捌十七元六毛四仙
電話費項銀一千三百四十一元八毛六仙
雜項銀一千二百六十五元九毫九仙
各號貯下未往項銀[illegible]
各號寫定貨項銀四十七萬零六百七十一元六毫六仙
各站長按櫃項銀八百五十元
[illegible]白沙段路股份銀五萬九千一百一十五元
新江門三合鋪位三間銀一千二百元
舖戶賠償損失[illegible]銀一百八十一元一毛
材料處退回各號材料銀七百九十一元四毛二仙
共銀壹百九拾三萬二千六百一十八元[illegible]仙七文

支出

還各號附款比對附入外債還本銀九萬六千零二十七元[illegible]
還各號附款利息銀[illegible]
還各站長按櫃項銀三百元
還各號貯下未往銀[illegible]
還各號貨項銀四拾六萬九千八百八十一元零一毛
還銀行前付在欵銀[illegible]
交同公益公和購地定銀二百元
銀水項下銀[illegible]
總務項下銀五萬六千九百[illegible]
車務項下銀四萬五千零四拾六元零三仙
運務項下銀五萬七千六百五十四元九毫
廠務項下銀三萬三千四百九十元零八毛
工務項下銀一十三萬七千零零八元[illegible]
購材料項下銀四十八萬二千一百[illegible]
稅捐項下銀六萬三千七百八十六元[illegible]
白沙路購田地項銀四萬七千二百一十元零六毛
新昌路補田租項銀一千零七十一元
購鴨東公債票銀一千九百元
共銀壹百捌拾六萬八千九百[illegible]

收支比對外實存銀九萬弍千六百四拾九元一毫一仙七文

材料進支簡明一覽表

民國十年份 照陽曆計

進數

接上民國九年底各處存來煤炭各項材料値銀壹拾四萬零六百九拾三元三毛二仙五文

本年新購入煤炭各項材料値銀四拾七萬七千六百三拾四元三毫三仙

本年製造售料鑄料加工値銀三千五百三十九元二毛六仙

本年售出材料加附屬費銀一千三百九十三元七毫三仙五文

合共進材料値銀六拾弍萬三千弍百六十元零六毫五仙

支數

營業開銷項下用去材料値銀四拾弍萬三千六百零三元四毛三仙

售出材料項下用去材料値銀五千七百三拾弍元一毛九仙五文

船戶損失煤炭値銀二百八十二元一毛

祥和收回車路釘値銀五百八十八元零五仙

祥和收回銅燈値銀六十六元

祥和收回洋鐘値銀二百二十五元

浩昌和收回門珠値銀壹百四拾元

浩昌和收回市點喉値銀二百一十六元

浩昌和收回火酒値銀一百三十六元

合共支材料値銀四拾叁萬零九百捌拾捌元七毛七仙五文

進支比對外實存材料値銀壹拾九萬二千二百七十一元八毫七仙五文

民国十二年份（1923 年）广东新宁铁路股份有限公司总结册　罗达全藏

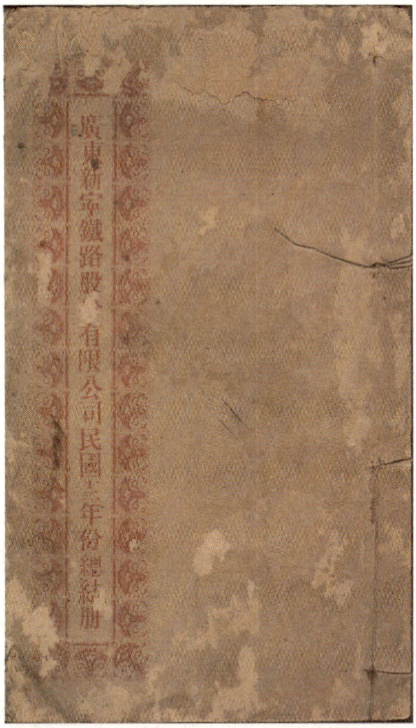

新寧鐵路統一收支簡明一覽表

民國十二年份 照陽歷計

收入

接上民國十一年底結存來銀三十三萬四千五百八十二元八毛四仙五文
本年客貨車脚銀一百二十萬零五千零三十八元五毫六仙
印務局印外處印件銀壹百叁拾弍員伍毫
違犯路章罰款銀七百五十八元六毛一仙
租項銀壹萬壹千六百叁拾叁元四毛四仙
銀紙水項銀叁萬六千伍百三拾元零零伍仙
貨項扣現銀三千叁百叁十七元叁毛八仙
存款生息銀一千八百叁拾叁元零七仙
電話費銀一百三拾三元伍毛
補發股摺費銀八拾三元伍毛
雜項銀二千伍百零六元叁毛四仙
賣材料項銀四千七百七拾二員六毛
賣地段項銀二十八員一毛五仙
中央政府四年公債票本銀三千二百三十九元七毛五仙
中央政府四年公債票息銀三百九十四員八毛七仙
船戶賠償損失煤炭銀九百零一元四毫六仙
香港上海公司照來煤炭角鐵保險銀四千二百元
林國岡租來回錯領田價銀六拾九元三毫二仙
材料處退回鮮租舞門銀二百一十九員五毫三仙
展築白沙枝路股份銀七千八百九十元
各號附欵銀五十六萬零叁百一十七員九毛四仙
各站長及驗票員按櫃銀九百五十元
各號貯下來往銀六萬二千七百一十三元四毫一仙
各號過來貨項銀四十一萬八千零三十員零三毛
萬國銀行來往來長銀四萬四千二百九十八員九毛二仙
共銀二百七十萬零九千三百八十四元零三仙七文

支出

還各號附欵本銀五十四萬四千六百六十三元二毛四仙
還各號附欵利息銀五萬六千二百八十二元三毫八仙
還各站長及驗票員按櫃銀六百元
還各號貯下來往銀六萬八千零五十七員九毫三仙
還各號貨項銀四拾三萬零零七十六元四毛八仙
股息項下銀二拾叁萬零七百二十五元四毛四仙
銀水項下銀六萬七千捌百六拾二元三毛三仙
總務項下銀七萬六千七百三十元零二毛六仙
車務項下銀壹十五萬七千零五十三元零八仙
廠務項下銀七萬七千二百六拾七元六毛五仙
養路項下銀壹十六萬二千六百八十九元五毛
建設項下銀一十萬零三千五百九十五元二毛七仙
材料項下銀四拾六萬二千六百六十九員五毛六仙
稅脚項下銀壹十一萬九千零零三元九毛七仙
白沙路購田地項銀一萬三千三百四十五元零九仙
共銀弍百五拾六萬八千六百三拾元零零八仙

收支比對外實存銀一拾四萬零七百六十三元九毫五仙七文

材料進支簡明一覽表

民國十二年份 照陽歷計

進數

接上民國十一年底結各處存來煤炭各項材料值銀三十七萬七千九百零六元一毛九仙四文
本年新購入煤炭各項材料值銀四十五萬五千五百六十三元八毫九仙
本年製造售料鑄料加工值銀六千一百零五元六毛七仙
本年售出材料加付屬費銀一萬三千四百四十三元六毛七仙
合共進材料值銀捌十五萬三千零一十九元四毛二仙四文

支出

[illegible]項下用去[illegible]材料值銀三十五萬八千九百九十一元零四毛二仙二文
築牛灣橋用去各項材料值銀叁萬五千二百九十四元九毛七仙五文
築牛灣橋用挖坭機一副值銀一萬二千二百一十元零二毛七仙
築牛灣橋用英坭船一隻值銀八千五百二十四元八毫
築牛灣橋用電汞機一副值銀一萬一千五百五十七元五毫
築牛灣橋用手攪機一副值銀二百元
築牛灣橋用石屎機一副值銀三千五百元
築牛灣橋用花旗泵一副值銀六百元
築牛灣橋用躉船一隻值銀叁千二百元零零一毛伍仙
築牛灣橋修理挖坭機英坭船用去材料值銀一千七百零四元叁毛叁仙伍文
增築總公司樓屋用去材料值銀一萬九千一百一十一元四毛一仙二文
增築公益車站用去材料值銀八千六百捌十捌元一毛七仙
增築公益工人房用去材料值銀二百捌十伍元七毛二仙
增築印務局用去材料值銀一千五百六十九元伍毛
機器廠用鑽床車床刨床七架值銀六千伍百三十九元弍毛伍仙
船戶損失煤炭值銀九百零一元四毛六仙
退回鮮租舞門值銀二百一十九元五毛二仙
沉沒第七拾三帶煤躉值銀三千七百五十一元九毛七仙伍文（有保險）
售出材料項下用去材料值銀二萬六千三百四十二元七毛叁仙五文
合共支材料值銀伍十一萬零三千一百九十四元二毛四仙四文

進支比對外實存材料值銀三十四萬九千八百二十五元一毫八仙

謹將民國十二年份電話處材料進支數詳列于左

一進接上民國十一年底結存來材料値銀弍千六百六十元零零捌仙五文

一進是年公益材料處來材料値銀二千二百零五元九毛捌仙

以上二柱共進來材料値銀四千八百六十六元零六仙五文

一支是年資綫用去電話材料値銀八百二十五元三毛二仙

一支是年車務處用去電話材料値銀二百九十二元五毛

一支是年總公司用去電話材料値銀一百七十七元四毛四仙五文

一支是年路綫處用去電話材料値銀一十五元五毛

一支是年公益分局用去電話材料値銀二十一元八毛

一支是年會城分局用去電話材料値銀二十三元七毛

一支是年各車站因亂事損失電話機六套値銀五百肆十元

以上七柱合共支材料値銀一千八百九十陸元二毫六仙五文

廣東新寧鐵路股份有限公司　民國十二年份總結冊　四十　本鐵路公司自刊

進支比對外實存材料値銀二千九百六十九元八毫

存材料總數開列

一存公益材料處材料値銀三十四萬六千五百零六元三毫八仙

一存公益機器廠材料値銀三百四十九元

一存寧城電話處材料値銀二千九百陸十九元捌毫

合實存材料値銀三十肆萬九千八百二十五元一毫八仙

廣東新寧鐵路股份有限公司　民國十二年份總結冊　四一　本鐵路公司自刊

民国十三年份（1924 年）广东新宁铁路股份有限公司总结册　罗达全藏

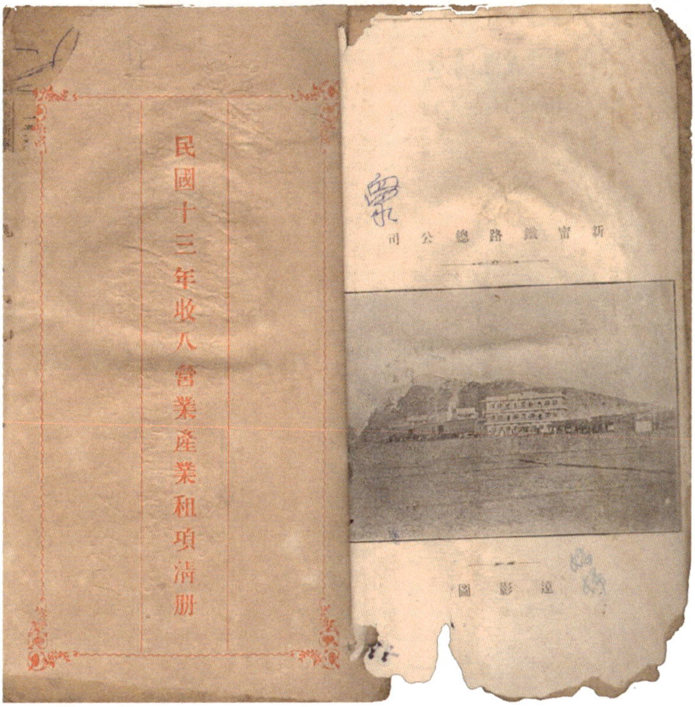

謹將民國十三年份本公司進支數目年結總册列呈
公鑒
（本鐵路所有員司工役均自備伙食）
舊管
接上民國十二年底結存來銀十四萬零七百六十三元九毫五仙七文
新收

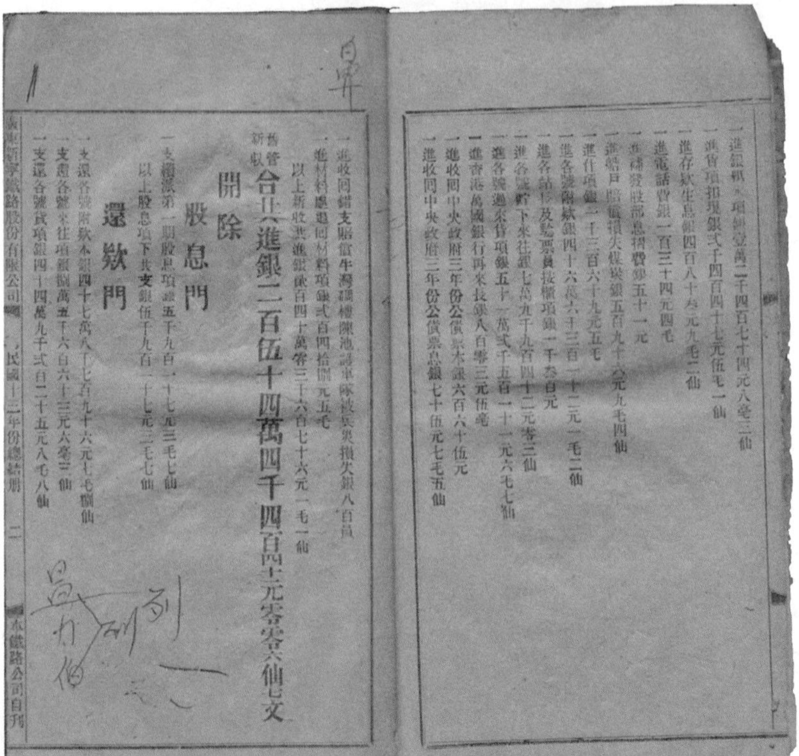
舊管新收合共進銀二百伍十四萬四千四百四十二元零零六仙七文
開除
股息門
還欵門
本鐵路公司自刊
一進電話費銀一百三十四元四毛
一進收回中央政府三年份公債本銀六百六十伍元
一進收回中央政府三年份公債票息銀七十伍元七毛五仙

一支是年裝設門江粵寧護路處用去電話材料值銀一百九十八元

一支是年裝設公益粵寧護路處用去電話材料值銀一百五十四員

一支是年裝設合城粵寧護路處用去電話材料值銀一百四十六員

一支是年裝設銅鼓路處用去電話材料值銀二百九十捌員

以上十一柱合共支材料值銀四千三百一拾八元五毫六仙

進支比對外實存材料值銀壹千三百捌十二元正

存材料總數開列

一存公益材料處材料值銀四十萬零四千一百二十五元六毫九仙

一存公益機器廠材料值銀五百弍十弍元八毫

一存寧城電話處材料值銀壹千三百八十二元

合實存材料值銀四十萬零六千零三十元零四毫九仙

1925 年广东新宁铁路公司志　罗达全藏

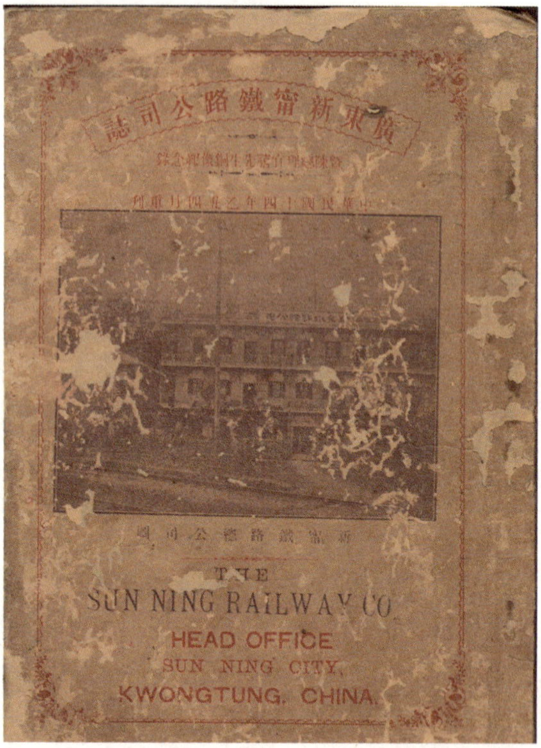

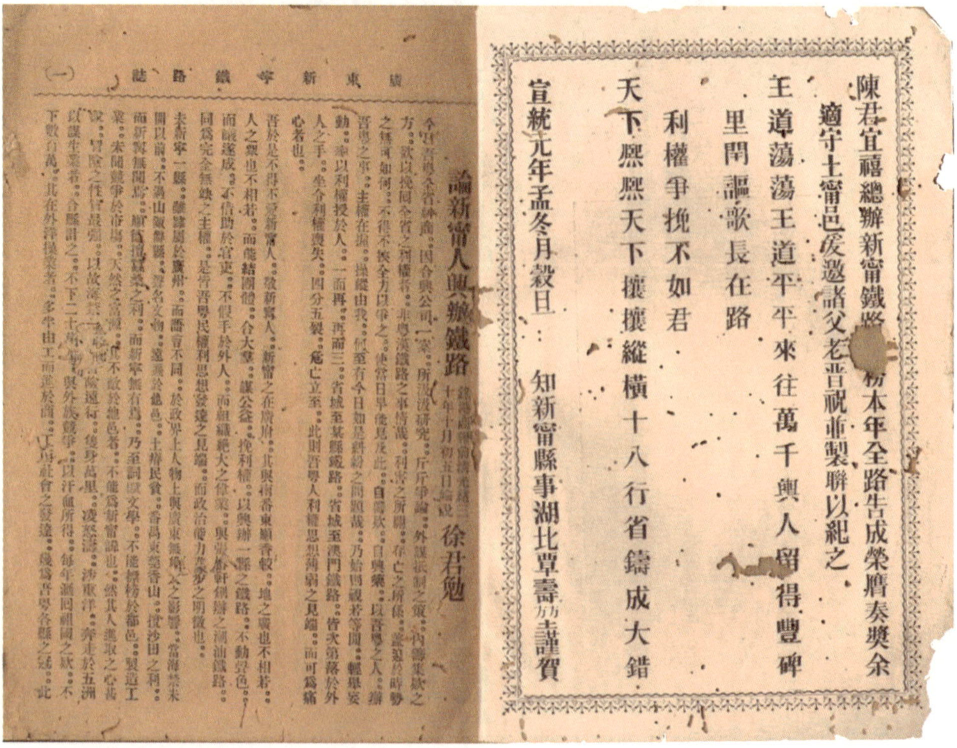

海禁既開以後。商業財力之進步。蒸蒸日上。物物而[illegible]可歎。浩浩而無所止。實有足令人驚歎者也。又以久居外洋。吸文明之[illegible]所創建事業。卓有可觀。如建設西當街市。其規模閎敞。與歐美文明大國街市相彷彿。[illegible]國數千年來未有之市政。於縣城興築馬路。整齊完好。爲民間修建道路之濫觴。近年海外設立之維新會。熱心救國。結合大羣。而新寧人十居八九。此皆新寧人之特色。吾粵各府州縣。所當聞風興起者也。茲復慎於利權之外溢。而謀工商業之發達。慨然興築鐵路。以成不朽之盛業。識大體。顧大局。嘗新寧人之幸福。抑亦廣東人之幸福耶。使吾國之人。觀感而興。縣縣如是。省省如是。則[illegible]治之基礎立矣。文明之進步速矣。新寧人勉旃。廣東人勉旃。中國人勉旃。

龍將軍功在白石橋

新寧鐵路之創辦也。識者不曰新寧實業之導師。即曰中國民辦之先河。斯言也。凡以爲已成已立後之獎借詞耳。而未及夫締造伊始之艱難萬狀。其功尙多不可沒者在也。距民國紀元前七年卽有清光緒三十一年。本路經始測算。所過通都大邑名鄉鉅村以至小里落。各姓各族。鮮不恃其龍蟠虎踞之跡。嚴其彼疆此界之限。或迷風水而起反抗者有之。或恃强權而起反抗者有之。或圖意見借事生端而起汶抗者又有之。工程所至。風潮斯起。統二百二十一里間。動輒牽隔以相抗者。前後不下百數十處。其千辛萬苦情形。至今邑中紳紳先生。凡與有務於路事者。猶能縷縷言之。不難縷述也。而其反抗最力。風潮最大。則又莫如展築新會一線

會城[illegible]之白石橋[illegible]有白石橋者。因地而名其橋。橋之上游。爲廣下各縣。有九大書院主持鄉事。劣紳廣建平林廣賢倡議抵抗建橋工程。鼓鄉之勢恐嚇。復不恤入會[illegible]以圖籌公益。以陰爲之助。彼一般無知被動之徒。又知唯主動者之命是聽。而抵抗之潮乃愈激而愈烈。理喩不能聽。勢壓不能來。橋工旋作旋輟。路事之不敗于垂成者幾希。時適振武上將軍龍公子誠紹專軍符。不得不以其事上聞請兵保護。龍公以鐵路係國家交通要政。未便任土豪族霸。囿於方隅之偏見。從中鼓煽而破壞之也。乃卽派兵駐紮偕仿。力加保護。俟橋工完全告成而後已。不幾日間遂收完全通車之效焉。使當日者龍公不以路政爲重。任令地方豪紳煽惑之所爲。則白石橋之爲白石橋。未可知也。迄今全路交通行旅稱其便。股東賴其利。當已拜龍公之賜爲不少矣。卽後之過白石橋而識白石橋歷史者。亦豈能忘龍公之功耶。

張督功在借欵

寧陽鐵路展築至江門也。未再集股。本爲用資。勢難就緒。且揭交通銀行叁拾萬金。屢催歸欵。當事者急甚。路局亟欲。時張公堅白方督粵。不得已奏請准借洋欵陸拾萬。以濟亟需。公謂此路一無所需於洋人。今特以借欵玷名譽。不亦大可惜乎。因爲移咨交路部。飭其還欵。來往駁論。部終直公可其議。復[illegible]向於官銀錢局及浙江銀行。息借叁拾萬。路賴竟功。公於部有迴天之力。於路有再造之門。不[illegible]著戰其便。股東樂其利。誠恐莫知便與利之所由來也。爰備顯末。表厥功績。俾後之人觀焉。

鐵路公司値理列位先生大人閣下

敬啟者近閱香港維新報實報載有[illegible]鐵路舉借外債論說各一篇洋洋灑灑數千言實謂鄙人蔑視股東無以自明其心迹在諸記者故以譽議之詞煽惑股東之關係鄙人旅美四十餘年立心行事如何爲各梓里共見共聞豈一操路權便昧良至此公司開辦數年歷盡許多艱辛危險早知靠譜積生時受局外人譏刺何曾當未開辦之前將股本派問各股東以省著借至於展築路綫招股困難初非鄙人意料所及世變更移亦非人事可能挽救論者謂開股東會可以速集百數[illegible]萬元此非鄙人所敢決信也不觀夫上年香港集議鄉款担任籌還五十萬數月之間只收到貳萬二[illegible]萬工事方殷股本不足歸人身任總理責管財政斷不能盡辭其職停工以待上年息借交通三十萬[illegible]維持營業得轉路工不致半途中止顧我邑人熱心公益竭力扶持或將前議之欵交足原數則可以竟其全功又何至續議息借外債乎至若借債築路本非良策鄙人安有不知其利弊者當欵絀工忙之際交通追討迫切鄙人故出此策藉以維審交通殺救前欵起見不過發憤而曾並非貪實冒險而行總之不借外債亦須轉向本省銀號通融著知諸記者所曾招集海外股東會議組織正式董事局然後籌欵接濟恐迫不及待路工已停功虧一簣敗於垂成則此路之前途不堪設想何記者之夢夢也現蒙張督憲非力維持已另籌有欵可以接濟路工交通借項亦陸續分還各股東遠隔天涯不知底蘊恐爲該記者發報飛傳轉生疑慮用特佈達區區敬乞登報佈告

新寧鐵路列位股東先生鑒照爲幸此願請

台安諸惟

顯察不既　宣統三年閏六月廿八日　新寧鐵路總理愚弟陳宜禧頓首

再維新報登載之論說係我新寧人劉君小雲所編撰據其發生此論之由因月前在省海珠酒店晤讌路事退弟辭退吳某用伊在公司充當文案一席使可籌欵百十萬元大言不慚毛遂自荐弟婉謝却之遂挾嫌登報攻擊劉君果熱心公益維持路事乎抑爲一己之私乎弟素性率直辦事力戒虛縻屢屢堅

持毅力與人抗議保守股東權利反爲邑中士紳所不容此時展築路綫汽車已達會城距離北街僅三十里耳日奔逐於炎天酷暑中督率工程進步俾早日告厥成功無閒暇工夫與此等貪劣輩較量辯論是非自有公評拋此勞怨弗辭之宗旨俟路工告成後任懲　各股東詳察而判斷爲可弟宜禧又及

計開

張督憲與郵傳部來往電文四件呈　閱

原稟

敬稟者竊職商旅居美洲四十餘年竊見歐美列邦鐵路縱橫如織軌若布網之蛛車如銜尾之鱗故其商業日盛國勢日强職商有感於斯眷懷　祖國深知鐵路之權利至溥轉輪交通最便是以倡議集資辦路俗民閒風興起慕義附股踴躍爭先僅三數月而募集二百餘萬元職商於光緒三十一年秋間籌欵還鄉興辦新寧本邑鐵路禀奉　大部　奏准立案時加培補而顧畚之華蒙　各憲札屬切實保護而維持之五載經營弗辭勞瘁總理一切及勘造工程皆獨任其事至宣統元年全路告成迺蒙　大部　奏奬謬叨非分受寵若驚撫感所及愈思奮勉遂急起而直追再請推廣新會江門路線斯時股東則商電交馳粵漢與造欸爭阻職商經此一番磨折心力具窮幸蒙　大部注重路政擘畫精詳知當路本重利微難以持久先後　奏准續辦職商預算資本擬添招新股一百伍十萬元儘足數建築之用調收伊始認股者頗形踴躍迨後時艱日甚收欵未及過半而銀行之倒閉頻聞市面之銀根益緊海內外各股東更有鑒于粵路之風潮忽而裹足不前勸催雖職商於上年八月間查勘新會一段工程十成其七而續築江門白石一段正在興工股欵已虞不敷購田地經急須應付迫于無可如何暫向交通銀行

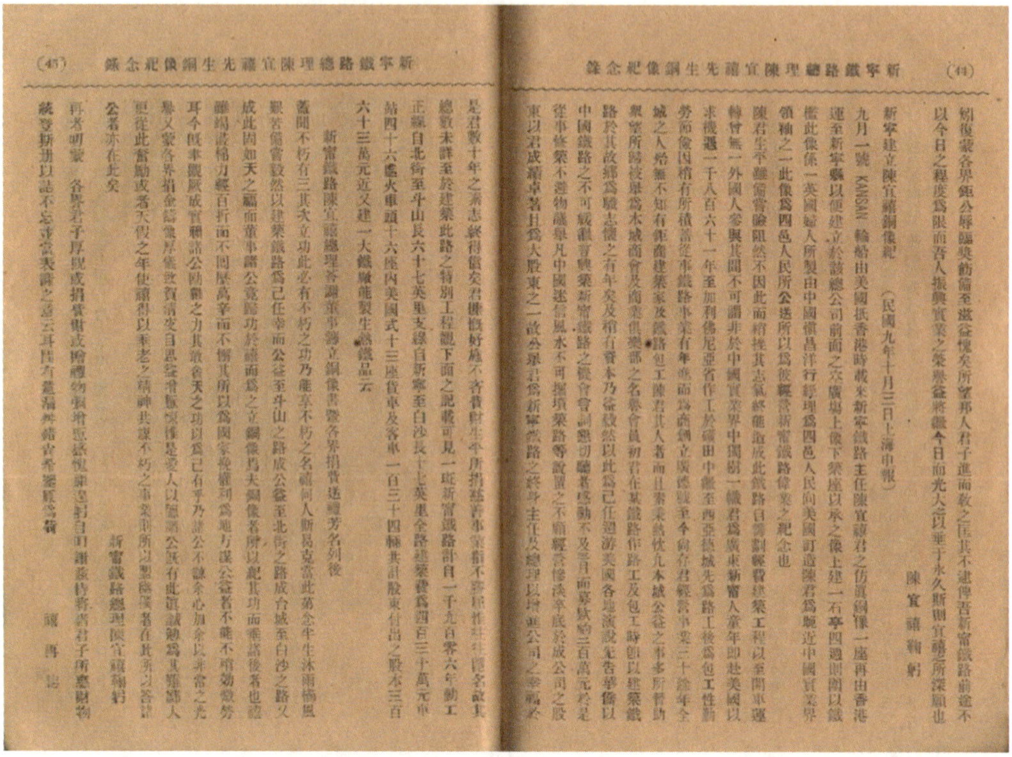

剏復蒙各界鉅公厚臨獎飭備至滋益愧矣所望邦人君子進而教之匡其不逮俾吾新寧鐵路前途不以今日之程度爲限而吾人振興實業之榮譽益將藉今日而光大之以垂于永久斯則宜禧之所深願也

陳宜禧鞠躬

新寧建立陳宜禧銅像紀　（民國九年十月三日上海申報）

九月一號 KANSAN 輪船由美國抵香港時載來新寧鐵路主任陳宜禧君之仿眞銅像一座再由香港運至新寧縣以便建立於該總公司前面之空曠場上像下築座以承之像上建一石亭四週則圍以鐵檻此像係一美國婦人所製由中國廣昌洋行經理爲四邑人民向美國訂造陳君爲晚近中國實業界領袖之一此像爲四邑人民所公送所以爲彼經營新寧鐵路偉業之紀念也

陳君生平雖屢嘗險阻然不因此而稍挫其志氣終能造成此鐵路自籌劃經費建築工程以至開車運轉曾無一外國人參與其間不可謂非於中國實業界中獨樹一幟君爲廣東新寧人童年即赴美國以求機遇一千八百六十一年至加利佛尼亞省作工於礦田中繼至西亞圖城先爲路工後爲包工性勤勞而儉因稍有所積蓄從事鐵路事業有年並而爲商鋪立廣德號至今尚存君經營事業三十餘年全城之人殆無不知有華商建築家及鐵路包工陳君其人者而且素來熱忱於本埠公益之事多所贊助與寧所歸彼遂爲本城商會及商業俱樂部之名譽會員初君在某鐵路作路工及包工時卽以建築鐵路於其故鄉爲職志僅之有年矣及稍有資本乃毅然以此爲己任迴游美國各埠演說宣告華僑以中國鐵路之不可緩籌實興築新寧鐵路之機會詞懇切聽者感動不及三月而募款約三百萬元於是從事修築不避物議舉凡中國迷信風水不可擅築路等說置之不顧經營慘淡卒底於成公司之股東以君成績卓著且爲大股東之一故公舉君爲新寧鐵路之終身主任及總理以將來公司之幸福全

是君數十年之素志終得償矣君雖慨好施不吝費財生平所捐慈善事業指不勝屈推其聲名之故其總數未詳至於建築此路之特別工程觀下面之記載可見一斑新寧鐵路計自一千九百零六年動工正線自北街至斗山長六十七英里支線自新寧至白沙長十七英里全路建築費爲四百三十萬元車站四十六處火車頭十六座內美國式十三座貨車及客車一百三十四輛其計股東付出之股本三百六十三萬元近又建一大鐵廠能製生熟鐵品云

新寧鐵路陳宜禧總理答謝董事籌立銅像書暨各界捐贊送禮芳名列後

蓋聞不朽有三其次立功此必有不朽之功乃能享不朽之名禧何人斯曷克當此第念半生沐雨櫛風艱苦備嘗竊然以建築鐵路爲己任幸而公益至斗山之路成公益至北街之路成台城至白沙之路又成此固如天之福而董事諸公竟歸功於禧而爲之立銅像爲夫銅像者所以紀其功而垂諸後者也禧殫竭綿力經百折而不回歷萬辛而不懈其所以爲國家挽權利爲地方謀公益者不能不稍効微勞耳今既事觀厥成實賴諸公協助之力其敢貪天之功以爲己有乎乃諸公不謙余心加余以非常之光榮又蒙各界捐金饋像厚儀致賀情更自愧發汗顏愧惟是愛人以德諸公既有此寵錫勉爲其難歸人更從此奮勵或者天假之年使禧得以垂老之精神共謀不朽之事業則所以繫懷者在此茲以答諸公者亦在此矣

新寧鐵路總理陳宜禧鞠躬

再者叩蒙　各界君子厚貺或捐資財或饋禮物猥增惶悚謹以自印謝啟特寄諸君子所惠財物統登斯册以誌不忘並當表謝之意云耳倘有遺漏舛錯當希鑒原爲荷

禧再誌

1927 年新宁铁路公司十六年度岁入岁出报告书

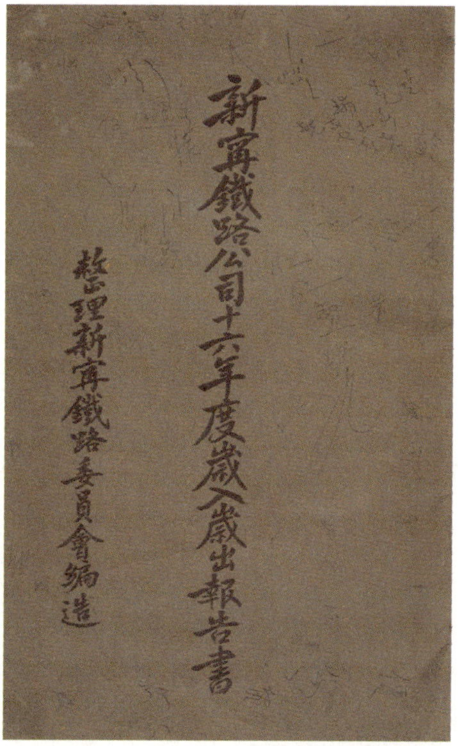

新寧鐵路公司十六年度歲入歲出報告書

整理新寧鐵路委員會編造

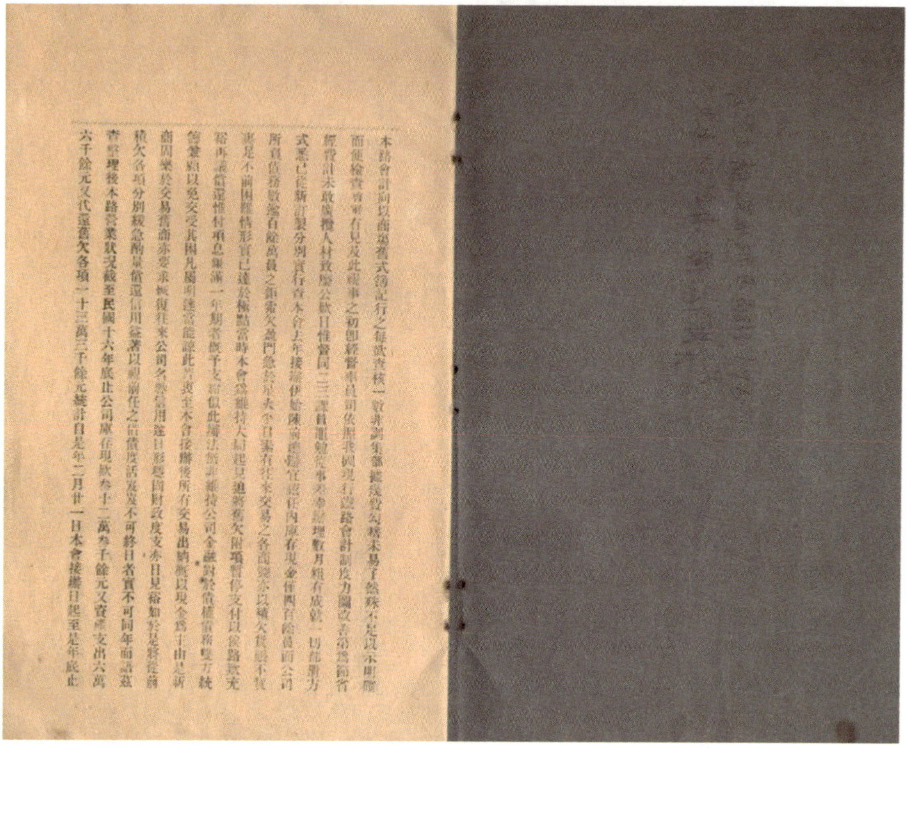

本路會計向以商場舊式簿記行之每欲查核一數非調集數簿簿費勾稽未易了然殊不足以示明瞭而便檢查有見及此視事之初即經督率員司依照我國現行鐵路會計則例力圖改善第爲節省經費計未敢廣攬人材致靡公款日惟督同一二課員重勉從事爲幸經理數月頗有成就一切部冊方式悉已從新訂製分別實行查本會去年接辦伊始陳前總稽官任內庫存現金僅四百餘員而公司所負債務數逾百餘萬員之鉅需欠益門急於星火平日素有往來交易之各商號亦以積欠積累不貸甚是不前困難情形實已達於極點當時本會爲維持大局起見遂將舊欠附項暫停支付以資路款充裕再議償還惟付項息無滿一年期者概予支給似此辦法無非維持公司金融對於債權當務雙方統籌兼顧以免交受其困凡屬明達當能諒此苦衷至本會接辦後所有交易出納概以現金爲主由是新商因樂於交易舊商亦要求恢復往來公司名譽信用逐日彰顯因財政度支亦日見裕如於是將從前積欠各項分別緩急酌量償還信用益著以視前任之借債度活寬裕不可終日者實不可同年而語茲查整理後本路營業狀況截至民國十六年底止公司庫存現款共十二萬叁千餘元又資產支出六萬六千餘元又代還舊欠各項一十三萬三千餘元統計自是年二月廿一日本會接辦日起至是年底止

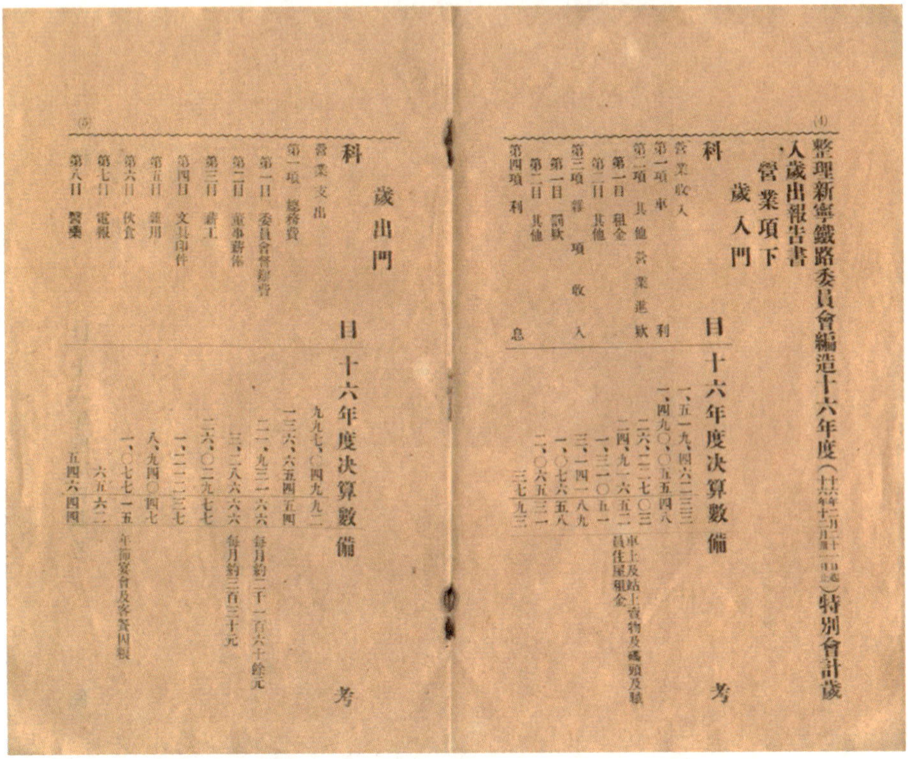

(4)

整理新寧鐵路委員會編造十六年度（十六年一月一日起至十六年十二月三十一日止）特別會計歲入歲出報告書

營業項下

歲入門

科目	十六年度決算數	備考
營業收入	一、五一九、四六二三三	
第一項 車利	一、四九〇、〇五五四八	
第二項 其他營業進款	二六、二二七〇三	
第一目 租金	二四、九一六五二	車上及站上賣物及碼頭及職員住屋租金
第二目 其他	一、三一〇五一	
第三項 雜項收入	三、一四一八九	
第一目 罰款	一、〇七六五八	
第二目 其他	二、〇六五三一	
第四項 利息	三七九三	

(5)

歲出門

科目	十六年度決算數	備考
營業支出	九九七、〇四九九二	
第一項 總務費	一三六、六五四五四	
第一目 委員會督辦費	二一、九三一六六	每月約二千一百六十餘元
第二目 董事薪俸	三、二八六六六	每月約三百三十元
第三目 薪工	二六、〇二九七七	
第四目 文具印件	一、二二二三七	
第五目 雜用	八、九四〇四七	
第六目 伙食	一、〇七七一五	年節宴會及客餐因報
第七目 電報	六五六二	
第八目 醫藥	五四六四四	

1929 年新宁铁路公司十八年度岁入岁出报告书　罗达全藏

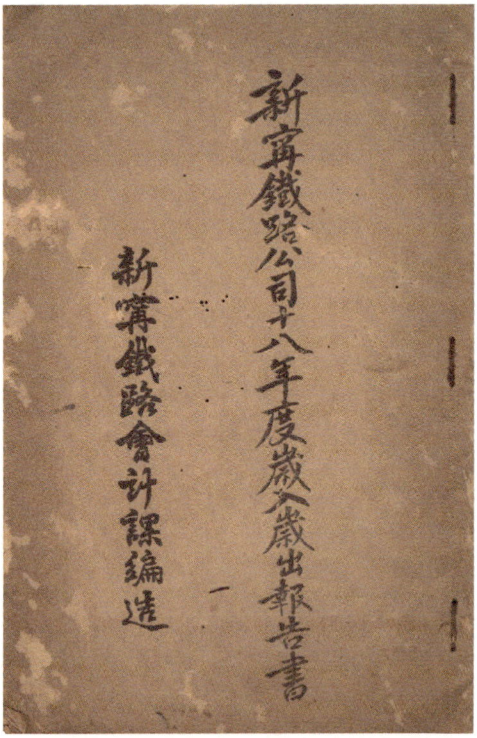

新寗鐵路公司十八年度歲入歲出報告書
新寗鐵路會計課編造

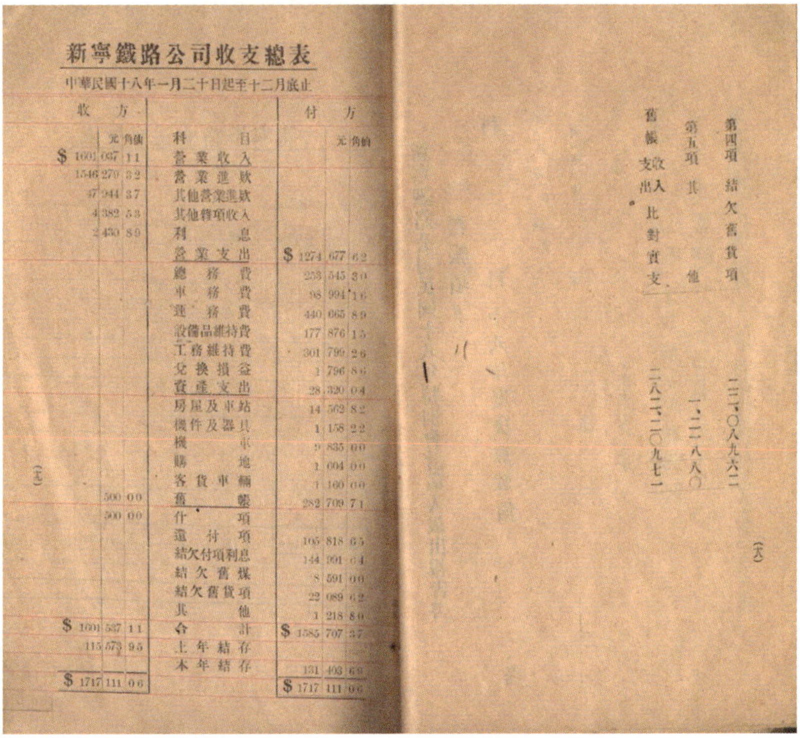

新寧鐵路公司收支總表

中華民國十八年一月二十日起至十二月底止

收方（元 角仙）	科目	付方（元 角仙）
$ 1601 037 11	營業收入	
1546 270 32	營業進款	
47 944 37	其他營業進款	
4 382 53	其他雜項收入	
2 430 89	利息	
	營業支出	$ 1274 677 62
	總務費	253 545 30
	車務費	98 994 16
	運務費	440 065 89
	設備品維持費	177 876 15
	工務維持費	301 799 26
	兌換損益	1 796 86
	資產支出	28 320 04
	房屋及車站	14 562 82
	機件及器具	1 158 22
	機車	9 835 00
	購地	1 604 00
	客貨車輛	1 160 00
500 00	舊賬	282 709 71
500 00	什項	
	還付項	105 818 65
	結欠付項利息	144 991 64
	結欠舊煤	8 591 00
	結欠舊貨項	22 089 62
	其他	1 218 80
$ 1601 537 11	合計	$ 1585 707 37
115 573 95	上年結存	
	本年結存	131 403 69
$ 1717 111 06		$ 1717 111 06

第四項　結欠舊貨項　二三、〇八九六二

第五項　其他　一、二一八八〇

舊帳收入比對實支　二八二、二〇九七一

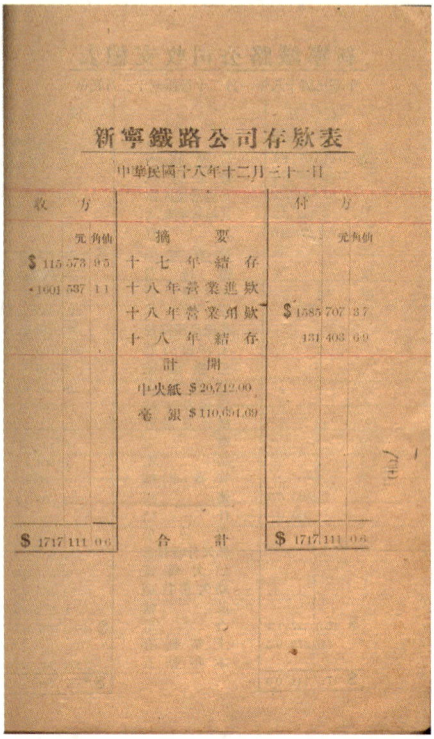

新寧鐵路公司存欵表

中華民國十八年十二月三十一日

收方 元	收方 角仙	摘要	付方 元	付方 角仙
$ 115 573	95	十七年結存		
1601 537	11	十八年營業進欵		
		十八年營業用欵	$ 1585 707	37
		十八年結存	131 403	69
		計開		
		中央紙 $20,712.00		
		毫銀 $110,691.69		
$ 1717 111	06	合計	$ 1717 111	06

1930 年新宁铁路公报（第一期） 罗达全藏

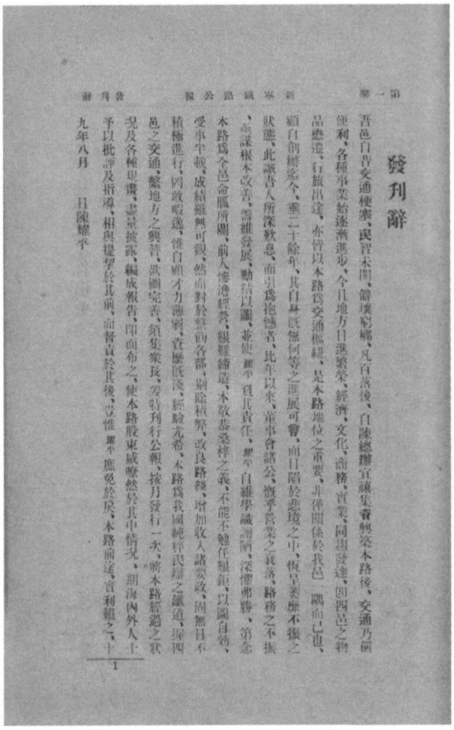

第一期 新寧鐵路公報 發刊辭

發刊辭

吾邑自昔交通梗塞，民智未開，僻壤窮鄉，凡百落後，自陳總辦宜禧集資興築本路後，交通乃稱便利，各種事業始逐漸進步，今日地方日進繁榮，經濟、文化、商務、實業，同趨發達，即四邑之物品懋遷，行旅出達，亦皆以本路為交通樞紐，是本路地位之重要，非僅關係於我邑一隅而已也，顧自創辦迄今，垂二十餘年，其自身既無何等之進展可言，而且陷於悲境之中，恆呈萎靡不振之狀態，此誠吾人所深歎息，而引為抱憾者，比年以來，董事會諸公，慨乎營業之衰落，路務之不振，亟謀根本改善，籌維發展，勵精以圖，並使耀平負其責任，耀平自維學識譾陋，深懼弗勝，第念本路為全邑命脈所關，前人慘澹經營，艱難締造，本敬恭桑梓之義，不能不勉任艱鉅，以圖自效，受事半載，成績雖無可觀，然而對於整飭各部，剔除積弊，改良路綫，增加收入諸要政，固無日不積極進行，罔敢暇逸，惟自顧才力薄弱，資歷既淺，經驗尤希，本路為我國純粹民辦之鐵道，握四邑之交通，繫地方之興替，欲圖完善，須集衆長，爰特刊行公報，按月發行一次，將本路經過之狀況及各種規畫，盡量披露，編成報告，印而布之，使本路股東咸瞭然於其中情況，期海內外人士予以批評及指導，相與提挈於其前，而督責於其後，豈惟耀平庶免於戾，本路前途，實利賴之，十

九年八月　日陳耀平

1

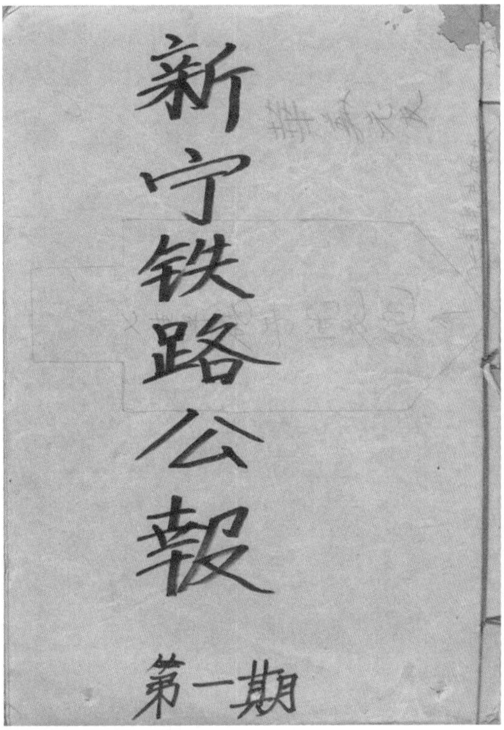

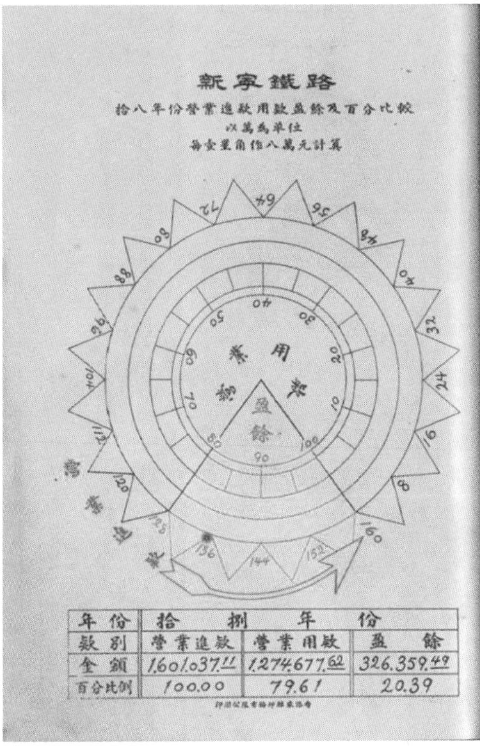

新寧鐵路

拾八年份營業進款用款盈餘及百分比較

以萬為單位

每壹星角作八萬元計算

年份	拾捌年份		
款別	營業進款	營業用款	盈餘
金額	1,601,037.11	1,274,677.62	326,359.49
百分比例	100.00	79.61	20.39

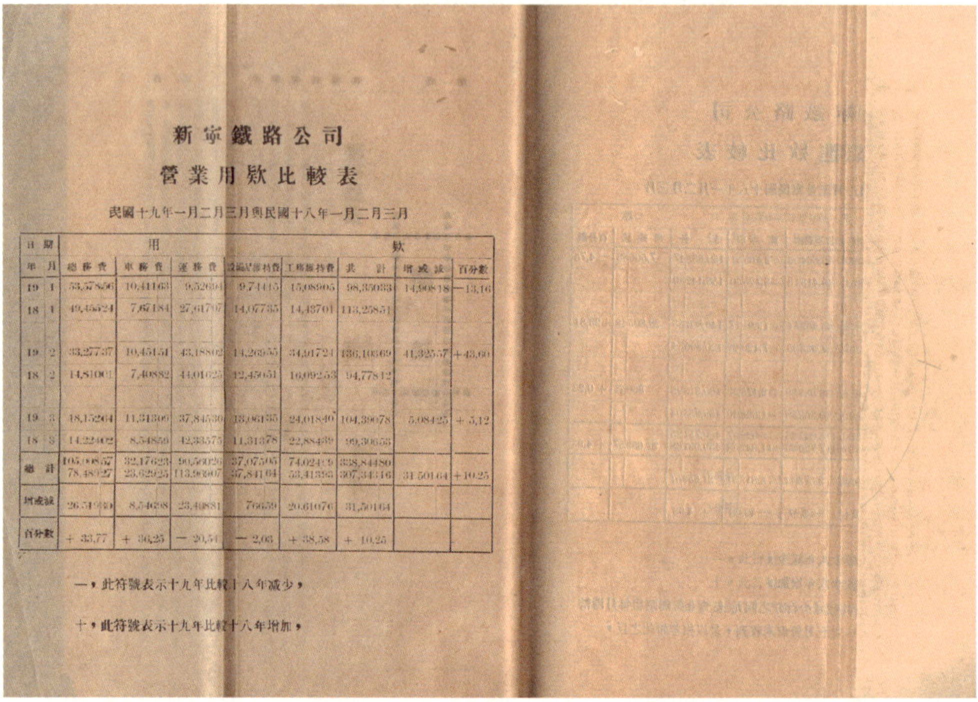

新寧鐵路公司

營業用欵比較表

民國十九年一月二月三月與民國十八年一月二月三月

日期		用					欵		
年	月	總務費	車務費	運務費	設備保存維持費	工務維持費	共計	增減該	百分數
19	1	53,57856	10,41163	9,52664	9,74415	15,08905	98,35033	14,90818	−13,16
18	1	49,45524	7,67184	27,61707	14,07735	14,43701	113,25851		
19	2	33,27737	10,45151	43,18802	14,26955	34,91724	136,10369	41,32557	+43,60
18	2	14,81001	7,40882	44,01625	12,45051	16,09253	94,77812		
19	3	48,15264	11,31306	37,84530	13,06135	24,01840	104,39078	5,08425	+5,12
18	3	14,22402	8,54859	42,33575	11,31378	22,88439	99,30653		
總計		105,00857 78,48927	32,17623 23,62925	90,56026 113,96907	37,07505 37,84164	74,02469 53,41393	338,84480 307,34316	31,50164	+10,25
增減該		26,51930	8,54698	23,40881	76659	20,61076	31,50164		
百分數		+33,77	+36,25	−20,54	−2,03	+38,58	+10,25		

一，此符號表示十九年比較十八年減少，

十，此符號表示十九年比較十八年增加，

1931 年新宁铁路民国二十年度会计年报

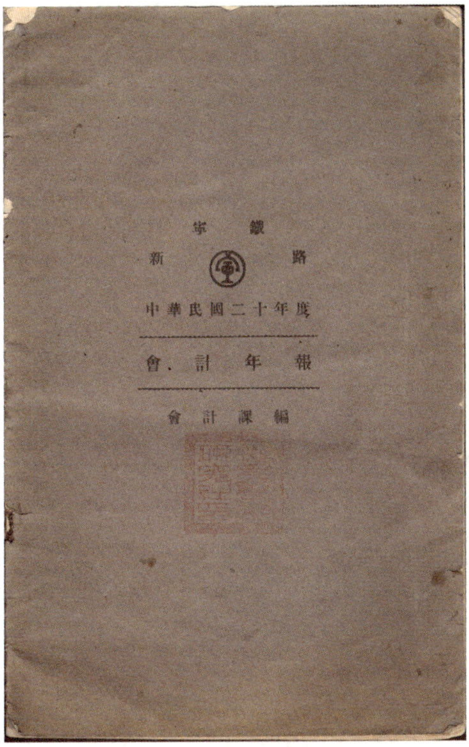

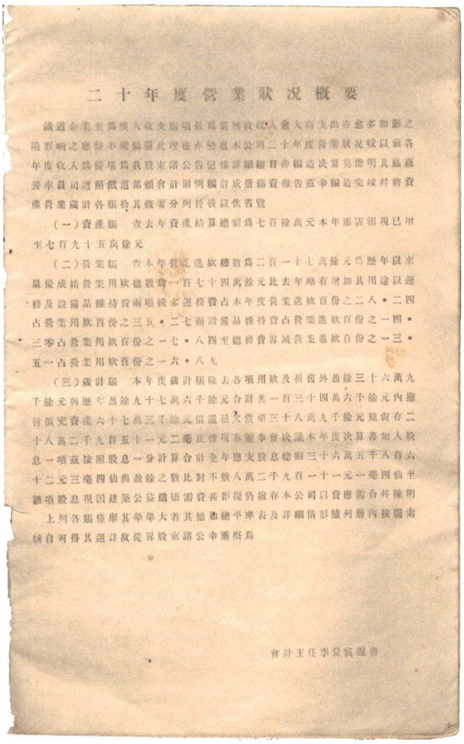

二十年度營業狀況概要

鐵道企業主爲收入收支賬項最爲繁博故收入愈大而支出亦愈多如影之隨形嚮之應聲不爽錙銖此理也亦勢也本公司二十年度營業狀況較以前各年度收入爲優堪爲我股東諸公告慰惟詳細細目非編造決算莫能明其底蘊爰率員司遵照鐵道部頒會計則例編訂成冊爲資報告茲率編造完竣并將資產營業歲計各賬擇其概要分列於後以供省覽

（一）資產賬　查去年資產結算總額爲七百餘萬元本年添置額現已增至七百九十五萬餘元

（二）營業賬　查本年營業進款總數爲二百一十七萬餘元爲歷年以來最優成績營業用款總數爲一百七十四萬餘元比去年略有增加其用途以運務及設備品維持費兩項較多運務費占本年度營業進款百份之二八・二四占營業用款百份之三五・二七而設備品維持費占營業進款百份之一四・三零占營業用款百份之一七・八四至總務費略減營業進款百份之一三・五一占營業用款百份之一六・八九

（三）歲計賬　本年度歲計賬除去各項用款及折舊外盈餘三十六萬九千餘元與歷年盈餘九十七萬六千餘元合計共一百三十四萬六千餘元內撥付擴充資產六十七萬三千餘元償還借欠營項三十八萬九千餘元原尚存二十八萬二千九百五十一元二毫正惟現奉董事會決議本年度決算書加入股息一項茲按照股息一分計算合計全年應支股息總額三十六萬五千八百六十二元三毫四仙與盈餘之數比對不敷八萬二千九百一十一元一毫四仙于該項股息現因建築公益鐵橋需費甚鉅擬仍撥存本公司以資應需合并陳明

上列各賬僅舉其犖犖大者其他如總平準表及詳細情形臚列冊內按圖索驥自可得其選詳故從略股東諸公幸鑒察焉

會計主任李[illegible]謹書

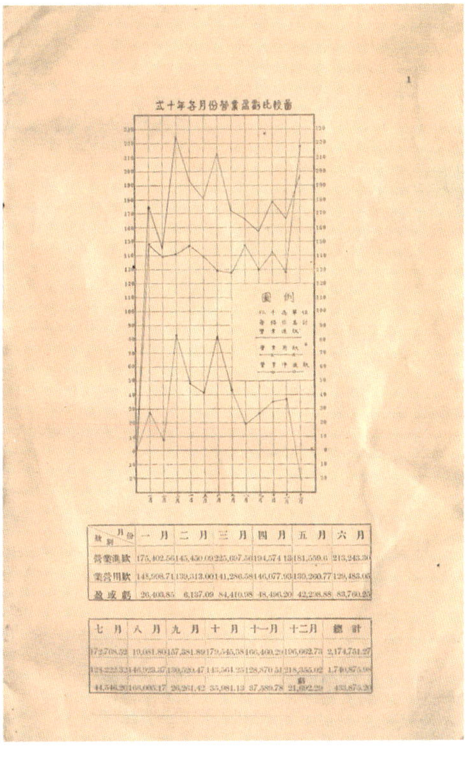

款別 / 月份	一月	二月	三月	四月	五月	六月
營業進款	175,402.56	145,430.09	225,697.56	194,574.13	181,559.6	213,243.30
營業用款	148,998.71	139,313.00	141,286.58	146,077.93	139,260.77	129,483.06
盈或虧	26,403.85	6,137.09	84,410.98	48,496.20	42,298.88	83,760.25

七月	八月	九月	十月	十一月	十二月	總計
172,708.52	10,081.80	157,581.89	179,545.58	166,460.29	196,062.73	2,174,751.27
128,222.32	146,929.37	130,520.47	143,564.25	128,870.51	218,355.02	1,740,875.98
44,546.20	168,005.17	26,261.42	35,981.13	37,589.78	虧 21,692.29	433,875.29

1933 年新宁铁路民国二十二年度会计统计年报

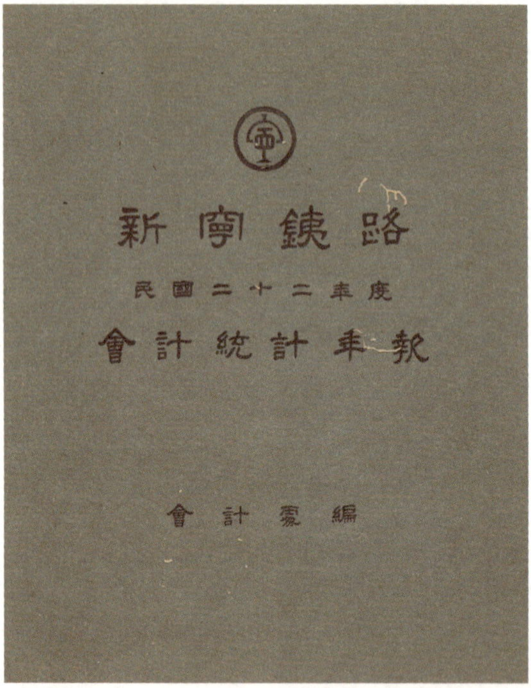

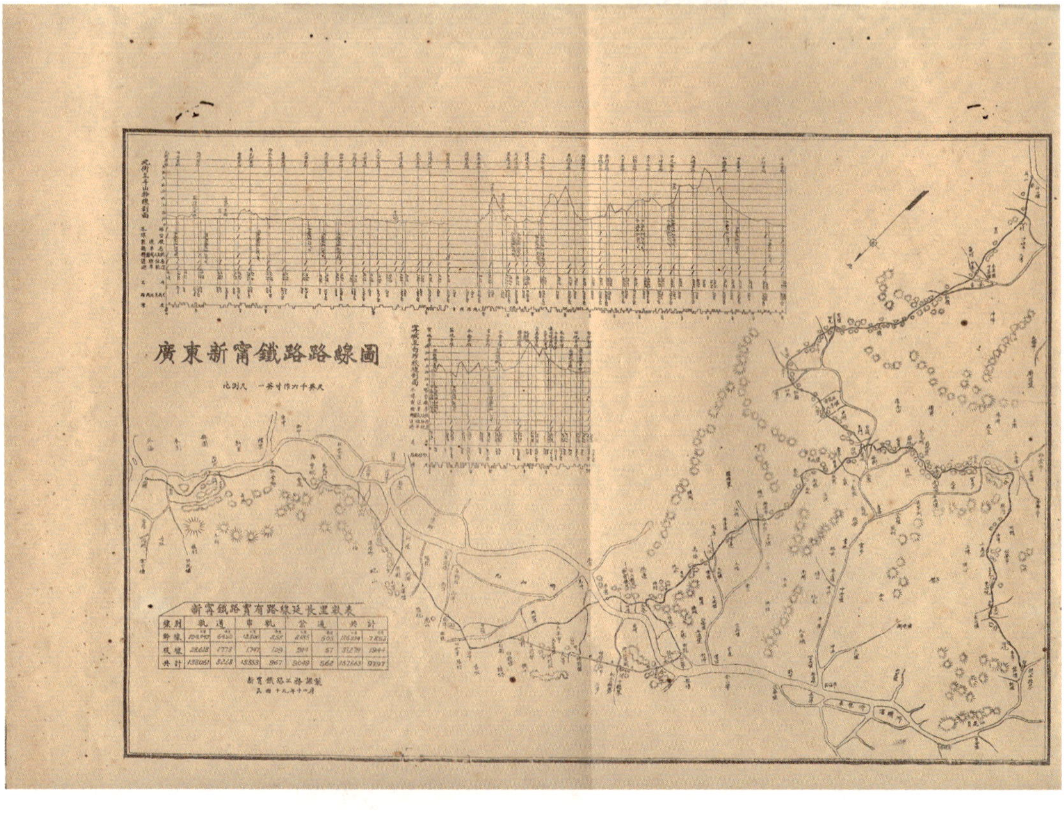

公益橋第一度安竣時攝影

新寧鐵路史畧

（新寧原係縣名即今台山）

溯本路建築之起因，原以新寧縣境之中部，爲王蛇腰蜂腰口諸山所橫亘，使北部荻海之水，不能與南部三峽海溝通，（明代陶魯議鑿蜂腰口引荻海之水南流入三峽海因工鉅未就）航途梗塞，感交通之不便，外埠邑僑，與內地紳商，建議吸集游資，敷設鉄路，貫通全邑，以利交通，乃於新甯縣城設鉄路股份有限公司，並因地命名曰新甯，聲明不收洋股，不借洋欵，不用洋工，同時測定路線，計劃進行，由光緒三十二年二月二十二日奉准政府，開始建築，其時羣情踴躍，大欵一呼立集，工程迅速，僅閱三載，而由新寧之斗山經寧城至公益，縱貫新寧縣境南北之一段，已告竣工，於宣統元年三月初一日通車，嗣是而由公益展築至新會城一段，於民國元年三月初六日通車，由新會城經江門至北街一段，於民國六年三月二十三日通車，又議築西南枝線，由甯城車站直達陽江縣城，以欵項不足，僅築至甯開交界之白沙墟而止，於民國九年五月十二日通車，而新甯之交通便矣。

路線：由斗山至公益又至新會之江門北街，共一百零四公里四四三，由甯城至白沙之枝路，共二十八公里六一八，其開站內軌道及岔道共二十五公里六一二，合計全路一百五十八公里六七三。

資本：第一次由美洲招股二百萬両，內地七十萬両，第二次展築北街一段，招股五十萬元，第三次展築白沙枝路，招股三十萬元，合計實收股本三百六十七萬六千二百八十二元九角壹仙，並先後向商行息借二百萬元，以充建設之用。

車輛：建築之初，向德國購大機車三輛，美國購大機車九輛，小機車四輛，本路工廠自造小機車二輛，又購入頭等坐車八輛，二等坐車八輛，三等坐車三十輛，有蓋貨車四十七輛，無蓋天平車四十三輛，無蓋鐵欄貨車二十七輛，垷車五十四輛，手搖車五十輛，初時運輸上僅有此數，然尚敷調遣之用。

建築費：第一段斗山至公益，用去二百五十餘萬元，第二段公益至北街，用去二百二十餘萬元，第三段甯城至白沙，用去一百二十餘萬元，統計建築費約六百萬元，除建築外，購機車車輛機件等項，約一百萬元，其時資產全部統計達七百萬元，前日所借商欵，陸續由利項下提撥償還，負債部分，惟股本三百六十餘萬元，與應付未付帳百餘萬元而已，故於民國九年全路通車時，資產負債相較，頗有盈餘，成績甚爲可觀。

— 1 —

本路籌辦伊始，公推華僑陳宜禧爲總辦，邑紳余灼爲協理，旋余灼物故，由陳總辦一手專管，並自任工程師機器師，以忠實忍毅，爲衆所稱，乃西南枝路工竣，董事局提議於總公司之前，爲之鑄像紀念，勒石紀功，時陳總辦尚生存，然年已期頤，暮氣深矣。

本路係商辦性質，開辦十年，董事局仍未成立，至民國四年，美洲華僑推舉多人回國，組織董事局，乃擬具章程，呈奉交通部備案，始由股東正式選舉董事監察，負路務完全責任。

至以路務言，民國十六年以前，公司內部員司，向乏有系統之組織，僅如舊式商店，略分職務而已，故諸事多叢脞不舉，加以自民國九年以還，連年兵亂迭起，其時搭客，每藉軍政機關公務往來爲口實，無票乘車者，常居多數，雖有禁令，曾不稍戢，影響車利損失甚鉅，以至日中所入，不敷所出，對於運輸無力補充，軌枕無法抽換，脫軌壞車之事，時有所聞，其時今立法院長孫科爲廣東建設廳長，洞悉此中情況，卽於民國十六年二月二十一日派員駐路整理，除舊佈新，氣象爲之一振，整理完畢，隨於十七年十月招集股東大會，選舉第六屆董事監察，從新成立董事會，於十八年一月二十日由整理委員將路務交回董事會負責辦理，迄今數載，路務蒸蒸爲日有起色，車利收入，歲有增進，機車車輛之增置，路線之改良，公益鐵橋之建築，着着進行，將來全部計劃完成，客貨運輸，暢行無阻，其發展誠有未可限量者。

第自民二十一年以後，世界各國經濟恐慌，影響所至，外而華僑破產歸來，內而農村經濟不景，本路收入因而銳減，於是汲汲焉惟開源節流是務，從前所定之建設改良計劃，以財力短絀故，爲之濡延，復大舉裁員，減薪，以事撙節，此爲最近路史之重要紀錄，亦路政上之創舉也。

— 2 —

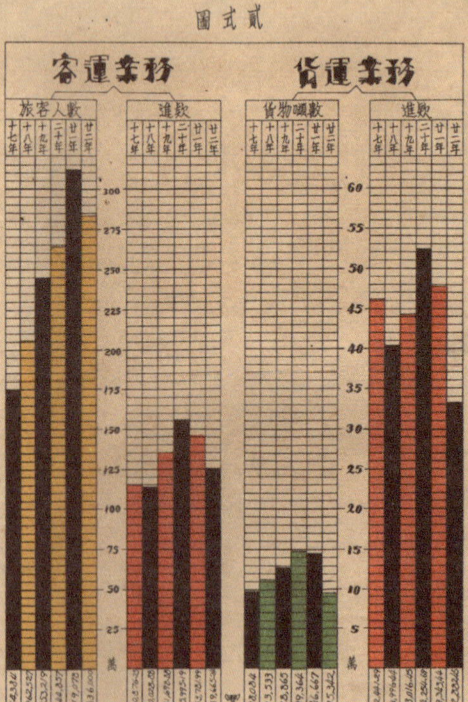

1934 年新宁铁路廿三年度会计统计年报简编　罗达全藏

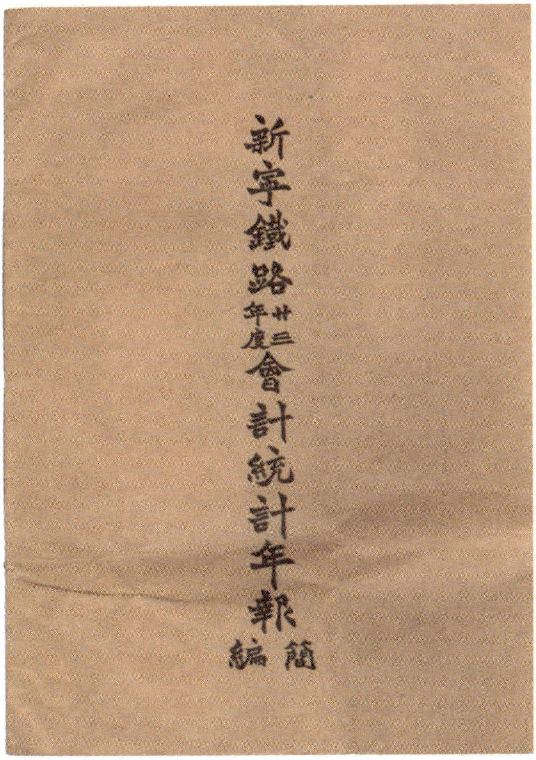
新寧鐵路廿三年度會計統計年報簡編

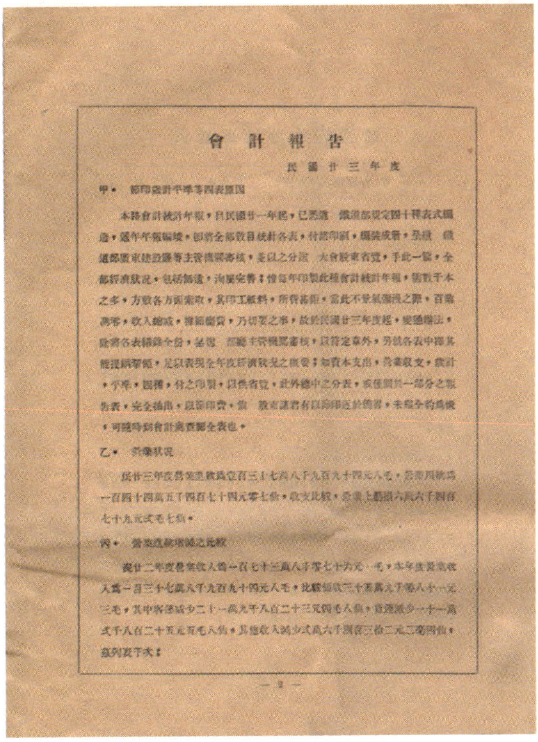
會計報告

民國廿三年度

甲、 部印統計不準等四表原因

本路會計統計年報，自民國廿一年起，已悉遵 鐵道部規定四十種表式編造，歷年年報編竣，即將全部數目統計各表，付諸印刷，編裝成冊，呈報 鐵道部暨東北政務等主管機關審核，並以之分送 大會股東省覽，于此一冊，全部經濟狀況，包括無遺，洵屬完善；惟每年印製此種會計統計年報，需數千本之多，方敷各方面索取，其印工紙料，所費甚鉅，當此不景氣彌漫之際，百業凋零，收入銳減，撙節糜費，乃切要之事，故於民國廿三年度起，變通辦法，除將各表繕錄全份，呈報 部暨主管機關審核，以符定章外，另就各表中擇其能提綱挈領，足以表現全年度經濟狀況之概要；如資本支出，營業收支，統計，不準，四種，付之印製，以供省覽，此外總中之分表，或僅關於一部分之報告表，完全抽出，以節印費，倘 股東諸君有以詳細查核為需，未經全行為繕，可隨時到會計處查閱全表也。

乙、 營業狀況

民廿三年度營業進款為壹百三十七萬八千九百九十四元八毛，營業用款為一百四十四萬五千四百七十四元零七仙，收支比較，營業上虧損六萬六千四百七十九元貳毛七仙。

丙、 營業進款增減之比較

民廿二年度營業收入為一百七十三萬八千零七十六元一毛，本年度營業收入為一百三十七萬八千九百九十四元八毛，比較短收三十五萬九千零八十一元三毛，其中客運減少二十一萬九千八百二十三元四毛八仙，貨運減少一十一萬貳千八百二十五元五毛八仙，其他收入減少貳萬六千四百三拾二元二毛四仙，茲列表于次：

— 2 —

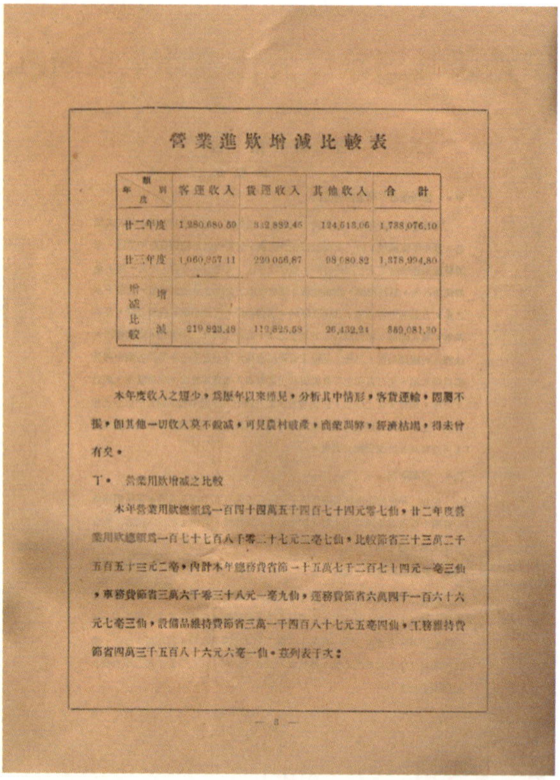

營業進欵增減比較表

類別 / 年度		客運收入	貨運收入	其他收入	合計
廿二年度		1,280,680.59	332,882.45	124,513.06	1,738,076.10
廿三年度		1,060,857.11	220,056.87	98,080.82	1,378,994.80
增減比較	增				
	減	219,823.48	112,825.58	26,432.24	359,081.30

本年度收入之短少，為歷年以來僅見，分析其中情形，客貨運輸，固屬不振，但其他一切收入莫不銳減，可見農村破產，商業凋弊，經濟枯竭，得未曾有矣。

丁。 營業用欵增減之比較

本年營業用欵總額為一百四十四萬五千四百七十四元零七仙，廿二年度營業用欵總額為一百七十七百八千零二十七元二毫七仙，比較節省三十三萬二千五百五十三元二毫，內計本年總務費省節一十五萬七千二百七十四元一毫三仙，車務費節省三萬六千零三十八元一毫九仙，運務費節省六萬四千一百六十六元七毫三仙，設備品維持費節省三萬一千四百八十七元五毫四仙，工務維持費節省四萬三千五百八十六元六毫一仙。茲列表于次：

— 8 —

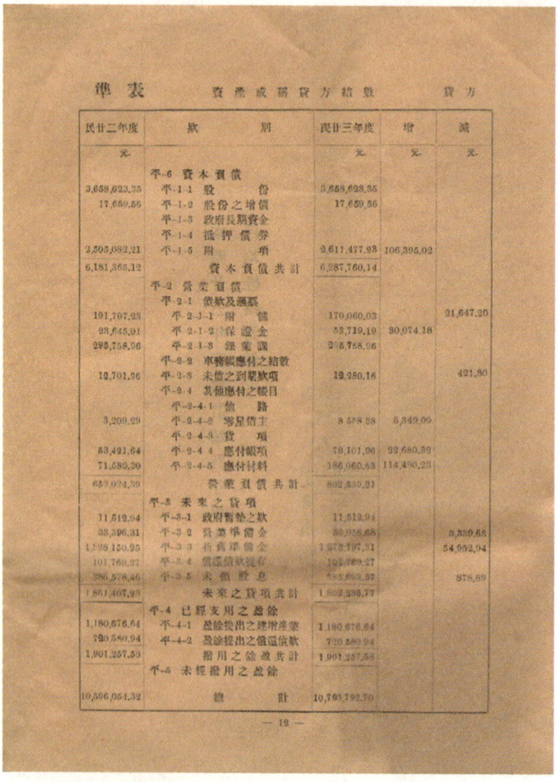

準表　　資產成稱貸方結數　　貸方

民廿二年度	欵別	民廿三年度	增	減
元		元	元	元
	平-6 資本負債			
3,658,623.35	平-1-1 股份	3,658,623.35		
17,659.56	平-1-2 股份之增價	17,659.56		
	平-1-3 政府長期資金			
	平-1-4 抵押債劵			
2,505,082.21	平-1-5 附項	2,611,477.23	106,395.02	
6,181,365.12	資本負債共計	6,287,760.14		
	平-2 營業負債			
	平-2-1 借欵及滙票			
191,707.23	平-2-1-1 附借	170,060.03		21,647.20
23,645.01	平-2-1-2 保證金	53,719.19	30,074.18	
295,758.96	平-2-1-3 鐵業課	2[illegible]5,758.96		
	平-2-2 車務賬應付之結數			
12,701.96	平-2-3 未償之到期欵項	12,280.16		421.80
	平-2-4 其他應付之賬目			
	平-2-4-1 他路			
3,209.29	平-2-4-2 零星借主	8,558.38	5,349.09	
	平-2-4-3 貸項			
53,421.64	平-2-4-4 應付賬項	76,101.96	22,680.32	
71,580.30	平-2-4-5 應付材料	186,060.53	114,480.23	
652,024.30	營業負債共計	802,530.21		
	平-3 未來之貸項			
11,512.94	平-3-1 政府暫墊之欵	11,512.94		
33,396.31	平-3-2 營業準備金	[illegible]		3,339.68
1,[illegible]28,150.25	平-3-3 折舊準備金	1,273,197.31		54,952.94
101,760.27	平-3-4 償還借欵提存	101,760.27		
386,578.46	平-3-5 未派股息	[illegible]		378.59
1,861,407.25	未來之貸項共計	1,802,236.77		
	平-4 已經支用之盈餘			
1,180,676.64	平-4-1 盈餘撥出之建增產業	1,180,676.64		
720,580.94	平-4-2 盈餘撥出之償還債欵	720,580.94		
1,901,257.58	撥用之餘盈共計	1,901,257.58		
	平-5 未經撥用之盈餘			
10,596,054.32	總計	10,793,792.70		

— 12 —

1935 年新宁铁路廿四年度会计统计年报简编　罗达全藏

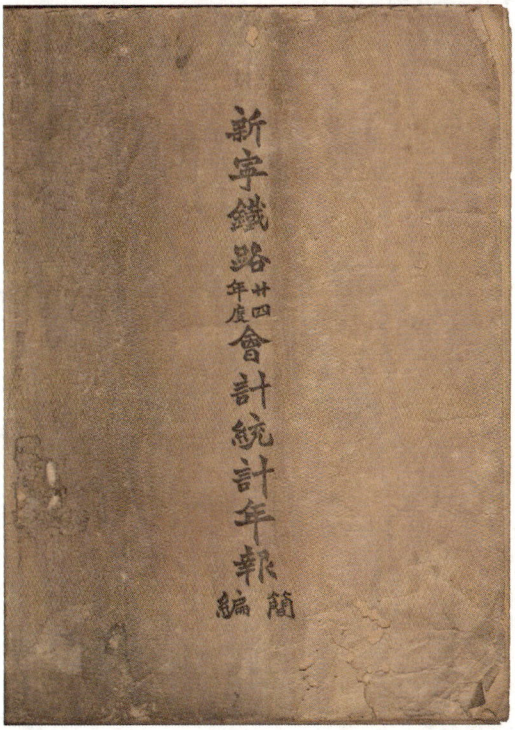

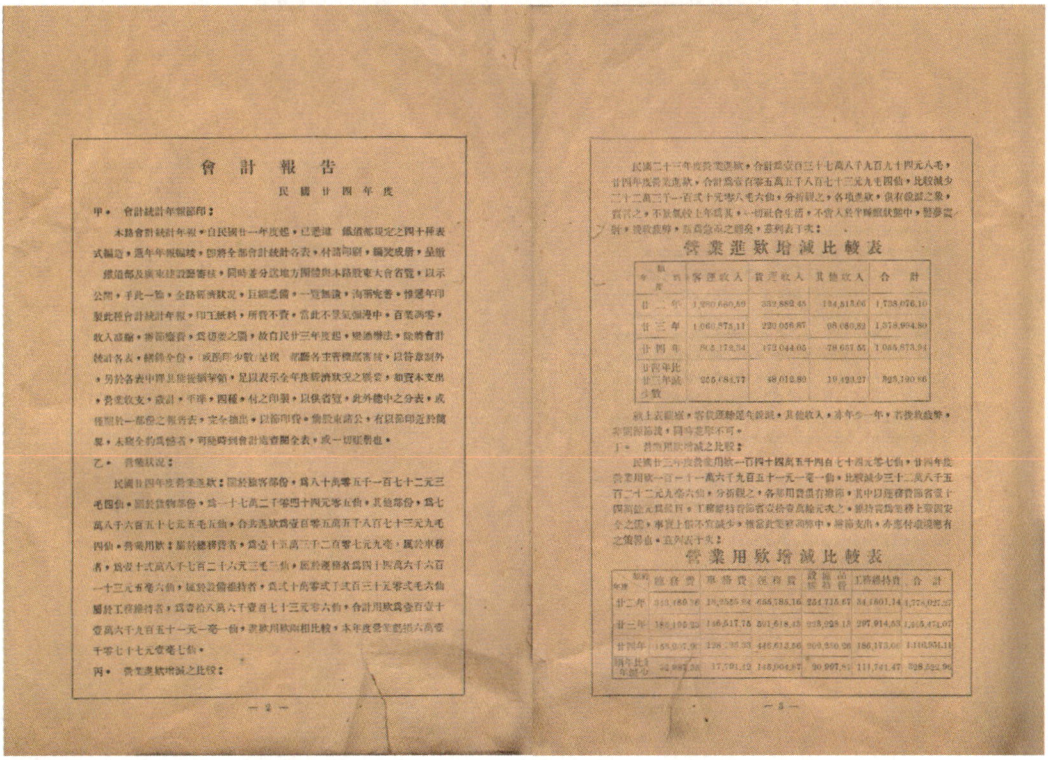

㈣

时刻表、票价表、乘车票、行李票、货运票

新宁铁路主干线直达车（不含台城至白沙西南支线），即北街至斗山共37个站，铁路的班次随着客货运的需求而调整变换。1928年铁路主干线公益至北街全程每天有4班次，斗山至公益有4班次，公益至北街有2班次，北街至会城有2班次，全天共有12班次，1931年新宁铁路主干线车次增至每天18班次。1928年西南支线每天有4班次，1931年西南支线增设有轨汽车4班次，每天共有8班次，并每逢宁城墟日增设2班有轨汽车来往宁城与三合之间，白沙墟日增设2班有轨汽车来往白沙至东心坑之间。斗山至北街主干线行车用时约7小时，宁城至白沙的西南支线用时约1小时45分。票价分成头等座、二等座、三等座等3个档次，斗山至北街主干线全程37个站的三等座票价为3元3毫，二等座为5元5分，头等座为6元8毫。1931年北街至新会城路段增设有轨汽车与特别客车两种，其中有轨汽车每天开出14班次，特别客车每天开出12班次，北街至会东车程为35分钟左右，江门至会东车程为20分钟左右。

新宁铁路客货兼营，从铁路的货运票上可见其营运方法之规范，凭货运票尾单提取货品，除了列明不运载违禁品外，更有限时拿货规定，超出时限需缴纳一定费用，如瞒报重量或超载罚5倍运费，并提醒生鲜货品需及早提取等。新宁铁路以客运为主，客运票分3个等级的档次，更有半价乘车证以及免费乘车票等。

江门五邑是著名的侨乡，华侨与侨眷众多，海内外资金流、人流、物流成为新宁铁路客货运的主要来源。新宁铁路虽适应了侨乡社会的消费需求，也带动了沿线墟镇的发展，但因过度依赖畸形的侨乡消费状况，本地没有发达的农副产品及工矿业等，且路线未能接通省内以及国内，故遭遇重重经营困难，铁路并没有带来更大的经济效益。

1928 年新宁铁路行车时刻并里数票价表

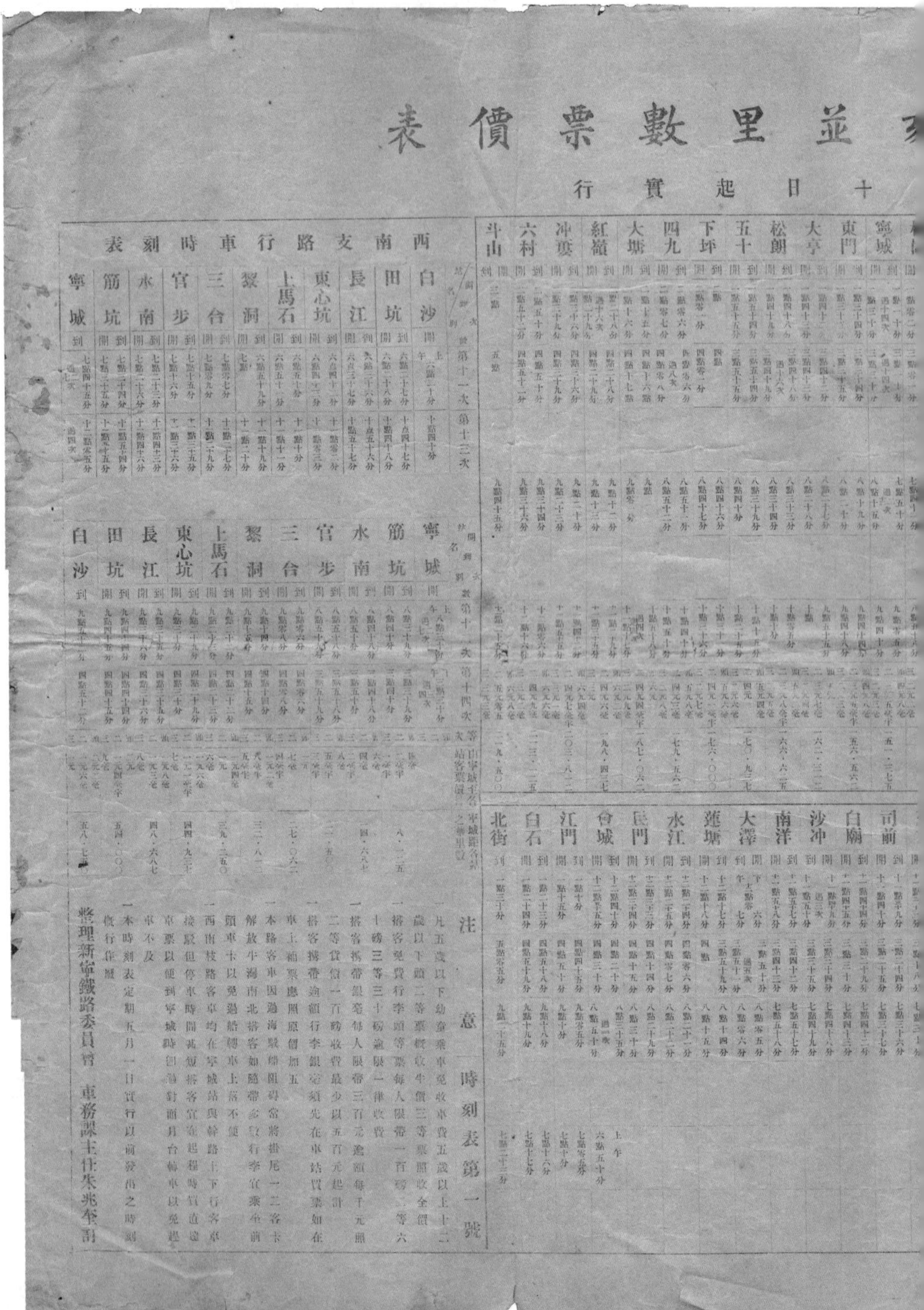

表價票數里並

十日起實行

西南支路行車時刻表

注意　時刻表第一號

一凡五歲以下幼童乘車免收車費五歲以上十二歲以下照二等票價收半價三等票照收全價

一搭客免費行李照頭等票每人限帶一百磅二等六十磅三等三十磅逾限一律收費

一搭客携帶銀毫每人限帶三百元逾額每千元照二等貨價一百磅收費最少以五百元起計

一搭客携帶逾額行李銀毫須先在車站買票如在車上補票應照原價加五

一本路客車因過海駁船阻碍常將掛尾一二客卡解放牛灣南北搭客如隨帶多數行李宜乘坐前頭車卡以免過船轉車上落不便

一西南枝路客車均在寧城站與幹路上下行客車接駁但停車時間甚短搭客宜查起程時間直達車票以便到寧城時迅過對面月台轉車以免趕車不及

一本時刻表定期五月一日實行以前發出之時刻價行作廢

整理新寧鐵路委員會　車務課主任朱兆奎訂

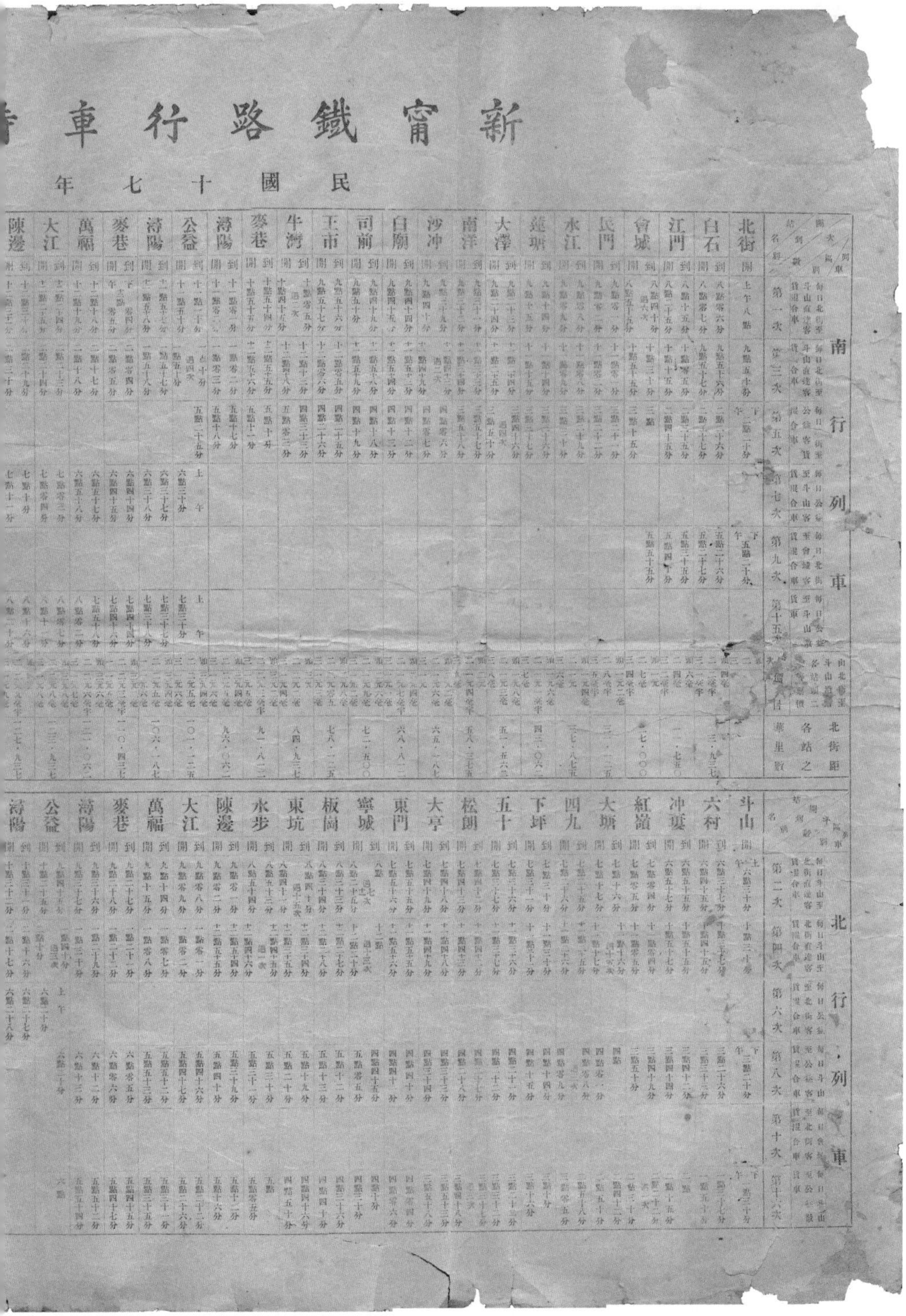

新甯鐵路行車時刻表

民國十七年

南行列車

站名	北街	白石	江門	會城	長門	水江	蓮塘	大澤	南洋	沙冲	白廟	司前	王市	牛灣	麥巷	潮陽	公益	潮陽	麥巷	萬福	大江	陳邊
北街距各站之華里數		三·九三七	一一·七五〇	一七·〇〇〇	三一·一二五	三七·八七五	四三·〇六二	五一·五六二	五八·三七五	六五·一八七	六八·八一二	七二·五〇〇	七八·一二五	八四·九三七	九一·八一二	九六·〇六二	一〇一·一二五	一〇六·一八七	一一〇·四三七	一一二·〇六二	一一三·九三七	一一七·九三七

北行列車

站名	斗山	六村	冲蔞	紅嶺	大塘	四九	下坪	五十	松朗	大亨	東門	寧城	板岡	東坑	水步	陳邊	大江	萬福	麥巷	潮陽	公益	潮陽

1931 年新宁铁路行车时刻表

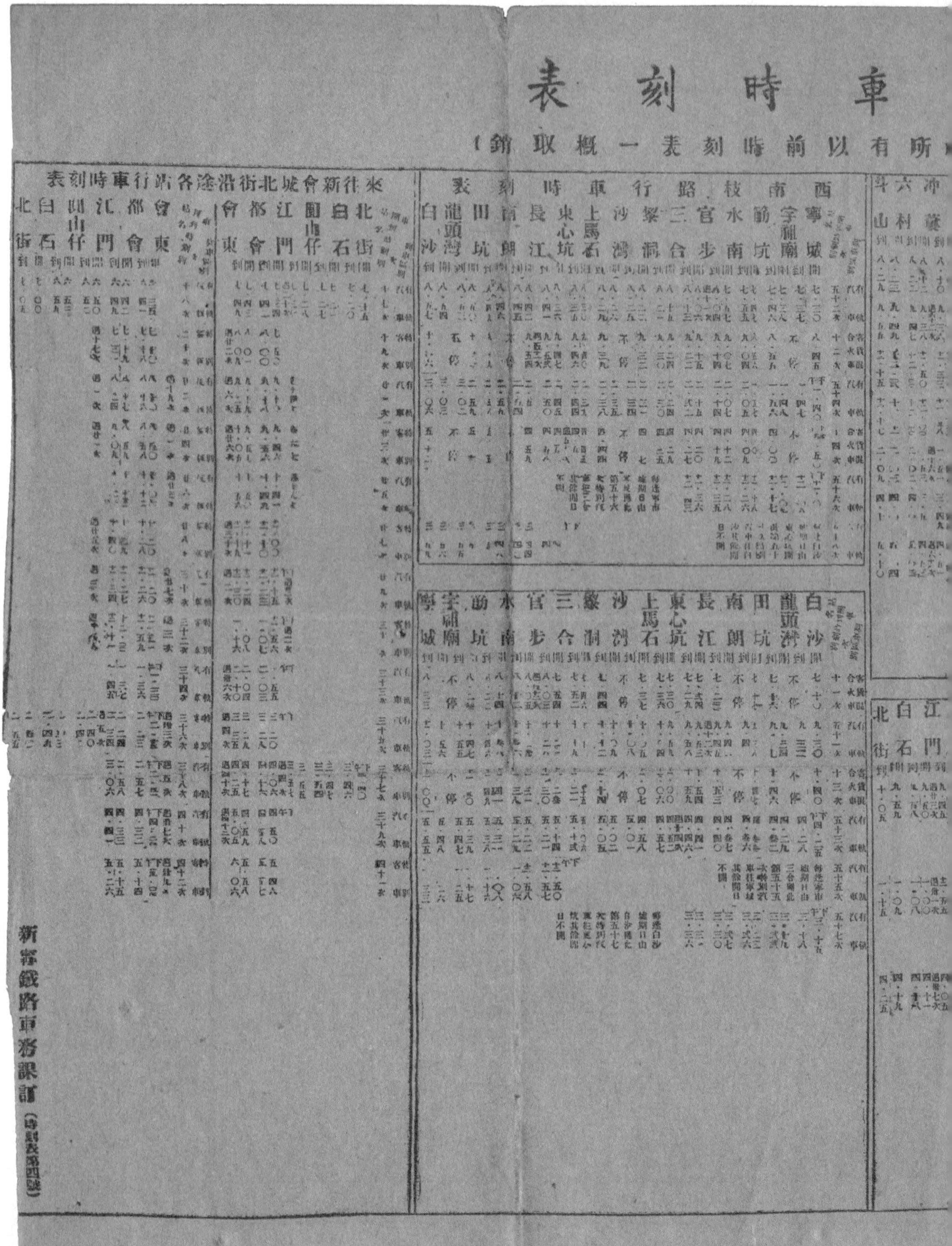

車時刻表

（所有以前時刻表一概取銷）

來往新會城北街沿途各站行車時刻表

西南枝路行車時刻表

新寧鐵路車務課訂（時刻表第四號）

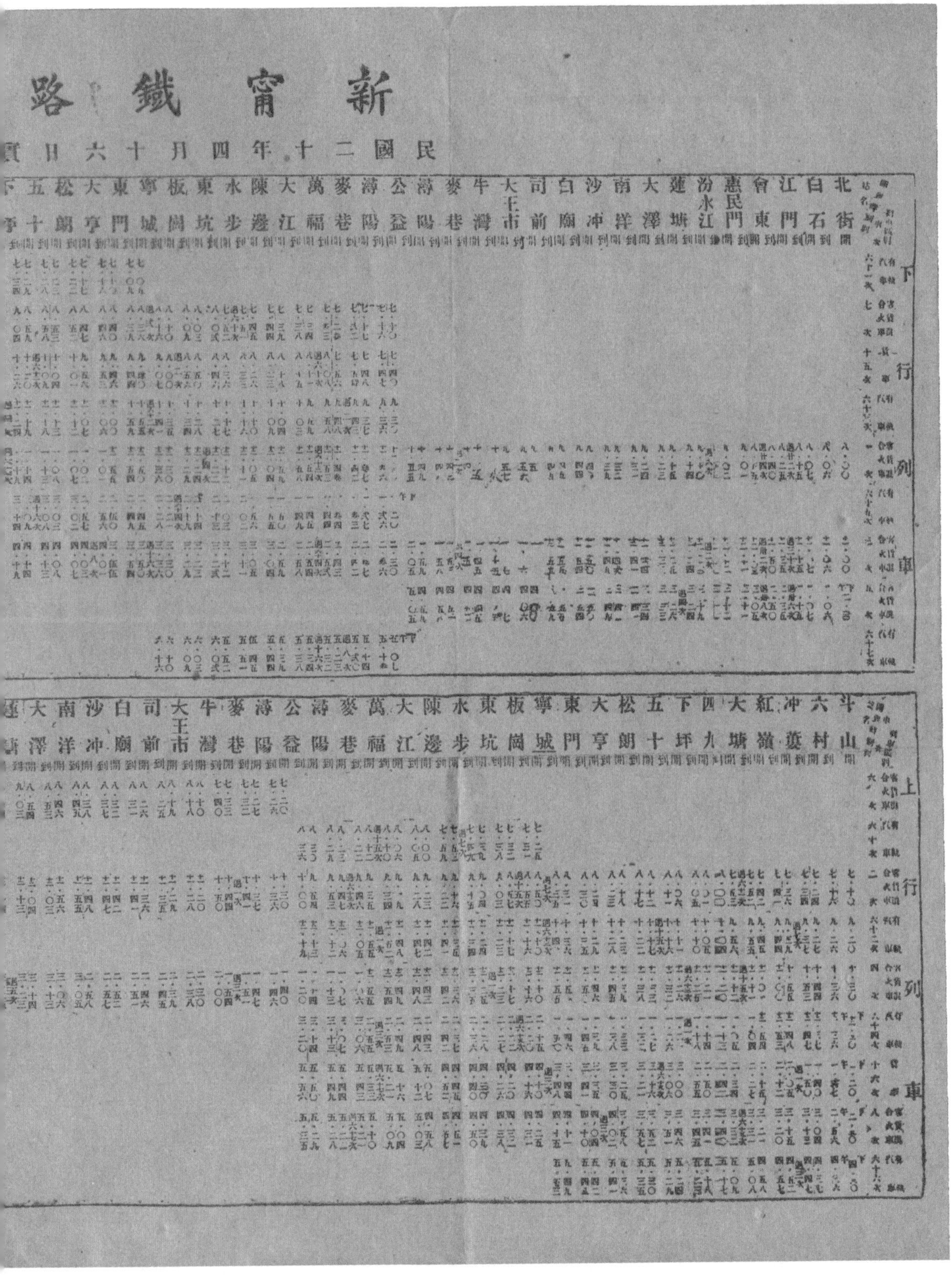

新甯鐵路

民國二十年四月十六日實

下行列車

北街 白石 江門 會東 惠門 汾江 蓮塘 大澤 南洋 沙冲 白廟 司前 大王市 牛灣 麥巷 潯陽 公益 潯陽 麥巷 萬福 大江 陳邊 水步 東坑 板崗 寧城 東門 大亭 松朗 五十 下坪

上行列車

斗山 六村 冲蔞 紅嶺 大塘 四九 下坪 五十 松朗 大亭 東門 寧城 板崗 東坑 水步 陳邊 大江 萬福 麥巷 潯陽 公益 潯陽 麥巷 牛灣 大王市 司前 白廟 沙冲 南洋 大澤 蓮塘

1931 年新宁铁路客票价目表

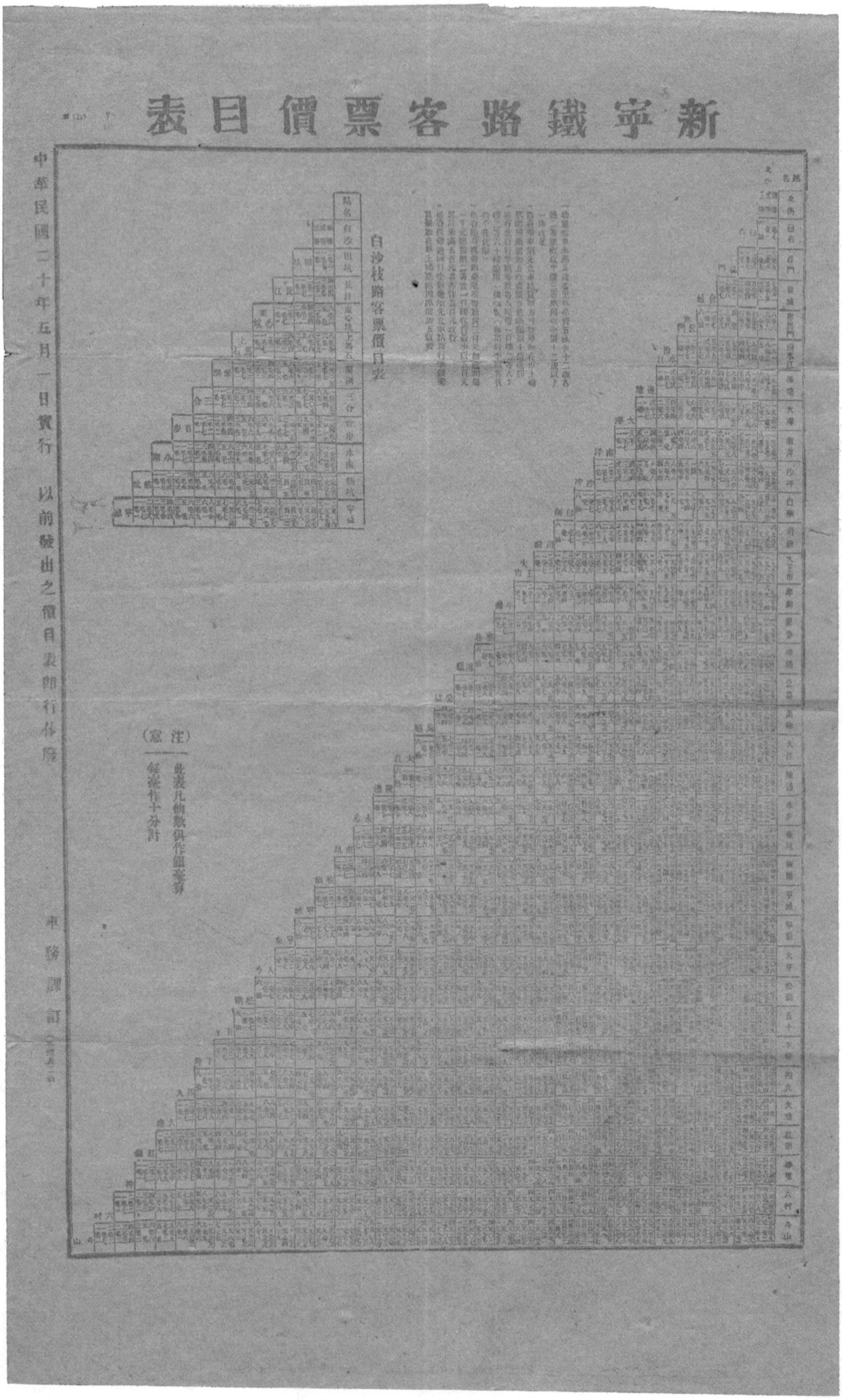

1909 年新宁铁路载货票

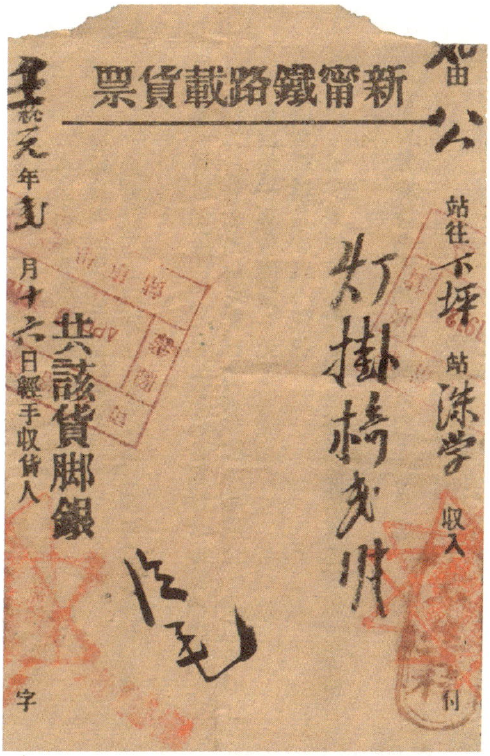
新甯鐵路載貨票

由　　公
站往　　站
收入
共該貨脚銀
宣統元年　　月十六日經手收貨人
字
付

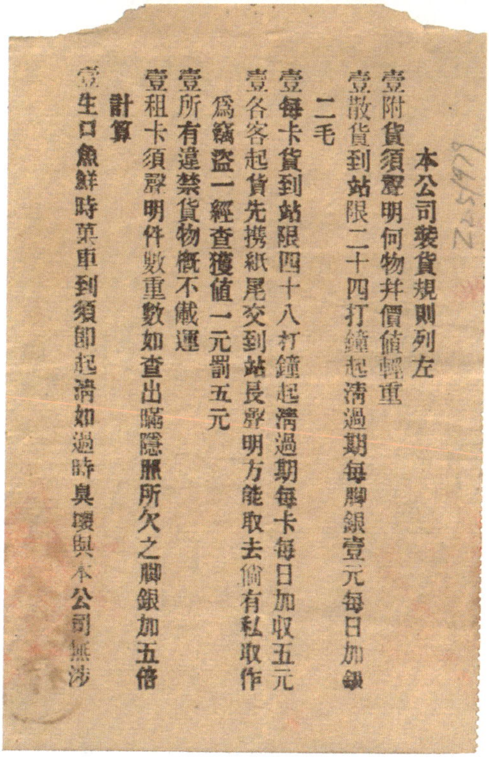
本公司裝貨規則列左

壹附貨須聲明何物并價值輕重

壹散貨到站限二十四打鐘起清過期每脚銀壹元每日加銀二毛

壹每卡貨到站限四十八打鐘起清過期每卡每日加收五元

壹各客起貨先携紙尾交到站長聲明方能取去倘有私取作爲竊盜一經查獲値一元罰五元

壹所有違禁貨物概不載運

壹租卡須聲明件數重數如查出瞞隱照所欠之脚銀加五倍計算

壹生口魚鮮時菓車到須即起清如過時臭壞與本公司無涉

1916 年新宁铁路运行李票（行李票编号 805）

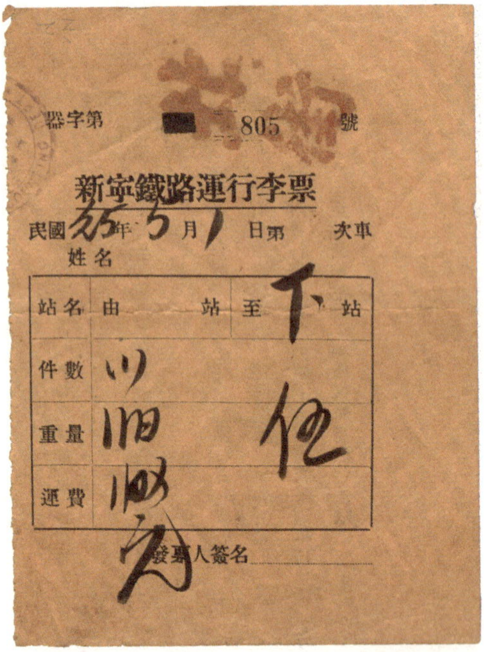
器字第 [redacted] 805 號

新寧鐵路運行李票

民國 年 月 日第 次車

姓名

站名	由	站 至	站
件數			
重量			
運費			

發票人簽名

1916 年新宁铁路运行李票（行李票编号 806）

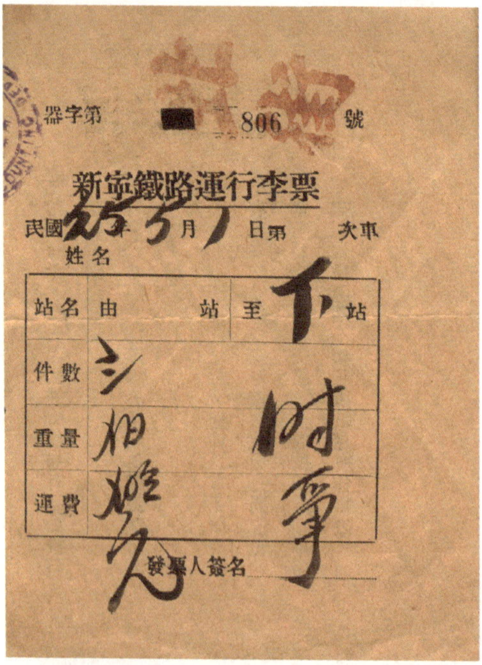
器字第 [redacted] 806 號

新寧鐵路運行李票

民國 年 月 日第 次車

姓名

站名	由	站 至	站
件數			
重量			
運費			

發票人簽名

1922 年周江的新宁铁路各乡巡城马搭车半价票

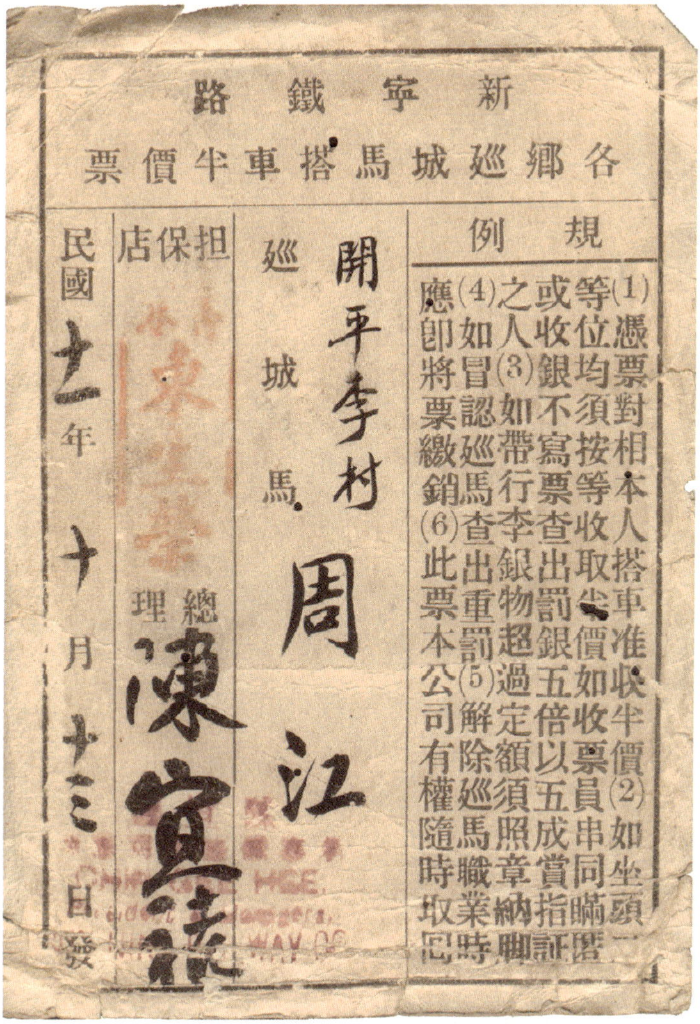
新寧鐵路
各鄉巡城馬搭車半價票
規例
(1)憑票對相本人搭車准收半價(2)如坐頭等位均須按等收取半價如收票員串同瞞匿或收銀不寫票查出罰銀五倍以五成賞指証之人(3)如帶行李銀物超過定額須照章納脚(4)如冒認巡馬查出重罰(5)解除巡馬職業時應即將票繳銷(6)此票本公司有權隨時取回
巡城馬 開平李村 周江
担保店
總理 陳宜
民國十一年十月十三日發

1923 年新宁铁路载货票

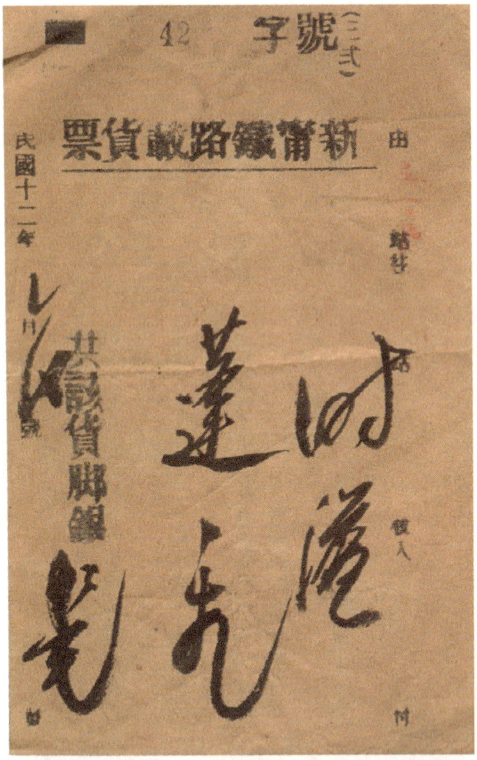

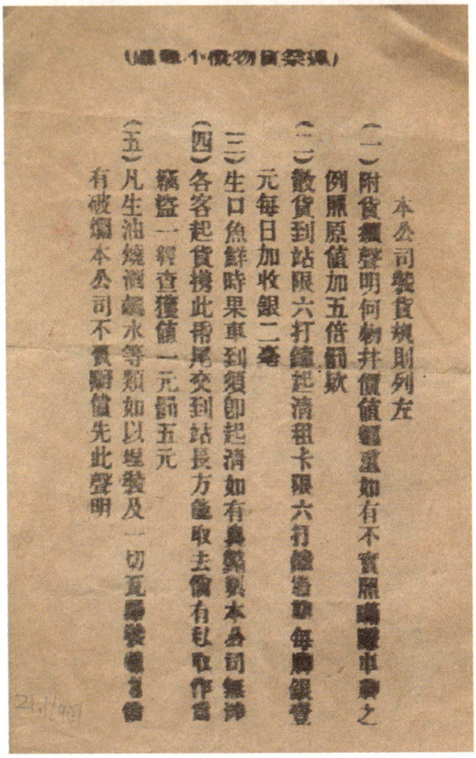

1928 年新宁铁路公司职工黄平的乘车凭证

民國拾七年九月廿日發給

錢字第352號

職別 打磨工人

姓名 黃平

21.7.1053

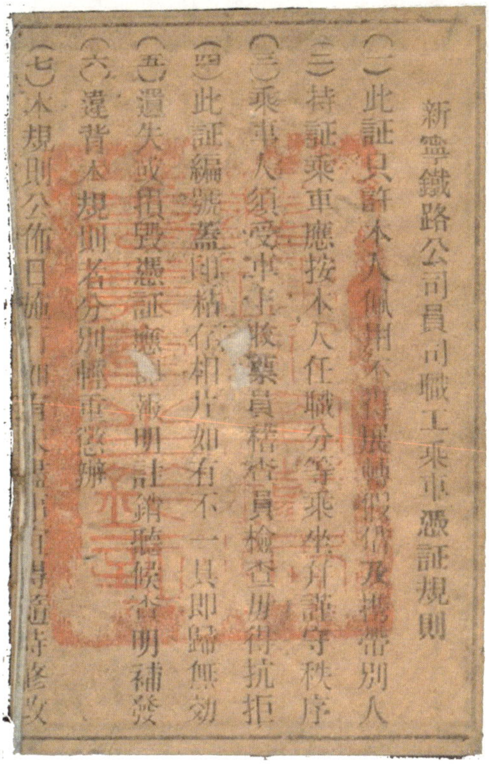

新寧鐵路公司員司職工乘車憑證規則

(一)此証只許本人佩用不得展轉假借及携帶別人

(二)持証乘車應按本人任職分等乘坐并謹守秩序

(三)乘車人須受車上查驗票員稽查員檢查毋得抗拒

(四)此証編號蓋印粘有相片如有不一具即歸無效

(五)遺失或損毀還証應即報明註銷聽候查明補發

(六)違背本規則者分別輕重從辦

(七)本規則公佈日施行如有未盡事宜得隨時修改

1928 年雷学的新宁铁路选举第六届董事股东验股簿乘车免票券

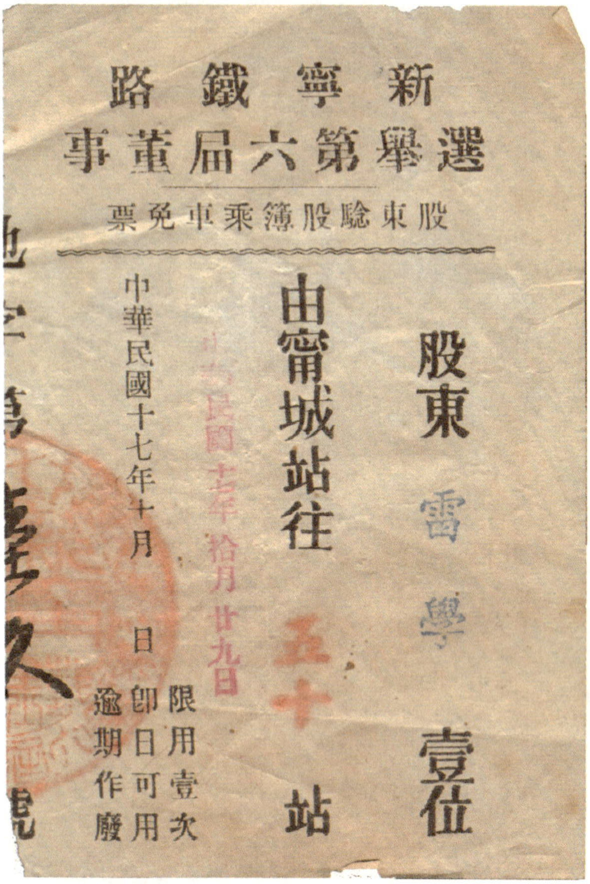
新寧鐵路
選舉第六屆董事
股東驗股簿乘車免票
股東雷學壹位
由甯城站往五十站
中華民國十七年十月 日
民國十七年拾月廿九日
限用壹次
即日可用
逾期作廢

1933 年新宁铁路二等运货票（编号 331）

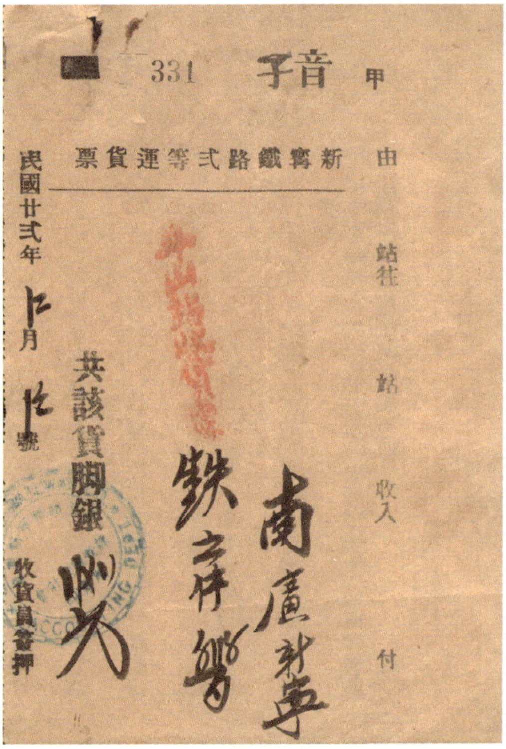
甲 音字 331

新寧鐵路弍等運貨票

由　　站往　　站　收入　　付

共該貨脚銀

民國廿弍年　月　號

收貨員簽押

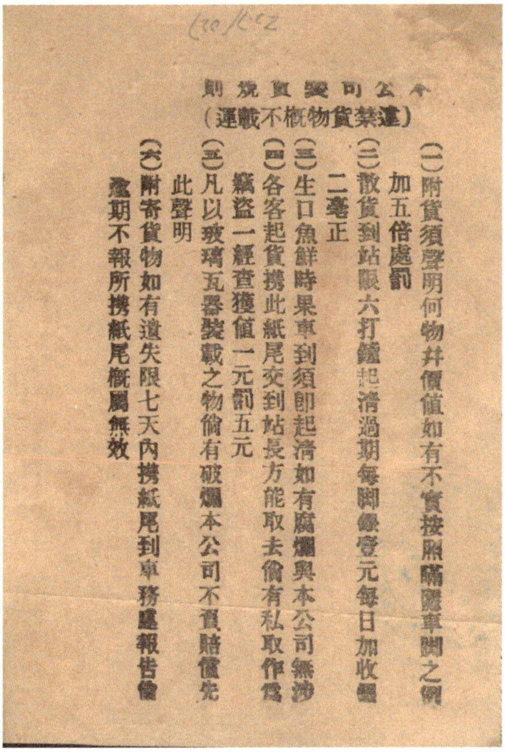
本公司裝貨規則

（違禁貨物概不載運）

(一)附貨須聲明何物并價值如有不實按照[illegible]車脚之例加五倍處罰

(二)散貨到站限六打鐘起清過期每脚銀壹元每日加收銀二毫正

(三)生口魚鮮時果車到須即起清如有腐爛與本公司無涉

(四)各客起貨携此紙尾交到站長方能取去倘有私取作為竊盜一經查獲值一元罰五元

(五)凡以玻璃瓦器裝載之物倘有破爛本公司不負賠償先此聲明

(六)附寄貨物如有遺失限七天內携紙尾到車務處報告倘逾期不報所携紙尾概屬無效

1933 年新宁铁路二等运货票（编号 380）

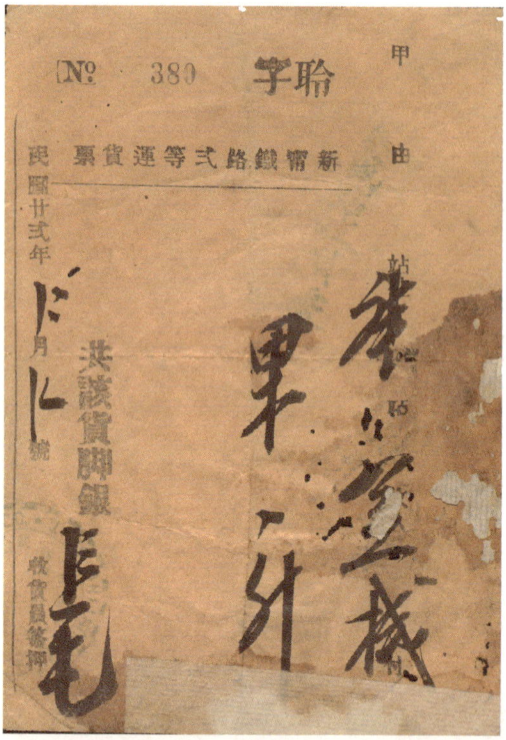

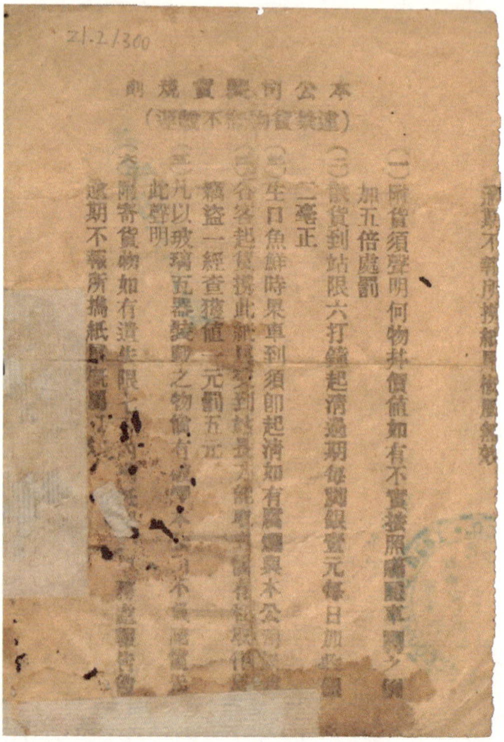

1935 年马潮滁的新宁铁路头等免费证

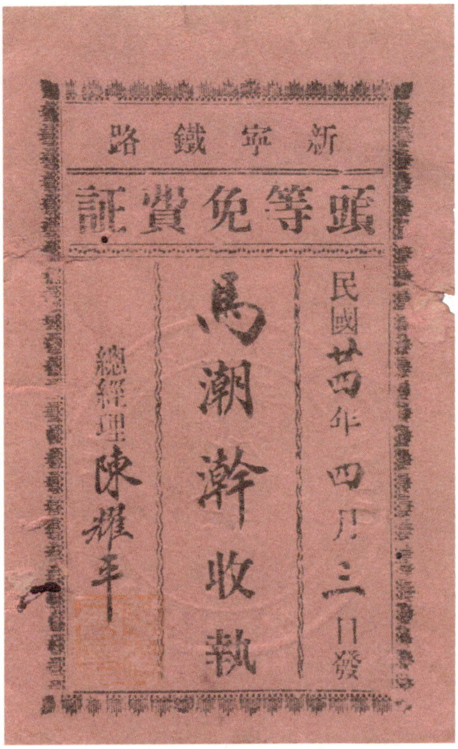

新宁铁路押货人乘车三等票

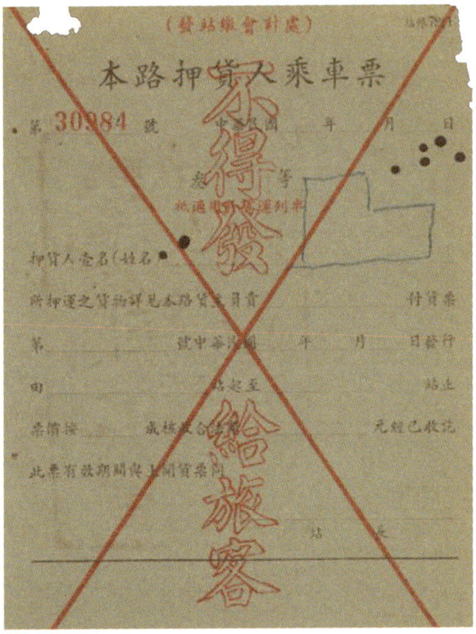

新宁铁路押货人乘车票（空白）

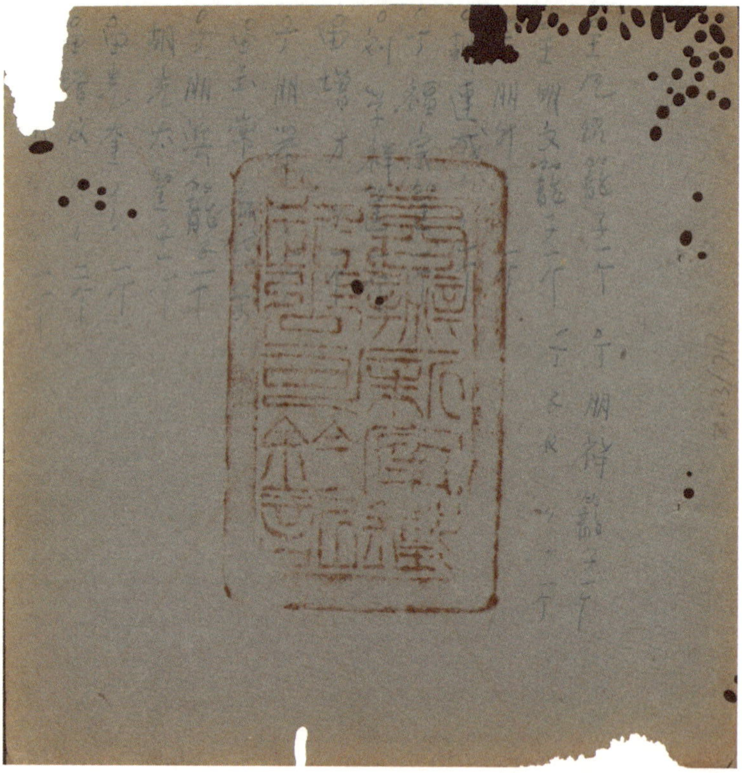

㊄ 信函、金融票证及其他

新宁铁路运营期间虽历经重重困难，却没有停止展筑路线及扩建铁路相关设施等建设项目，如铁路公司偿清第二期工程债务后便开展募集资金展筑第三期工程，但因筹集海外资金已显困难，第三期工程主要发动沿线村民集股，此举虽能较快募集建路资金，却激化了本来已存在的宗族间的路线之争，潮境墟的黄氏宗族上书主管部门控告新宁铁路与白沙的马氏宗族另订合约，不满铁路取消本来经过潮境墟的路线，后经多番周旋协商决定修筑由长江站至潮境墟长约 4 千米的直达支线才得以平息。

全线通车后，新宁铁路倡建人陈宜禧始终坚持发展铁路以振兴乡邦的初心，提出多个建设计划：展筑阳江支路，筹建铜鼓商埠，建设台山水力发电站，开发台山温泉，修建火车铁桥，开创铁路银行等，计划以实业救国发展民族经济。然而自 1924 年起，在军阀暗夺、土匪明抢的多方因素下，新宁铁路公司财政状况不断恶化，陈宜禧寄望借债展筑阳江、铜鼓支线增加车路收入以改善经营状况，于 1925 年曾筹备成立银业公司以募集展筑股金，可惜筹款计划再一次失败，陈宜禧将私人房屋店铺变卖，得 16 万元全数投入公司以资周转，但也难以解决公司困难，后又遭遇债务人催还款项、工会风潮、工人罢工等，陈宜禧更被诬告违法溺职。1926 年 11 月，国民广东省政府以“工潮迭起”为由，成立“新宁铁路整理委员会”接管陈宜禧总理和董事局权力，引起广大股东的强烈反对，股东们成立“台山各界暨股东维持宁阳铁路请愿团”等多个请愿团体并联合海内外各界热心人士向国民广东省政府请求收回成命，但无奈请愿不被采纳，“新宁铁路整理委员会”接管新宁铁路两年多后，于 1929 年交回新董事会接办。新宁铁路收回商办后进行了一些大胆的尝试，如为拓展建路资金而成立了新宁铁路公司会计科银业股，并尝试发行定期付款单、开展一年期与两年期的储蓄业务。1933 年发行的新宁铁路凭票，主要用作缓解因豪银现款提取不便而导致的延误乘客行程及铁路公司薪金发放之困，然而 4 个月后新宁铁路凭票被当局政府下令禁止发行。新宁铁路凭票虽只发行短短数月，可这接近 33 万元的发行额度证明了凭票的信用度颇高，获得民众较高的信任与青睐。虽然新宁铁路定期付款单与凭票的发行结果并不理想，但其是铁路公司对拓展资金与运营发展的大胆尝试，见证了侨乡民众为自强、求富而奋斗的历史。

1918 年香港马金紫堂发给台山马姓族人请求其配合新宁铁路支线建设的信函

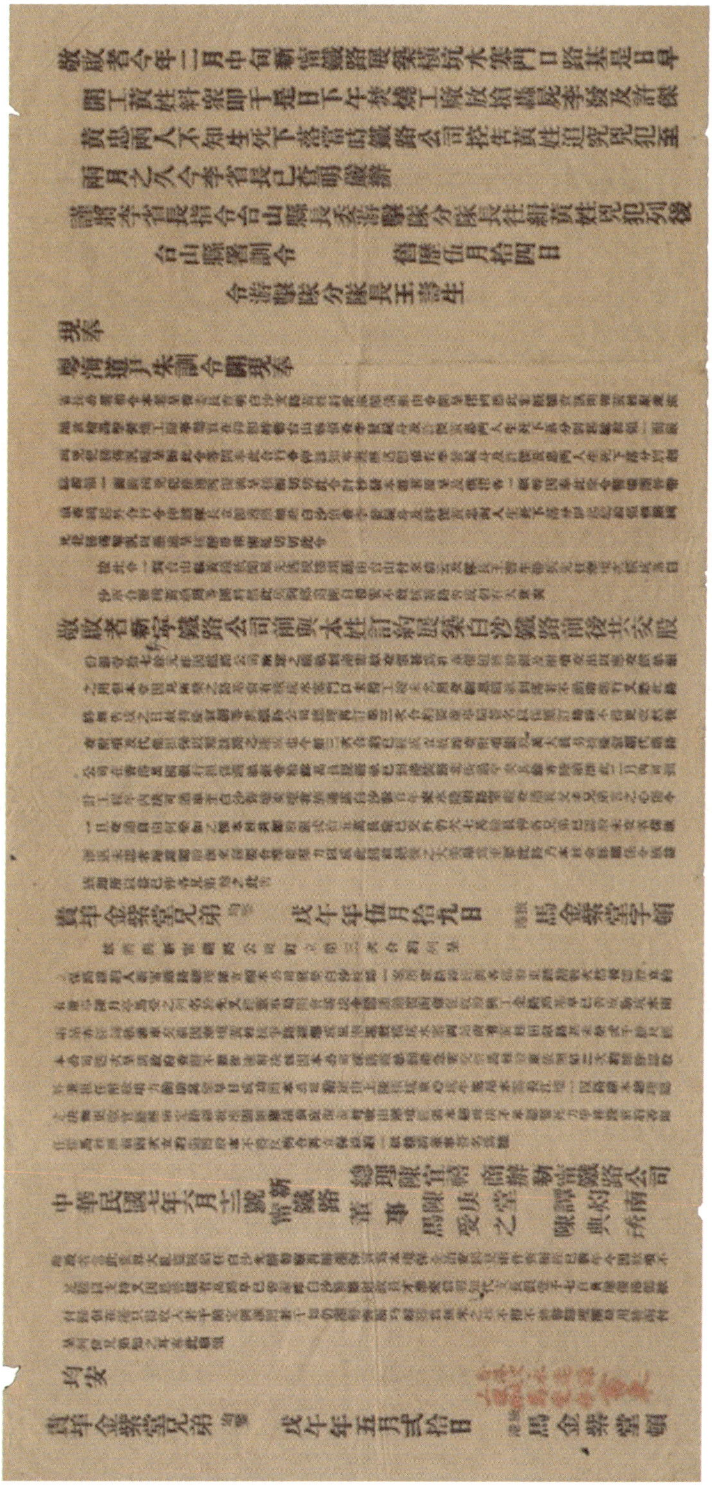
敬啟者今年二月中旬新甯鐵路展築撫坑至棠門口路基是日早
開工貴姓料泉即于是日下午殺傷工頭啟培林晃李發及許儀
貴忠兩人不知生死下落當由鐵路公司控告貴姓追究兇犯至
兩月之久今李宿長已查明緣詳
請將李宿長拘令台山縣長委游擊隊分隊長往緝貴姓兇犯列後
台山縣署訓令　魯胯伍月拾四日
令游擊隊分隊長王靜生
現奉
粵海道尹朱訓令開現奉

貴梓金紫堂兄弟 均鑒　戊午年伍月拾九日　香港馬金紫堂宇頓

中華民國七年六月三號　新甯鐵路　總理陳宜禧　董事……

均安
貴梓金紫堂兄弟 均鑒　戊午年五月貳拾日　香港馬金紫堂頓

1919年香港马金紫堂发给台山马姓族人请求其配合新宁铁路支线建设的信函

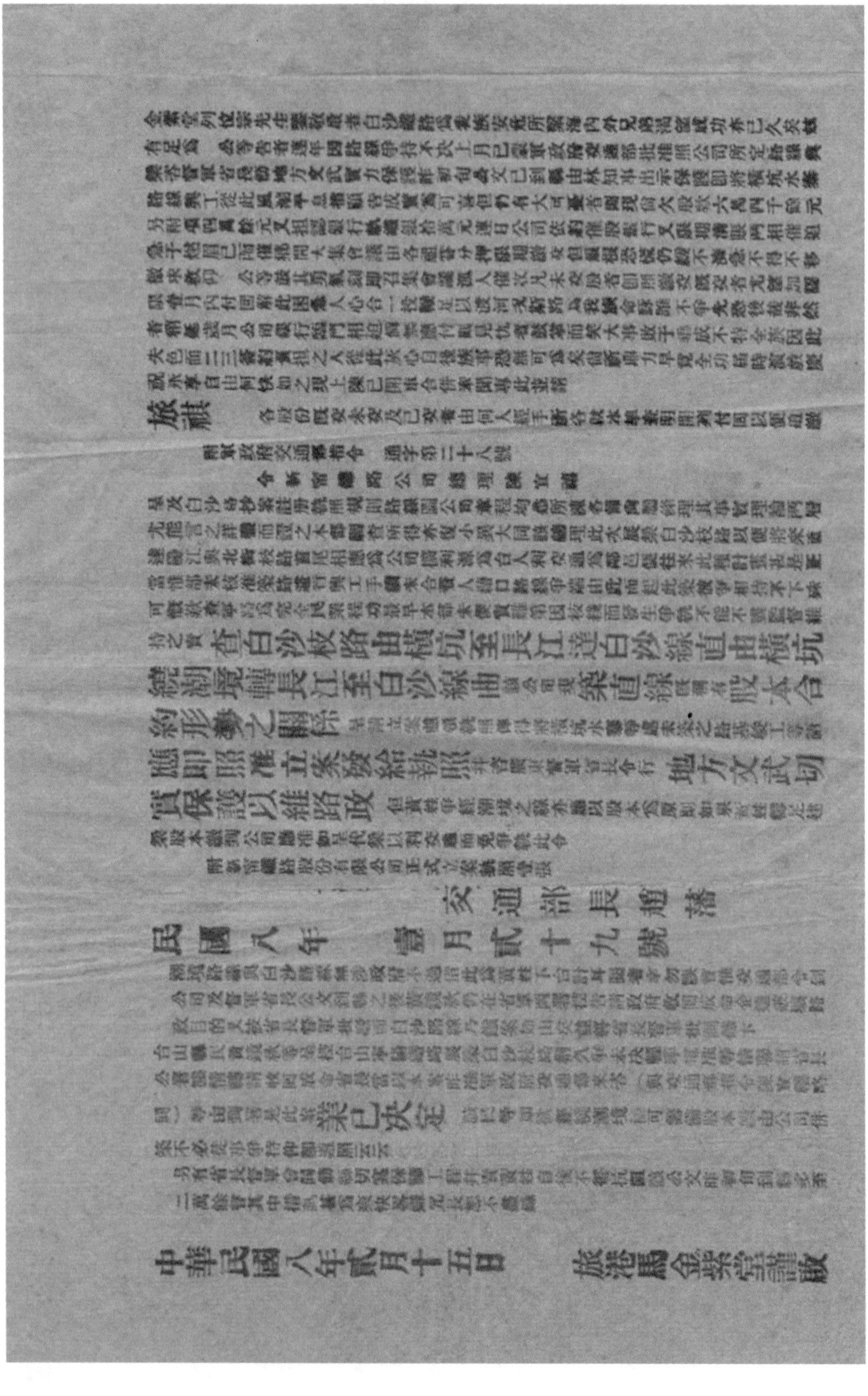
民國八年　壹月貳十九號

業已決定

中華民國八年貳月十五日　旅港馬金紫堂謹啟

1927 年台山各界暨股东维持宁阳铁路请愿团办事处的信及信封

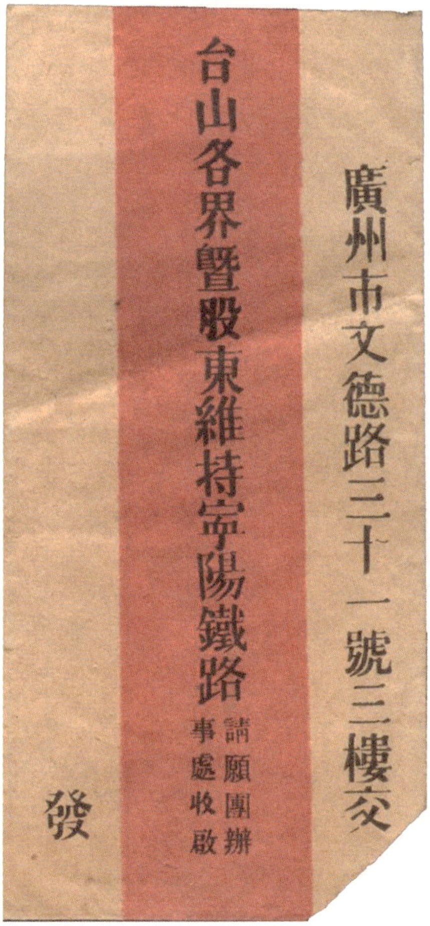

廣州市文德路三十一號三樓交

台山各界暨股東維持寗陽鐵路請願團辦事處收啟

發

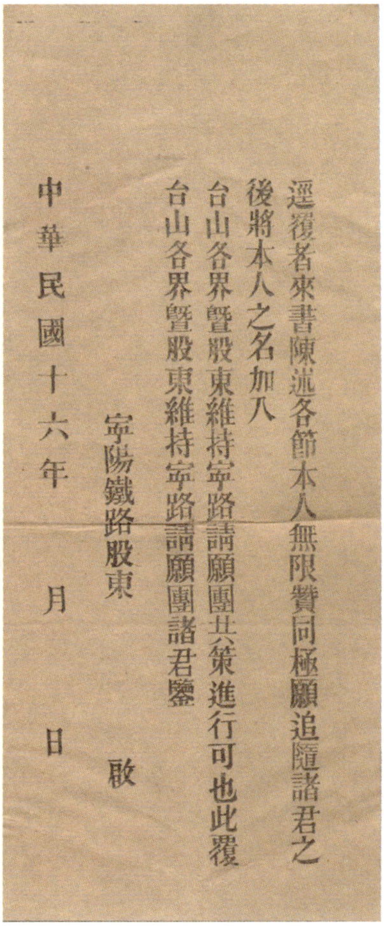

逕覆者來書陳述各節本人無限贊同極願追隨諸君之後將本人之名加入台山各界暨股東維持寗路請願團共策進行可也此覆

台山各界暨股東維持寗路請願團諸君鑒

寗陽鐵路股東　　敬

中華民國十六年　　月　　日

1927 年台山各界暨股东维持宁阳铁路请愿团发给黄登学的信及信封 罗达全藏

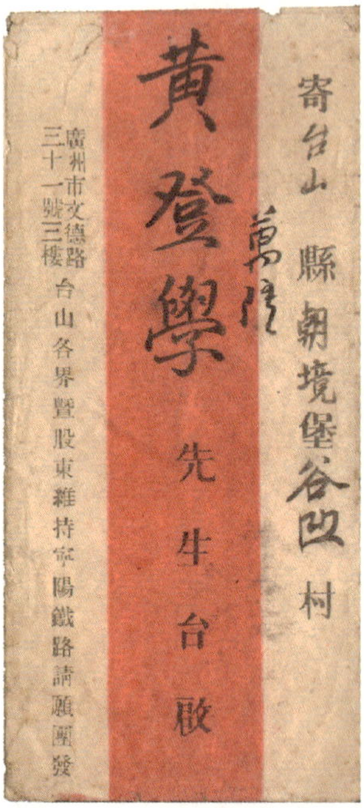

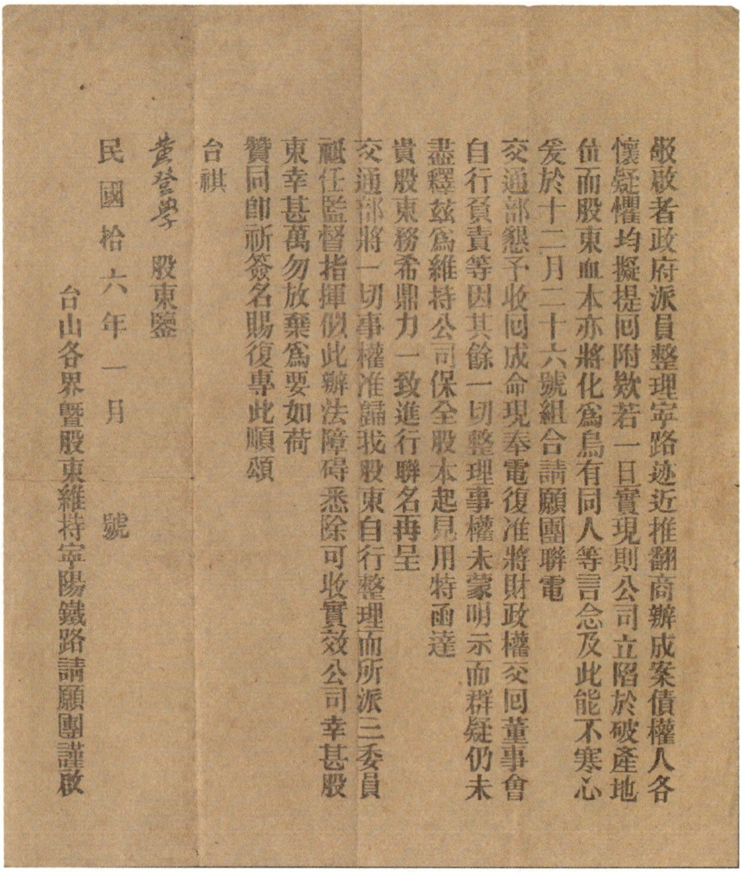

敬啟者政府派員整理寧路迹近推翻商辦成案債權人各懷疑懼均擬提回附欵若一日實現則公司立陷於破產地位而股東血本亦將化爲烏有同人等言念及此能不寒心爰於十二月二十六號組合請願團聯電
交通部懇予收回成命現奉電復准將財政權交回董事會自行負責等因其餘一切整理事權未蒙明示而群疑仍未盡釋玆爲維持公司保全股本起見用特函達
貴股東務希鼎力一致進行聯名再呈
交通部將一切事權准歸我股東自行整理而所派三委員祗任監督指揮似此辦法障碍悉除可收實效公司幸甚股東幸甚萬勿放棄爲要如荷
贊同即祈簽名賜復專此順頌
台祺

黃登學 股東鑒

民國拾六年一月 號

台山各界暨股東維持寧陽鐵路請願團謹啟

1942 年余章梅写给陈明沛的信（新宁铁路信封）

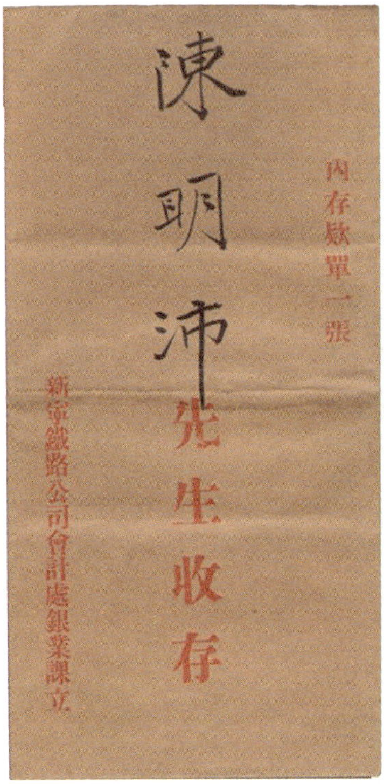
陳明沛先生收存

內存欵單一張

新寧鐵路公司會計處銀業課立

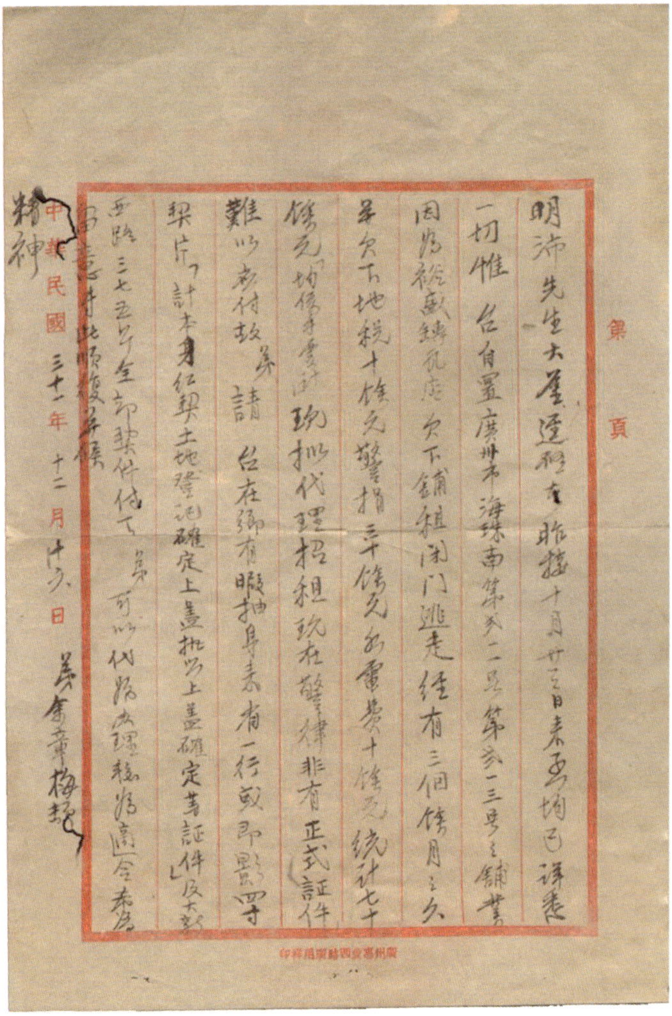
第　頁

明沛先生大鑒：逕啓者，昨接十月廿五日來函均已詳悉

一切。惟台自置廣州市海珠南第六二號第六一三號之鋪業

因為從前鋪客欠下鋪租閂门逃走，經有三個餘月之久

并欠下地稅十餘元，警捐三十餘元，水電費十餘元，統計七十

餘元。如倚手處理，現擬代理招租，現在警律非有正式証件

難以交付，故弟請台在鄉有暇抽身來省一行，或即影寫

契片，計本身紅契、土地登記確定上蓋批、以上蓋確定書証件及大鈔

西路三七五号全部契件付下，弟可以代為辦理，總為適合本屋

當意，特此順候年祺

精神

中華民國三十一年十二月十六日　弟余章梅

新宁铁路工务处信封及用笺

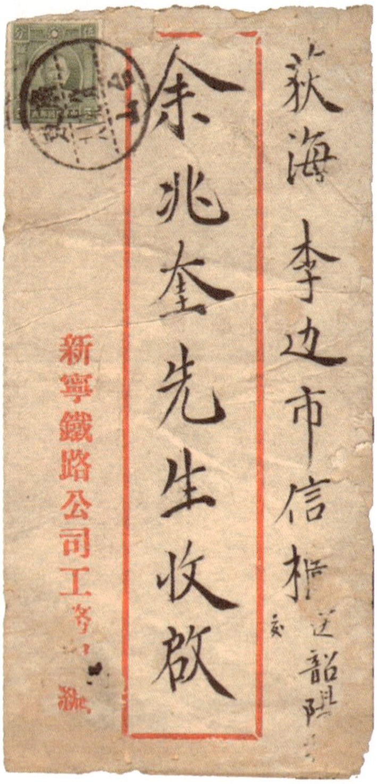

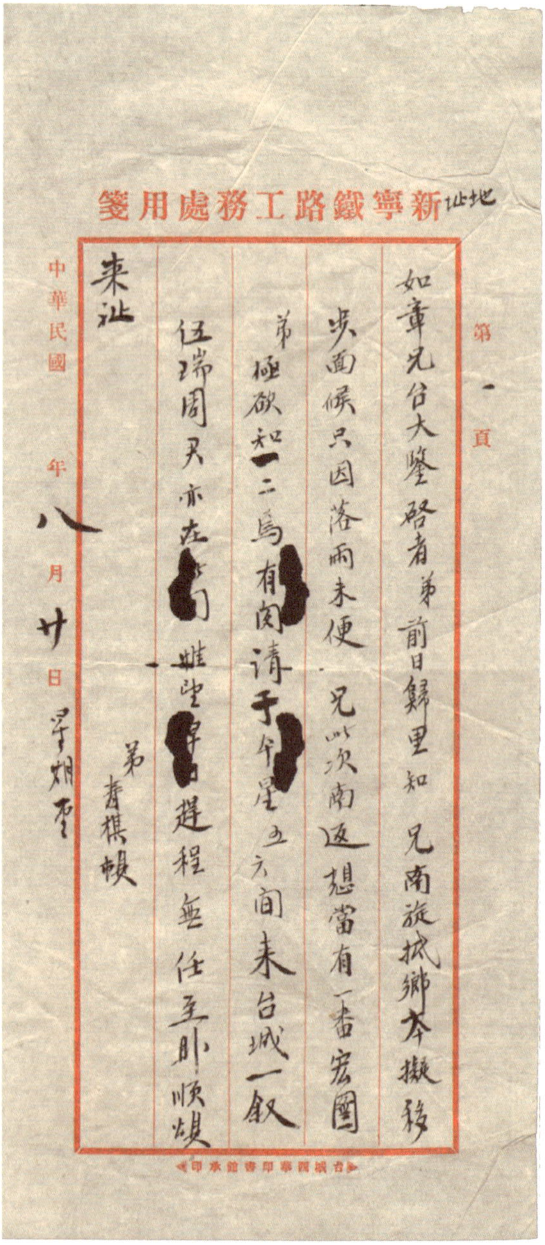

商办新宁铁路总公司陈宜禧写给新宁铁路驻金山列位值理的信及信封

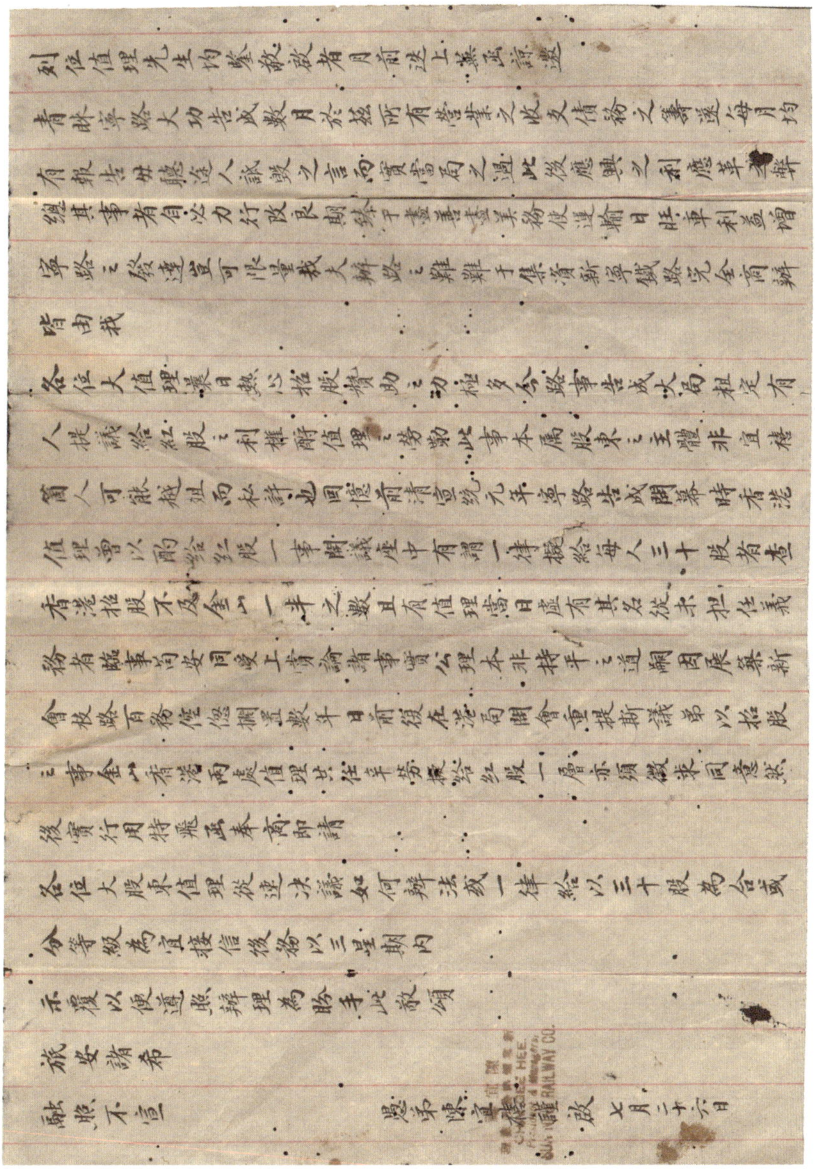

列位值理先生均鑒敬啟者月前迭上蕪函諒邀
青睞寧路大功告成數月於茲所有營業之收支情形已籌送台端均
有衆共睹從人詠歎之言而實當局之過此後應興之利應革之弊
總其事者自必力行改良期臻于盡善盡美務使進步日旺事利益增
寧路之發達豈可限量哉夫辦路之難難于集資新寧鐵路完全商辦
皆由我
各位大值理曩日熱心招股贊助之功殊多今路事告成大局粗定有
人提議給紅股以酬值理之勞勤此事本屬股東之主體非宜持
商人可能越俎而私許也回憶前清宣統元年寧路告成開幕時香港
值理曾以酬給紅股一事開議座中有謂一律擬給每人三十股者查
香港招股不及金山一半之數且有值理當日雖有其名從未担任義
務者雖事同後同受上賞論諸事實公理本非持平之道茲因屢築新
會枝路百務倥偬擱置數年日前復在港局開會重提斯議再以招股
之事金山香港兩處值理出任辛勞兼給紅股一層亦須徵求同意茲
從實行周特飛函奉商即請
各位大股東值理從速決議如何辦法或一律給以三十股為合或
分等級為宜接信後務以三星期內
示覆以便遵照辦理為盼手此敬頌
旅安諸希
亮照不宣
愚弟陳宜禧啟 七月二十六日

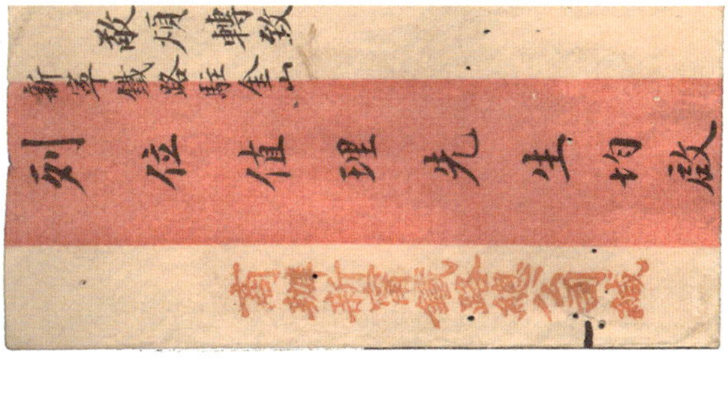

敬煩 轉致
新寧鐵路駐金山
列位值理先生均啟
商辦新寧鐵路總公司緘

新宁铁路一元凭票　罗达全藏

1932 年邝愈敬的新宁铁路公司定期附（付）款单（付款单编号 528） 罗达全藏

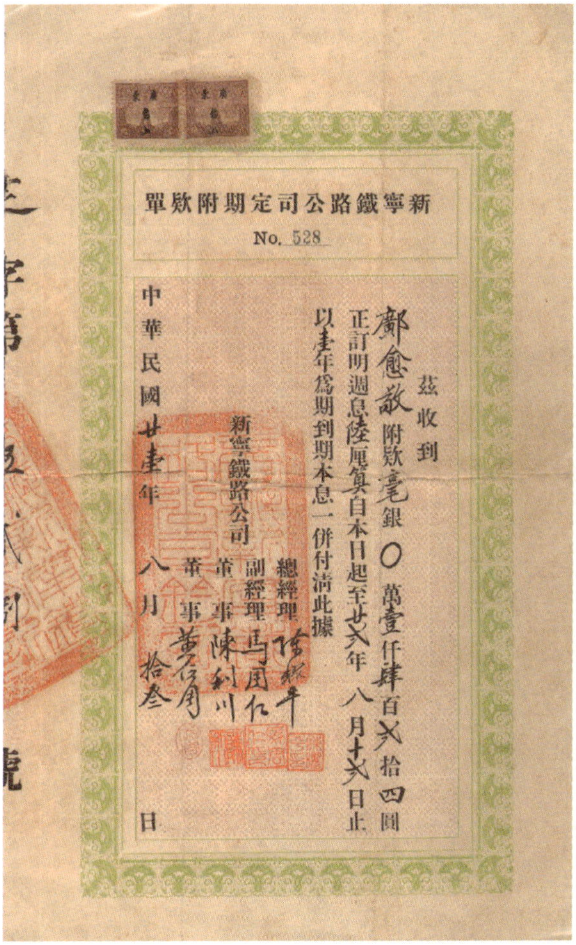

新寧鐵路公司定期附欵單

No. 528

茲收到

鄺愈敬附欵毫銀〇萬壹仟肆百〥拾四圓

正訂明週息陸厘算自本日起至廿〥年八月十〥日止

以壹年為期到期本息一併付清此據

新寧鐵路公司 總經理 陸椒平 副經理 馬周仁 董事 陳剩川 董事 黃信周

中華民國廿壹年八月拾叁日

1933 年邝愈敬的新宁铁路公司定期附（付）款单
（付款单编号 1107） 罗达全藏

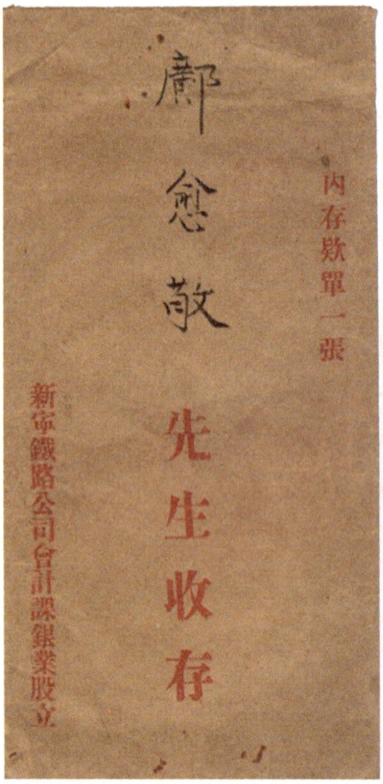

鄺愈敬
先生收存
內存欵單一張
新寧鐵路公司會計課銀業股立

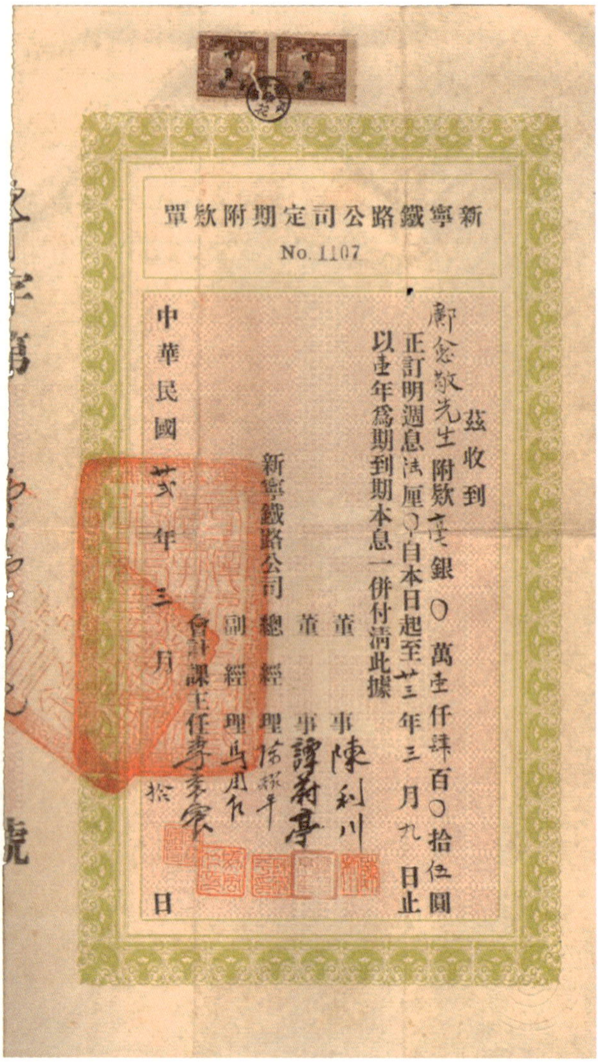

1933 年邝愈敬的新宁铁路公司定期附（付）款单（付款单编号 1108）

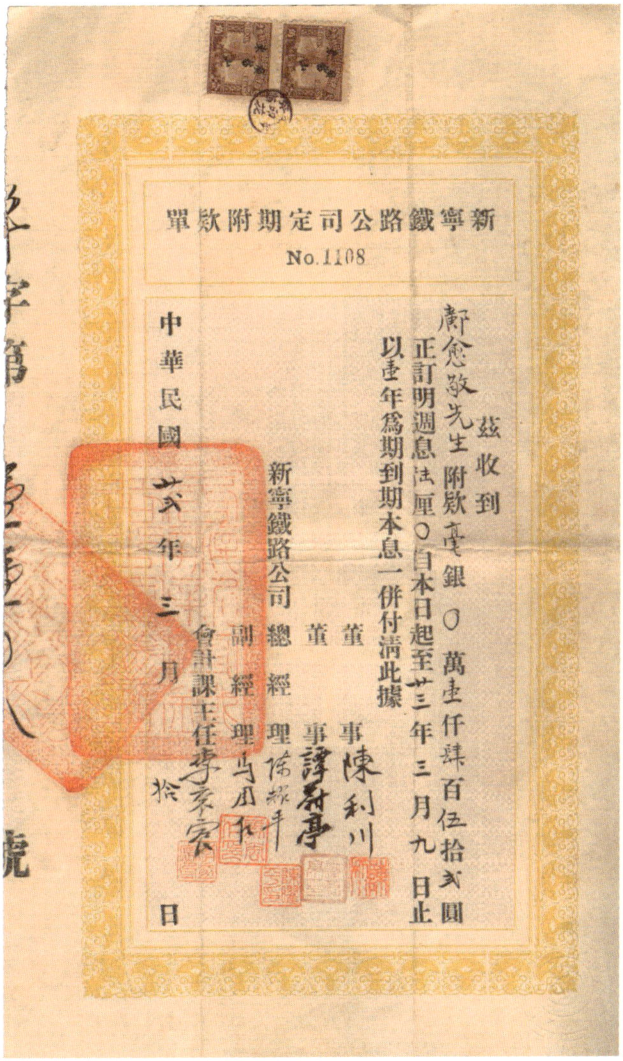

新寧鐵路公司定期附欵單

No.1108

鄺愈敬先生 兹收到

附欵毫銀〇萬壹仟肆百伍拾弍圓

正訂明週息法厘〇自本日起至廿三年三月九日止

以壹年爲期到期本息一併付清此據

董事陳利川

董事

新寧鐵路公司

總經理

副經理

會計課主任

中華民國廿弍年三月拾日

1934 年马林运的新宁铁路公司定期附（付）款单
（付款单编号 2377）

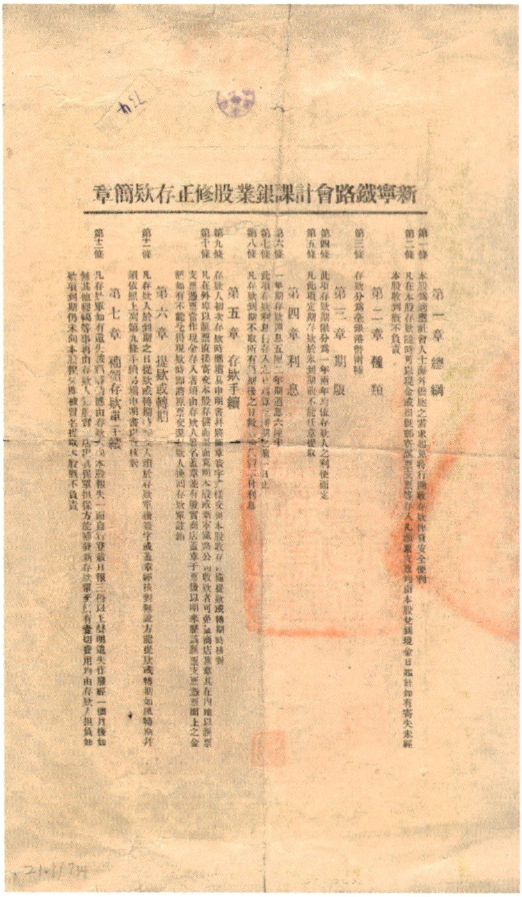

新寧鐵路會計課銀業股修正存欵簡章

第一章 總綱

第二章 種類

第三章 期限

第四章 利息

第五章 存欵手續

第六章 提欵或轉期

第七章 補領存欵單手續

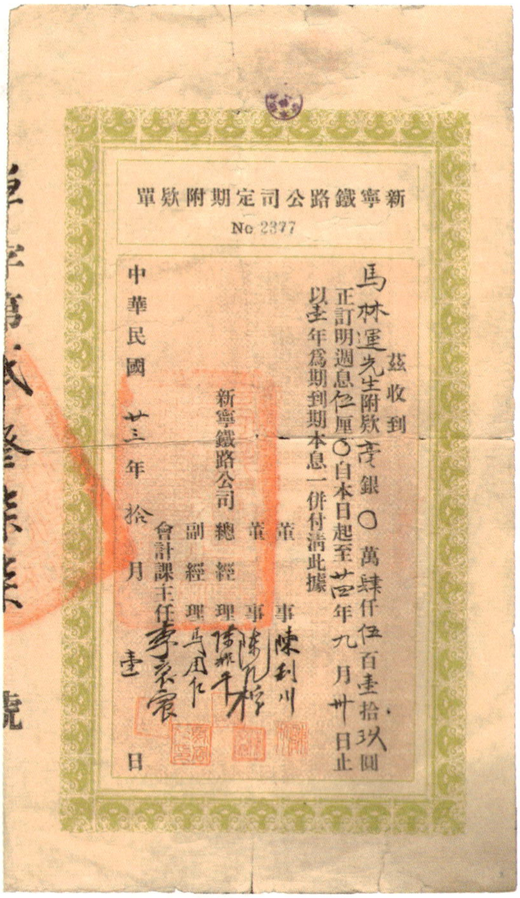

新寧鐵路公司定期附欵單

No 2377

茲收到

馬林運先生附欵毫銀〇萬肆仟伍百壹拾玖圓

正訂明週息伍厘〇自本日起至廿四年九月卅日止

以壹年為期到期本息一併付清此據

新寧鐵路公司

董事

董事

總經理

副經理

會計課主任

中華民國廿三年拾月壹日

1934 年叶茂湛的新宁铁路公司定期附（付）款单（付款单编号 1860）

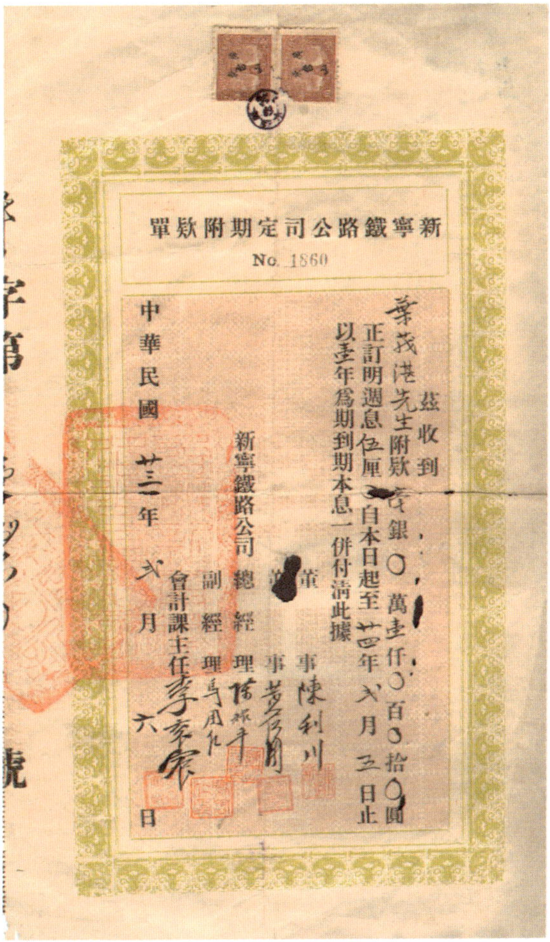

新寧鐵路公司定期附欵單

No. 1860

茲收到

葉茂湛先生附欵銀〇萬壹仟〇百〇拾〇圓

正訂明週息伍厘自本日起至廿四年弍月三日止

以壹年爲期到期本息一併付清此據

新寧鐵路公司

董事 陳利川

董事

總經理

副經理

會計課主任

中華民國廿三年弍月六日

1934 年叶茂湛的新宁铁路公司定期附（付）款单
（付款单编号 1861）

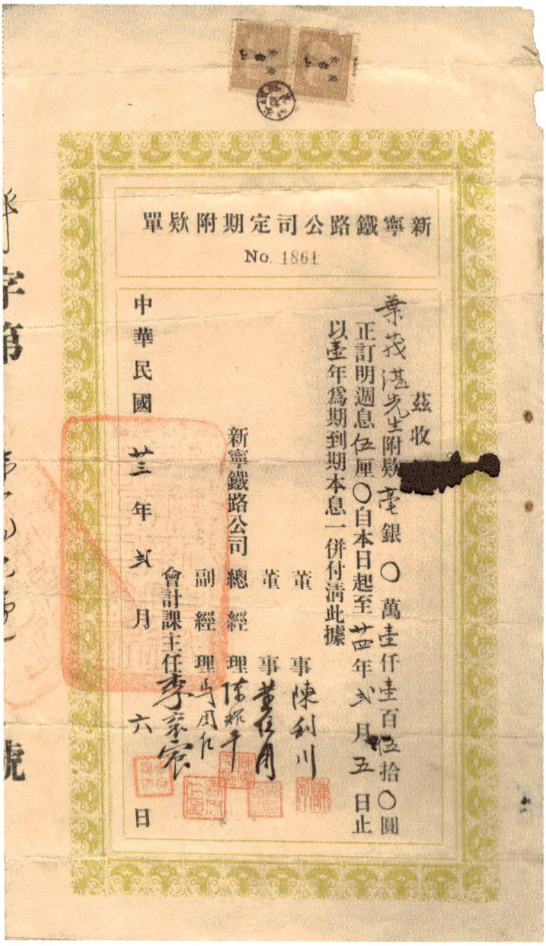

新寧鐵路公司定期附欵單

No. 1861

茲收葉茂湛先生附欵毫銀〇萬壹仟壹百伍拾〇圓

正訂明週息伍厘〇自本日起至廿四年弍月五日止

以壹年爲期到期本息一併付清此據

新寧鐵路公司

董事 [illegible]

董事 [illegible]

總經理 [illegible]

副經理 [illegible]

會計課主任 [illegible]

中華民國廿三年弍月六日

1933 年新宁铁路会计课（科）银业股买卖金银赤纸用票 罗达全藏

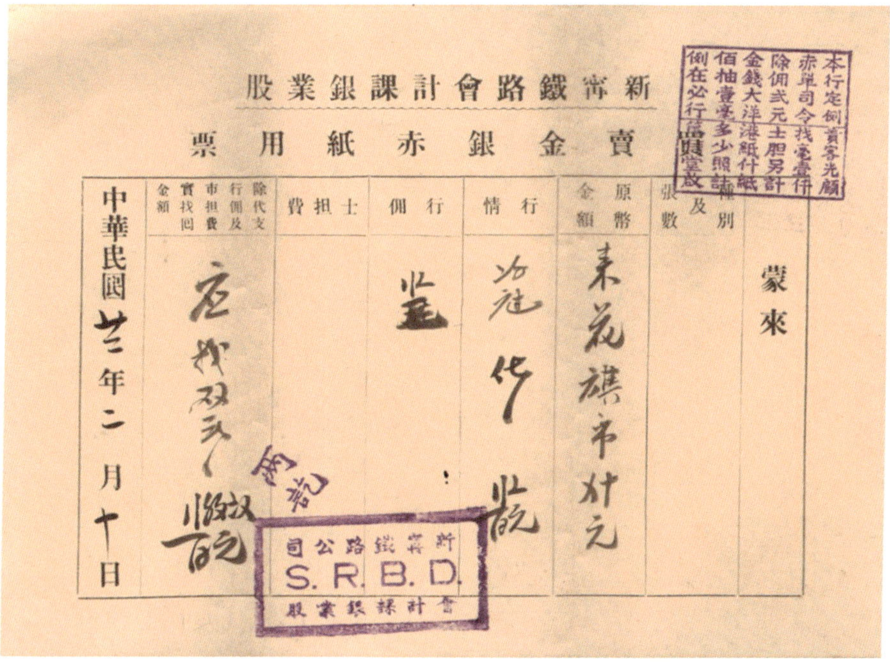

新寧鐵路會計課銀業股

賣金銀赤紙用票

本行定例賣客先顧赤单司令找毫壹仟除佣弍元士担另計金錢大洋港紙什紙佰柚壹毫多少照計例在必行諸君賞鑒

蒙來	種別及張數	原幣金額	行情	行佣	士担費	除代支行佣及士担費實找回金額	中華民國廿二年二月十日
		來花旗帀卅元		訖			

新寧鐵路公司 S.R.B.D. 會計課銀業股

1919 年驳建筑潮沙铁路招股公告 罗达全藏

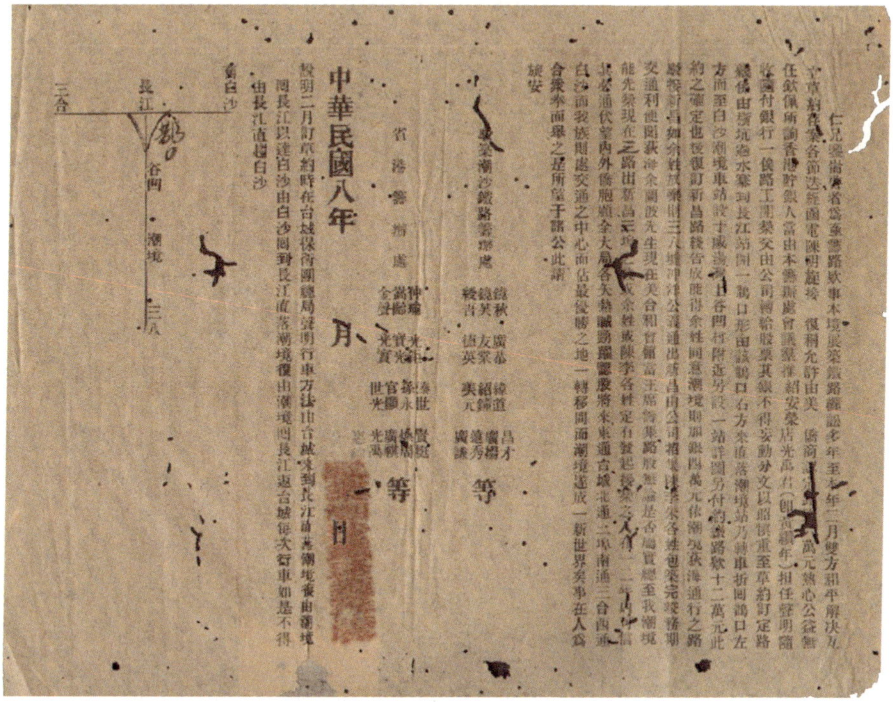

潮沙鐵路籌辦處

省港籌辦處

等

中華民國八年 月 日

按明二月訂草約時在台城保商圖鐵局聲明行車方法由台城來到長江由長江落潮境復由潮境回長江返台城每次行車如是不得由長江直趨白沙

《广东十大乡贤列传　陈宜禧先生》剪报　罗达全藏

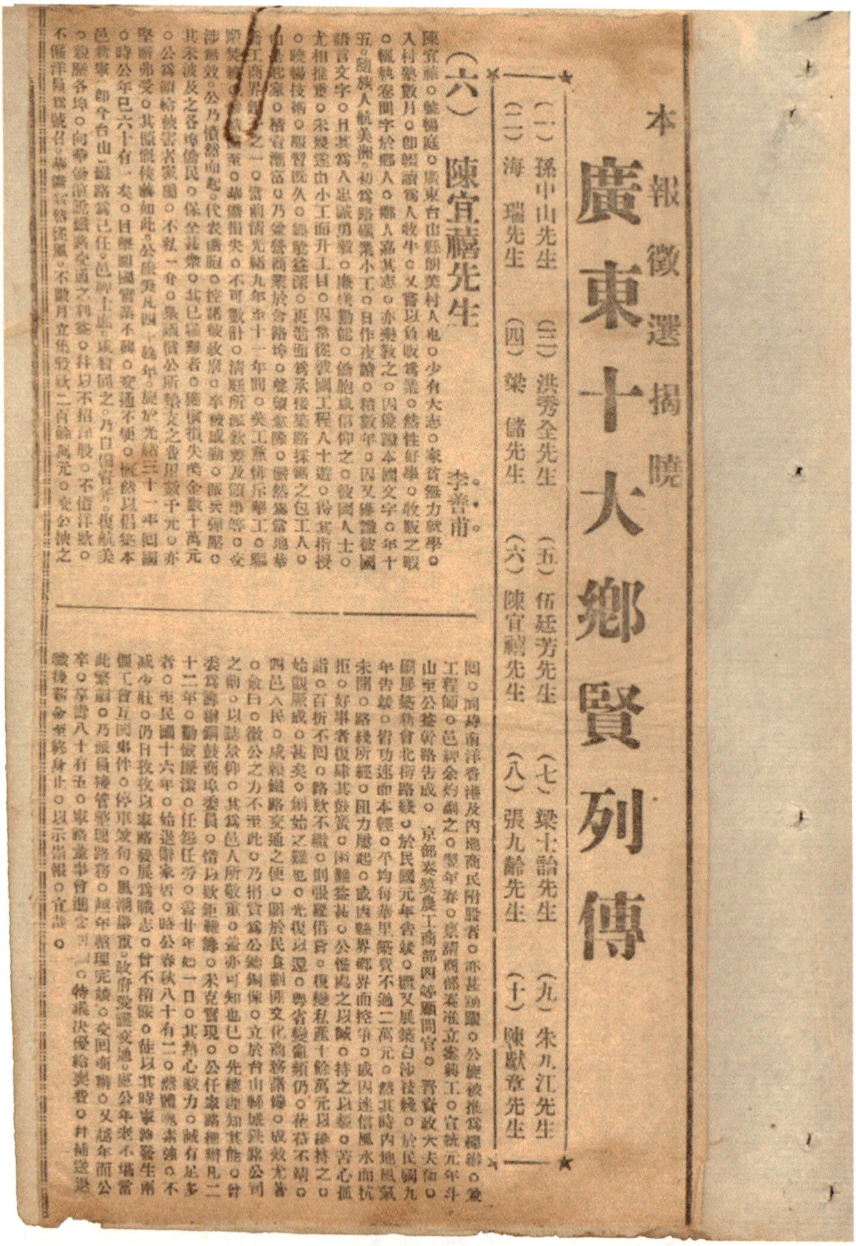

本報徵選揭曉

廣東十大鄉賢列傳

（一）孫中山先生　（三）洪秀全先生　（五）伍廷芳先生　（七）梁士詒先生　（九）朱九江先生
（二）海　瑞先生　（四）梁　儲先生　（六）陳宜禧先生　（八）張九齡先生　（十）陳獻章先生

（六）陳宜禧先生

李普甫

陳宜禧。號暢庭。廣東台山縣朗美村人也。少有大志。家貧無力就學。入村塾數月。即輟讀為人牧牛。又嘗以負販為業。然性好學。於販之暇。輒執卷問字於鄉人。鄉人嘉其志。亦樂教之。因發識本國文字。年十五。隨族人航美洲。初為路礦業小工。日作夜讀。積數年。因又修讀彼國語言文字。且其為人忠誠勇毅。廉潔勤儉。僑胞咸信仰之。彼國人士。尤相推重。未幾。遂由小工而升工目。因常從彼國工程人士遊。得其指授。曉暢技術。服習既久。經驗益深。更進而為承接築路採礦之包工人。由是起家。積資漸富。乃營發商業於舍路埠。聲譽愈隆。儼然為當地華僑工商界領袖之一。當前清光緒九年至十一年間。美工黨排斥華工。驅際焚殺[illegible]至。華僑損失。不可數計。清廷所派欽差及領事等。交涉無效。公乃憤然而起。代表僑胞。控諸彼政府。卒獲感動。派兵彈壓。其未波及之各埠僑民。保全甚衆。其已罹難者。獲償損失美金數十萬元。公為留給被害者家屬。不私一介。衆議償公所墊支之費用數千元。亦堅辭弗受。其廉潔俠義如此。公旅美凡四十餘年。旋於光緒三十一年回國。時公年已六十有一矣。目擊祖國實業不興。交通不便。慨然以倡築本邑新寧（即今台山）鐵路為己任。邑紳士庶。咸贊同之。乃自備資斧。復航美。親歷各埠。向華僑演說鐵路交通之利益。并以不招洋股。不借洋款。不僱洋員為號召。華僑咸踴躍從風。不數月竟集股款二百餘萬元。交公擔之回。同時南洋香港及內地商民附股者。亦甚踴躍。公旋被推為總辦。兼工程師。邑紳余灼副之。翌年春。稟請商部奏准立案動工。宣統元年斗山至公益幹路告成。京部奏獎農工商部四等顧問官。晉資政大夫銜。嗣展築新會北街路綫。於民國元年告竣。繼又展築白沙枝綫。於民國九年告竣。計功速而本輕。平均每華里築費不過二萬元。然其時內地風氣未開。路綫所經。阻力屢起。或因縣界鄉界而控爭。或因迷信風水而抗拒。好事者復肆其鼓簧。困難益甚。公惟處之以誠。持之以毅。苦心孤詣。百折不回。路欵不繼。則張羅借貸。復變私產十餘萬元以維持之。始觀厥成。甚矣。創始之難也。光復以還。粵省變亂頻仍。萑苻不靖。四邑人民。咸賴鐵路交通之便。關於民食劑匯文化商務諸端。收效尤著。僉曰。微公之力不至此。乃捐資為公鑄銅像。立於台山縣城鐵路公司之前。以誌景仰。其為邑人所敬重。蓋亦可知也已。先總理知其能。曾委為籌辦銅鼓商埠委員。惜以欵絀難籌。未克實現。公任寧路總辦凡二十二年。勤儉廉潔。任怨任勞。嘗廿年如一日。其熱心毅力。誠有足多者。至民國十六年。始退辭家居。時公春秋八十有二。然體魄素強。不減少壯。仍日孜孜以寧路發展為職志。曾不稍懈。徒以其時寧路發生兩個工會互鬨事件。停車數旬。風潮擴大。政府收歸交通。迨公年老不堪當此繁劇。乃派員接管寧路路務。經年整理完竣。交回商辦。又越年而公卒。享壽八十有五。寧路董事會追念前勞。特議決優給喪費。并補送退職後薪金至終身止。以示崇報。宜哉。

1933 年雷吉庆的新宁铁路广告场合约存单

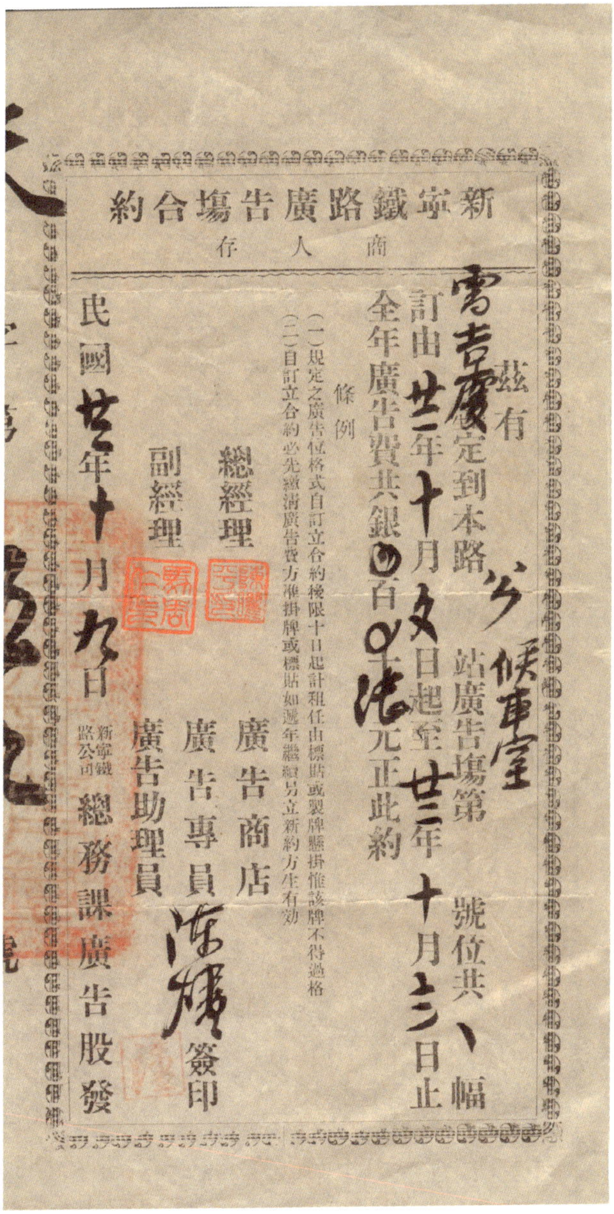
新寧鐵路廣告場合約

商人存

茲有雷吉慶定到本路公益站廣告場第候車室號位共八幅

訂由廿二年十月文日起至廿三年十月三一日止

全年廣告費共銀四百〇[illegible]元正此約

條例

(一)規定之廣告恆格式自訂立合約後限十日起計租任由標貼或製牌懸掛惟該牌不得過格

(二)自訂立合約必先繳清廣告費方准掛牌或標貼如逾年繼續另立新約方生有效

總經理

副經理

廣告商店

廣告專員 陳[illegible] 簽印

廣告助理員

民國廿二年十月九日

新寧鐵路公司總務課廣告股發

1936 年刘振之的新宁铁路公司铁路人员资历证明书

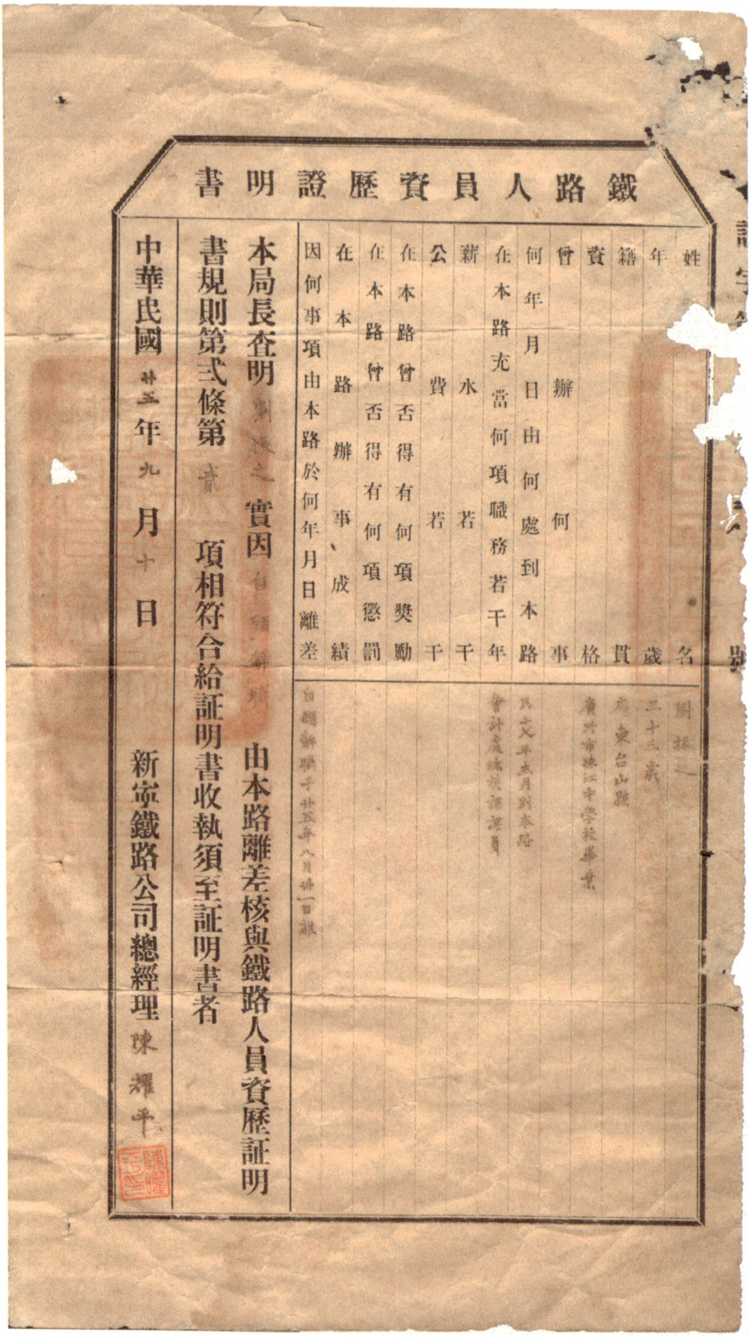

鐵路人員資歷證明書

姓名	劉振之
年歲	二十三歲
籍貫	廣東台山縣
資格	廣州市珠江中學校畢業
曾辦何事	
何年月日由何處到本路	民廿二年五月到本路
在本路充當何項職務若干年	會計處練習課員
薪水若干	
公費若干	
在本路曾否得有何項獎勵	
在本路曾否得有何項懲罰	
在本路辦事成績	
因何事項由本路於何年月日離差	自願辭職于廿五年八月卅一日離

本局長查明 劉振之 實因 自願辭職 由本路離差核與鐵路人員資歷證明書規則第弍條第 貳 項相符合給證明書收執須至證明書者

中華民國 廿五 年 九 月 十 日

新寧鐵路公司總經理 陳耀平

新宁铁路公司工作日报单　罗达全藏

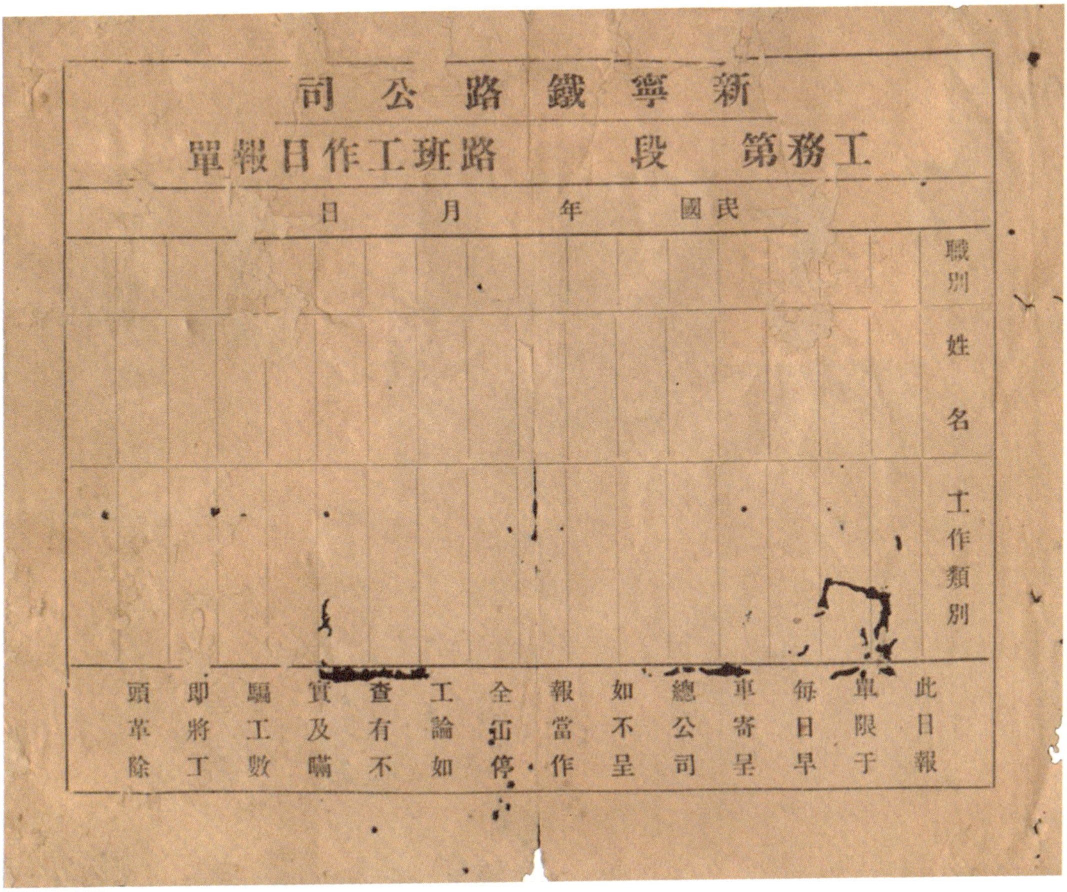

新寧鐵路公司

工務第　段　路班工作日報單

民國　年　月　日

職別	姓名	工作類別

此日報單限于每日早車寄呈總公司如不呈報當作全日停工論如查有不實及瞞騙工數即將工頭革除

陈逢宜的新宁铁路车长名片

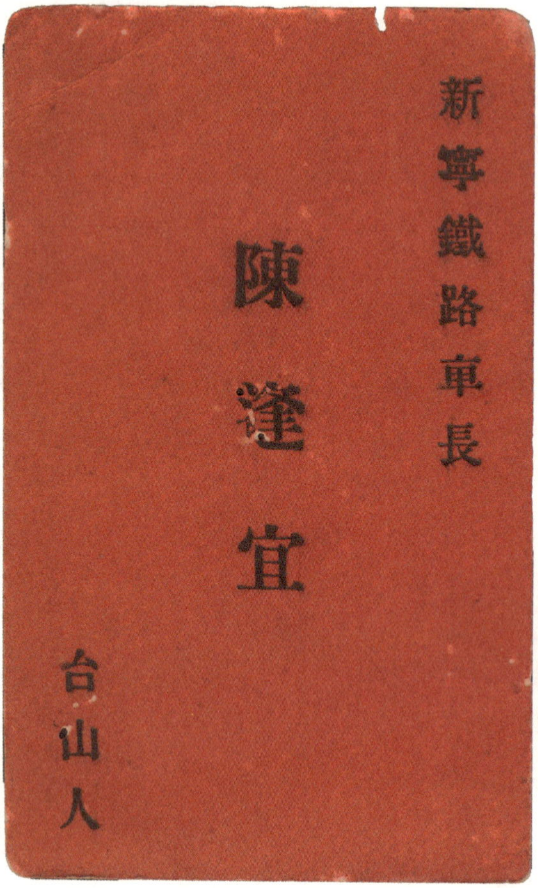

后　记

深入了解新宁铁路的历史，能让我们深切地感受到海外华侨崇高的进取精神和坚定不移的爱国情怀。陈宜禧先生倡建的新宁铁路诞生于中国铁路利权被外强争夺的严峻时刻，并艰难经营了三十多年，集中展现了19世纪后半叶中国民办铁路建设的艰苦过程，详尽记录了华侨从起草章程到招股集资，从技术创新到经营管理等一系列铁路的发展史，是我们了解铁路发展史、华侨奋斗史和中国近代史的重要窗口。新宁铁路不仅代表了江门五邑地区近代工业文明的成果，更承载着侨乡人民的历史记忆，凝聚了中国人民的血泪史和奋斗史，反映了广大华侨建设家乡、振兴祖国的强烈爱国之心。

本图集收录新宁铁路文物资料，其所包含的历史信息不仅有利于我们对新宁铁路的规划、勘测、设计、修建、运营和管理等演变历程进行了解，更反映了20世纪初侨乡社会的生产、生活、思想、民风、民俗、重大历史事件以及众多历史人物的社会活动。这些文物资料具有不可替代的历史价值，属于宝贵的文化遗产，可为读者提供第一手的新宁铁路史料，也可为史学界研究中国铁路历史、侨乡历史等提供原始史料和重要依据。这正是编印这部新宁铁路文物图集的初衷。

图集精选江门五邑华侨华人博物馆馆藏及私人收藏家的藏品一百二十余件/套。在编著过程中，得到各级领导、有关专家及单位的关注与支持。在此，谨向关注、支持本图集编辑出版的单位和个人致以衷心的谢意！感谢江门市社会科学界联合会对本图集的出版给予大力支持。感谢江门市收藏家罗达全先生将珍藏的新宁铁路文物资料无偿提供拍摄并收入图集。

本图集难免会有遗误，敬请有关专家、读者批评指正。

编著者

2020年12月